Lenzen
Liebe, Leben, Tod

Wolfgang Lenzen

Liebe, Leben, Tod

Eine moralphilosophische Studie

Philipp Reclam jun. Stuttgart

Universal-Bibliothek Nr. 9772
Alle Rechte vorbehalten
© 1999 Philipp Reclam jun. GmbH & Co., Stuttgart
Gesamtherstellung: Reclam, Ditzingen. Printed in Germany 1999
RECLAM und UNIVERSAL-BIBLIOTHEK sind eingetragene Marken
der Philipp Reclam jun. GmbH & Co., Stuttgart
ISBN 3-15-009772-X

Inhalt

Vorwort

In den vergangenen Jahrzehnten wurden die ethischen Probleme des Alltags, die sich im privaten und öffentlichen Leben, im Umgang mit anderen Menschen ebenso wie im Umgang mit Tieren bzw. mit der Umwelt im ganzen stellen, nur selten den Philosophen zur Lösung anvertraut, sondern primär Juristen und Theologen, Psychologen und Ärzten. Die folgende Überschrift einer *Spiegel*-Story (Heft 2, 1990) – nur eins von beliebig zu vermehrenden Beispielen – belegt dies eindeutig: »Bei Triebschub beten – *Juristen, Theologen und Mediziner* streiten über Sexualität in Psychiatrie und Behinderten-Heimen«. Daß dabei Philosophen keine nennenswerte Rolle spielen sollen, stimmt bedenklich. So spricht Merkel (1992) zu Recht von einem Armutszeugnis der medizinethischen Debatte in Deutschland, wenn bei moralischen Grundsatzfragen »immer noch Priester und Theologen für die zuständigen Erkenntnisquellen gehalten werden«. Daran hat auch die Tatsache wenig geändert, daß in neuerer Zeit zusätzlich zu den lange schon vertretenen Juristen und Theologen wenigstens vereinzelt auch Philosophen in sog. Ethikkommissionen der ärztlichen Standesvertretungen nachgewählt werden.

Damit soll natürlich nichts gegen Juristen, Theologen, Mediziner oder Psychologen per se gesagt werden. Sie sind in ihren Arbeitsbereichen wichtige Stützen der Gesellschaft. Aber ein Jurist ist als Jurist eben kein Fachmann für ethische Fragen. Zu seinen Aufgaben gehört es vielleicht, die staatlichen Gesetze mit den ethischen Normen in Einklang zu bringen, nicht aber, letztere zu begründen. Er definiert wohl in Einzelfällen, was rechtens, aber dadurch nicht automatisch, was moralisch billig ist. Zum Beruf des Theologen gehört es schon eher, dem Mitmenschen moralische Vorstellungen zu vermitteln. Aber in der Regel propagiert er nur jene moralischen Normen, die in *seiner* Religion als die Gebote *seines* Gottes angenommen werden, und von Religion zu Religion gibt es durchaus Unterschiede. Doch selbst wenn man annehmen würde, daß die zentralen Moralvorstellungen der verschiedenen Religionen irgendwie konvergieren, sich z. B. mit dem Kanon der christlichen Zehn Gebote decken, auch dann wäre keineswegs garantiert, daß sie das ethisch richtige Handeln vollständig erfassen. Dies ergäbe sich nur, wenn mit Sicherheit feststünde, daß die fraglichen Gebote authentischer Ausdruck eines moralisch perfekten göttlichen Willens wären.

Daß ein Arzt als Arzt besonders prädestiniert sei, moralische Probleme zu lösen, wird man nicht einmal im engeren Bereich seines beruflichen Handelns annehmen dürfen. Bei vielen brisanten Problemen, die sich der modernen Medizin im Spannungsfeld zwischen Leben und Tod stellen, ist der einzelne Mediziner gegenüber der ethischen Dimension seiner Entscheidung spätestens dann hilflos, wenn ihn die berufsspezifische Moral des Hippokrates im Stich läßt. Mancher Psychologe schließlich mag zwar als Psychologe reichhaltige Erfahrungen mit der Bewältigung psychischer Schwierigkeiten im Kontext von Liebe, Leben und Tod haben. Doch daß ein Psychologe für die moralischen Aspekte solcher Probleme besonders kompetent sei, wird man weder von seiner Ausbildung her noch aufgrund seiner täglichen Praxis vermuten dürfen.

Qua Profession Fachmann für ethische Fragen ist allein der Philosoph. *Seine* Aufgabe ist es, das rationale Fundament ethischer Prinzipien aufzudecken. Seine Aufgabe ist es, unabhängig von gesetzlichen Normen, unabhängig von religiösen Dogmen, unabhängig von berufsständischen Maximen und gegebenenfalls auch unabhängig von gesellschaftlich akzeptierten Vorstellungen zu *begründen*, was wir moralisch tun dürfen bzw. nicht tun dürfen. Daß der Rat der Fachmänner so wenig gefragt war, ist freilich nicht zuletzt diesen selber anzulasten. Die akademische Moralphilosophie hat es lange Zeit versäumt, sich zu konkreten

ethischen Problemen zu äußern. Sie hat sich entweder auf
ihre eigene Geschichte konzentriert, um z. B. den 394 Ab-
handlungen über Kants Sittengesetz eine 395. hinzuzufü-
gen. Oder sie hat sich in den praxisfernen Schlupfwinkel
allzu theoretischer, metaethischer Erörterungen zurückge-
zogen, um in immer raffinierteren Untersuchungen z. B. die
Frage zu überprüfen, ob aus Tatsachenaussagen rein logisch
normative Aussagen folgen können. Zu brisanten gesellschaftlichen Zuständen und Vorgängen wie etwa der strafrechtlichen Verfolgung von Homosexuellen hat sie hingegen mit akademischer Noblesse geschwiegen. Wie
Marquard (1987: 112) treffend kritisiert, nahm die Moralphilosophie

»[...] Abschied von der Wirklichkeit und begab sich
ganz und gar ins Prinzipielle: ins transzendentale Wol-
kentreten. [... Übrig] blieb eine philosophische Ethik,
die vor transzendentaler Kraft nicht mehr laufen
konnte. Sie wurde vor lauter Grundsätzlichkeit [...]
ethisch weltfremd und ist es [...] weitgehend auch
heute noch.«

In einem Interview mit der *Süddeutschen Zeitung* vom
4. 2. 1995 hat der greise Gadamer eine solche Abstinenz mit
der Warnung zu rechtfertigen versucht, es sei gefährlich zu
glauben, auf Fragen insbesondere nach der Umweltzerstö-
rung oder der Abtreibung:

»[...] Antworten zu wissen, *bloß weil man Philosoph
ist*. Ich werde zum Glück nicht allzuoft in Versuchung
gebracht, mir einzubilden, daß der Philosophieprofes-
sor etwas Besseres weiß als der erste Mensch mit
natürlichem Verstand auf der Straße.«

So lobenswert eine derartige Bescheidenheit im allgemeinen auch sein mag, so erscheint sie mir im Hinblick auf *moralische* Fragestellungen fehl am Platze. Idealiter sollte sich
zwar das ethische Urteil eines Philosophieprofessors mit

der Commonsense-Auffassung des erstbesten Mannes auf
der Straße decken. Doch mit *Intuition* allein kann man entscheidende moralische Ansichten nur selten *begründen*. Andererseits muß auch der professionelle Moralphilosoph oft
noch lernen, Theorie und Praxis fruchtbar miteinander zu
verknüpfen. Er darf sich nicht einfach darauf berufen, daß
Ethik immer schon eine Disziplin der Philosophie war. Was
den Philosophen zu einem Fachmann für ethische Fragen
werden läßt, ist lediglich sein berufsmäßiger Skeptizismus,
seine kritische Einstellung gegenüber jeder nicht hinreichend begründeten Theorie sowie seine Fähigkeit, Schein-
begründungen von echten Gründen und Fehlschlüsse von
gültigen Folgerungen unterscheiden zu können.

Philosophie ist die Kunst, gute von schlechten Argumenten zu unterscheiden. Wer sich an Ethik heranwagt, sollte
diese Kunst in besonderem Maße beherrschen. Insbesondere der an Anwendungen interessierte Ethiker muß – mit
den Worten von Hegselmann (1989: 2) – »ein Experte für
Konsistenz, Kohärenz und Plausibilität moralischer Überzeugungen« sein. Denn viele ethische Meinungsverschie-
denheiten des Alltags haben, wie Hoerster (1971: 51) er-
kannte, ihren Ursprung »nicht in unvereinbaren ethischen
›Bekenntnissen‹, sondern in begrifflich unklarem Denken,
logischen Fehlschlüssen und ungenügender Kenntnis empi-
rischer Handlungsfolgen«. Begrifflich klares Denken und
logisch korrektes Schlußfolgern allein reichen freilich oft
immer noch nicht aus, die vielschichtigen und komplexen
Probleme um Liebe, Leben und Tod überzeugend zu lösen.
In der Philosophie gibt es leider kein allgemein akzeptiertes
Axiomensystem unkontroverser ethischer Prinzipien, aus
dem man Theoreme über die moralische Akzeptierbarkeit
z. B. von Abtreibung, Empfängnisverhütung, Homosexualität oder Sterbehilfe zweifelsfrei ableiten könnte. Einige
der wichtigsten, teilweise sich ergänzenden, teilweise sich
widersprechenden ethischen Konzeptionen – nämlich das
Prinzip *Neminem laedere*, die *Goldene Regel* sowie der

Utilitarismus – werden im theoretischen Vorspann (Kap. 0) diskutiert. Die besonderen Schwierigkeiten der angewandten Ethik rühren nun daher, daß die moralische Intuition ebenfalls keine absolut zuverlässige Prüfinstanz darstellt. Vielmehr erweist es sich als notwendig, einen permanenten Abgleich zwischen Theorie und Anwendung herzustellen, d. h. einerseits vorgängige, »naive« Intuitionen im Lichte allgemeiner theoretischer Grundsätze kritisch zu prüfen und unter Umständen als unfundiert zurückzuweisen; andererseits auch umgekehrt die theoretische Basis im Lichte konkreter praktischer Folgerungen zu hinterfragen und gegebenenfalls zu korrigieren.

Die im folgenden präsentierten Resultate eines solchen Vorgehens sind weder vollständig neu noch sonderlich revolutionär. Variationen der meisten Thesen zu Liebe, Leben und Tod habe ich in verstreuten Artikeln andernorts publiziert. Dabei habe ich mich bemüht, die ethischen Überzeugungen des Mannes auf der Straße ernster zu nehmen als hochgestochene, abstrakte Theorien meiner akademischen Kollegen. Die Idee zu diesem Buch geht auf Gespräche zurück, die ich vor Jahren im Kreis von Freunden und Bekannten, insbesondere mit den medizinischen Kollegen meiner Frau – und natürlich mit ihr selber – führte. Weitere Anregungen, diese Gedanken einmal zu einem Buch zusammenzufassen, ergaben sich durch Diskussionen in Lehrveranstaltungen, Kursen und Fachkonferenzen. Erwähnen möchte ich besonders eine mit Georg Meggle in Alpbach abgehaltene Ferienakademie der Deutschen Studienstiftung zum Thema Angewandte Ethik; ferner ein mit Christoph Lumer, Arnim Regenbogen und Rainer Trapp an der Universität Osnabrück veranstaltetes Ethikkolloquium; sowie zwei von Christoph Fehige, Georg Meggle und Ulla Wessels in Saarlouis organisierte Tagungen über Richard Hares Moralphilosophie bzw. über das Thema »Preferences«.

Mein hauptsächlicher Dank gilt Christoph Lumer, Georg Meggle und Rainer Trapp, die viel Zeit geopfert haben, um frühere Aufsätze zur angewandten Ethik und erste Entwürfe dieses Buchs mit mir zu diskutieren.

Als Service für den Leser habe ich die fremdsprachigen Zitate (oft ziemlich frei) ins Deutsche übersetzt. Im Gegenzug erlaube ich mir, die Widmung im Anklang an einen Song von Pink Floyd auf englisch zu verschlüsseln:

> For those who dared to join me
> »skating on the thin ice of modern life«

Osnabrück, im Juni 1998   *Wolfgang Lenzen*

0 Ethische Theorien

0.1 Das Vokabular

Was Menschen tun, wird moralisch in unterschiedlichster Weise klassifiziert, als gut oder schlecht, als erlaubt oder verboten, als bedenklich oder unbedenklich. Welche begriffliche Beziehungen bestehen zwischen solchen Urteilen? Die deontische Logik lehrt uns, daß etwas genau dann *verboten* ist, wenn es nicht erlaubt ist. Das *Erlaubte* ist zugleich das, was wir tun *dürfen*; das Verbotene entsprechend das, was wir nicht tun dürfen; das *Gebotene* schließlich ist das, was wir tun *müssen* bzw. tun *sollen*. Diese Begriffe werden in der Philosophie meist so verstanden, daß alles Gebotene zugleich erlaubt ist. Im Alltag benutzt man den Begriff ›erlaubt‹ hingegen manchmal so, daß er mit dem Gebotensein unverträglich ist. Um diese Mehrdeutigkeit zu vermeiden, könnte man ein etwas künstlich klingendes Wort durch die Definition einführen: Eine Handlung H ist genau dann *freigestellt*, wenn sie erlaubt, aber nicht geboten ist (mit anderen Worten: weder verboten noch geboten). Dann gilt umgekehrt auch: H ist erlaubt genau dann, wenn H geboten oder zumindest freigestellt ist. Die so präzisierten begrifflichen Beziehungen lassen sich wie folgt in einem Diagramm darstellen:

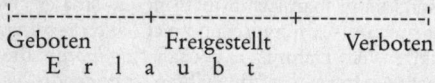

| Geboten | Freigestellt | Verboten |

E r l a u b t

Diagramm 1: Deontische Begriffe

Betrachten wir als nächstes die Wertprädikate *Gut* und *Schlecht*! Diese Ausdrücke werden nicht nur für moralische, sondern auch für eine Reihe von anderen Bewertungen benutzt. In allen Anwendungsbereichen gilt offenbar, daß etwas Gutes niemals schlecht – und deshalb auch Schlechtes niemals gut – sein kann, während man in der Regel die Möglichkeit einräumen muß, daß etwas weder gut noch schlecht ist. In diesem Fall soll es – wiederum ein etwas künstlicher Begriff – »indifferent« heißen. Außerdem können wir im Bereich der moralischen Bewertungen sagen, daß das Schlechte (und nur das Schlechte) *moralisch verwerflich* bzw. *moralisch bedenklich* ist. Moralisch unbedenklich ist entsprechend alles, was aus ethischer Perspektive entweder gut oder zumindest indifferent ist. In Diagrammform stellt sich dies so dar:

```
|---------------+-----------------+--------------|
Gut            Indifferent           Schlecht
   U n b e d e n k l i c h         Bedenklich
```

Diagramm 2: Moralische Wertbegriffe

Die Parallele zwischen beiden Diagrammen läßt vermuten, daß genau das Gebotene gut, das Verbotene schlecht und das Freigestellte indifferent ist. Doch diese Annahme erscheint in zweierlei Hinsicht problematisch. Einerseits wäre es z. B. für einigermaßen wohlhabende Europäer – moralisch gesehen – *gut*, ihre Ansprüche an den Lebensstandard drastisch zurückzuschrauben und das dadurch gesparte Geld den Hungernden in der Dritten Welt zur Verfügung zu stellen – doch ist so etwas deshalb auch schon *geboten*? Andererseits kann man sich Situationen ausmalen, wo man scheinbar nur die Wahl zwischen zwei *schlechten* Handlungen zu treffen hat: Dann ist es moralisch *geboten*, die weniger schlechte Alternative zu wählen – doch die ist nicht automatisch *gut*!

Eine andere wichtige Frage zielt darauf ab, ob nicht überhaupt die grobe, dreifache Unterscheidung Gut/Indifferent/Schlecht durch feiner abgestufte Beurteilungen ersetzt werden könnte. Speziell sollte man vielleicht versuchen, für moralische Werte ein nach beiden Seiten offenes Spektrum der folgenden Art einzuführen:

```
-----------------------+-----------------+-----------------------
```
Sehr gut ... Etwas gut   Indifferent   Etwas ... Sehr schlecht

Diagramm 3: Skala moralischer Wertprädikate

Dabei ließe sich der Grad der moralischen Verwerflichkeit von Handlungen in Analogie zur Schwere eines Verbrechens auffassen. So ist zum Beispiel ein bloßer Ladendiebstahl moralisch weniger schlimm – und gesetzlich in geringerem Maße strafwürdig – als ein bewaffneter Raubüberfall; dieser seinerseits moralisch weniger schlimm – und auch gesetzlich durch ein geringeres Strafmaß sanktioniert – als ein entsprechender Raub in Tateinheit mit vorsätzlicher Verletzung oder gar Tötung des Ladeninhabers; usw. In vielen Fällen wäre es jedoch ziemlich inadäquat, die moralische Verwerflichkeit einer Handlung direkt proportional zum Strafmaß anzusetzen, das für diese Handlung gesetzlich vorgesehen ist. Zum einen werden – insbesondere im Bereich zwischenmenschlicher Beziehungen – viele moralisch bedenkliche Handlungen per Gesetz überhaupt nicht geahndet. Man denke etwa an Bosheiten, Lieblosigkeiten und Ungerechtigkeiten, die sich innerhalb mancher Familien im Umgang zwischen Mann und Frau oder zwischen Eltern und Kindern ereignen. Zum anderen werden bzw. wurden in einzelnen Staaten Handlungen – insbesondere im Bereich des sexuellen Verhaltens – gesetzlich bestraft, obwohl sie moralisch gänzlich unbedenklich sind. Kurzum, in keiner realen Gesellschaft, in keinem vergangenen oder gegenwärtigen und wahrscheinlich auch in keinem zukünftigen Staat wird jemals das Ideal erreicht, daß die geltende Rechtsordnung alle und nur jene Handlungen gesetzlich unter Strafe stellt, die aus moralischer Perspektive als verwerflich beurteilt werden müssen. Außerdem haben ethische Überlegungen systematisch immer den Vorrang vor juristischen Erwägungen, d. h. auch in einem völlig gerechten, utopischen Staat sollte die Gesetzgebung bzw. die Höhe der gesetzlichen Sanktionen gerade dadurch festgelegt werden, wie schlimm – *moralisch* gesehen – die jeweilige Tat war.

Im folgenden werden zunächst die Maxime *Neminem laedere* und die sogenannte Goldene Regel vorgestellt, die in ziemlich ähnlicher Weise definieren, welche Handlungen moralisch bedenklich bzw. unbedenklich sind. Unter Berücksichtigung einiger utilitaristischer Konzepte und Prinzipien wird danach eine Theorie skizziert, die zum einen den Grad der moralischen Verwerflichkeit von Handlungen zu präzisieren versucht und die zum anderen verschiedene, leicht divergierende Kriterien dafür entwickelt, wann Handlungen moralisch erlaubt bzw. verboten sind.

0.2 Neminem laedere

Die Maxime *Neminem laedere* besagt, daß man im Rahmen einer moralischen Lebensführung »Niemanden verletzen« soll, wobei wohl schon in der Antike mit dem Wort ›laedere‹ neben dem körperlichen Wehtun auch ein geistiges, psychisches bzw. emotionales Verletzen mitgemeint war. Deshalb wird diese Maxime besser frei als »*Schade* niemandem« übersetzt, und der Begriff des Schadens selber ist in einem sehr umfassenden, noch näher zu erläuternden Sinn zu verstehen. Eine *Maxime* ist zunächst eine Handlungsanweisung oder Aufforderung, eine Empfehlung oder ein Gebot, ein Satz jedenfalls, der als solcher noch keine *Aussage* darstellt, die wahr oder falsch wäre. Implizit ist mit ihr jedoch die Behauptung verbunden, daß jeder, der die Maxime befolgt, richtig handelt, jeder, der die Maxime nicht befolgt, hingegen falsch. Gemäß der Terminologie des vorangehenden Abschnitts bedeutet bei *moralischen* Maximen ›richtig handeln‹ bzw. ›falsch handeln‹ aber gerade, moralisch unbedenklich bzw. moralisch bedenklich zu handeln. Deshalb ergibt sich im Falle des *Neminem laedere* zunächst die Aussage:

(NL 1)　Die Handlung H der Person A ist moralisch unbedenklich genau dann, wenn (im folgenden kurz: ›gdw.‹) durch H niemandem geschadet wird.

Diese ethische These soll nun näher diskutiert werden, wobei zunächst zu klären ist, auf welche Personen bzw. Lebewesen die Bedingung, niemandem zu schaden, Bezug nimmt.

Bis vor kurzem war die abendländische Philosophie unkritisch davon ausgegangen, daß moralische Regeln ausschließlich für *Menschen* gedacht seien. Dies ist fraglos richtig, wenn man die Seite des *Handelnden* im Auge hat. Betrachtet man hingegen die Seite der von unseren Handlungen *Betroffenen*, so erweist sich ein solcher Anthropozentrismus als ungerechtfertigt. Zwar betreffen die wichtigsten moralischen Entscheidungen immer das Wohlergehen unserer Mitmenschen, aber es wäre kurzsichtig und arrogant, die Interessen anderer Lebewesen, speziell höher entwickelter Tiere, zu ignorieren. Ich fasse jedenfalls den Anwendungsbereich des *Neminem laedere* so weit, daß sämtliche Wesen darunter fallen, denen physisch oder psychisch weh getan bzw. geschadet werden kann, also speziell alle leidensfähigen Tiere.[1] In einem gewissen Sinn kann ich natürlich auch unbelebten Dingen einen Schaden zufügen: dem Auto meines Nachbarn, der Venus von Milo oder der Antarktis. Dies bedeutet freilich nicht, daß ich solchen Entitäten gegenüber *moralisch* verwerflich handeln würde. Die moralische Dimension, die mein Verhalten ihnen gegenüber haben mag, könnte höchstens aus dem Schaden resultieren, den ich indirekt anderen Lebewesen, z. B. meinen Mitmenschen zufüge. Dem Auto selber ist es völlig egal, ob ich es trete, mit Steinen bewerfe oder in Brand setze; nicht hingegen dem Autobesitzer. Ebenso spürt die Aphrodite von Milo keinen Schmerz, wenn ich ihren Marmorkopf abhacke, sondern nur der Kunstliebhaber. Schließlich ist auch eine Naturlandschaft wie die Antarktis primär deshalb schützenswert, weil viele Mitbürger wollen, daß sie intakt bleibt. Aufgrund dieser Überlegungen kann das Moralprinzip des *Neminem laedere* folgendermaßen präzisiert werden:

> (NL 2)   Die Handlung H der Person A ist moralisch unbedenklich gdw. durch H *keinem leidensfähigen Lebewesen* geschadet wird.

Als nächstes betrachte man solche – im Alltag wahrscheinlich recht seltenen – Situationen, wo jemand mit einer Handlung H *sich selber* (bzw. *nur* sich selber) schadet. Faßt man zunächst einen *immateriellen* (geistigen, emotionalen, psychischen) Schaden ins Auge, so wäre insbesondere an Leute zu denken, die sich objektiv ungerechtfertigte Schuldvorwürfe machen, neurotische Ängste entwickeln oder sich mit Eifersuchtsphantasien herumquälen. Unter die entsprechende Rubrik *körperlicher* Selbstschädigungen wären z. B. psychopathisches Verhalten wie Magersucht und Aktionen der Selbstverstümmelung zu subsumieren. Feinberg (1986: 145) unterscheidet hier drei Kategorien:

> »In die erste Gruppe gehören solche, die aus einer verbrecherischen Absicht heraus erfolgen, beispielsweise um eine Versicherung zu betrügen oder um der Einberufung zu entgehen. [...] Zur zweiten Gruppe gehören Handlungen von Geisteskranken, die dafür nicht verantwortlich gemacht werden können. [...] In die dritte Gruppe fallen religiöse Fanatiker, die sich von tradierten Formen von Kasteiungen Buße und Läuterung erhoffen.«

Bei Handlungen der ersten Kategorie handelt es sich aber nur scheinbar um Selbst*schädigungen*, denn der Handelnde glaubt ja (egal ob zu Recht oder zu Unrecht), daß seine Handlung ihm letztendlich einen Nutzen bringen wird. Er will sich also nicht wirklich schaden, sondern vielmehr einen Vorteil verschaffen. Außerdem fügt er durch sein Verhalten *anderen* einen Schaden zu. Deshalb müssen solche

Handlungen gemäß dem *Neminem laedere* klarerweise als unmoralisch eingestuft werden. Bezüglich der beiden übrigen Kategorien kann man zwar mit Feinberg dafür plädieren, Handlungen von Geisteskranken oder religiösen Fanatikern z. B. aus Gründen mangelnder Zurechnungsfähigkeit *gesetzlich* nicht zu bestrafen. Dies bedeutet jedoch nicht, daß solche Handlungen grundsätzlich jenseits von Gut und Böse angesiedelt wären, also keiner *moralischen* Bewertung zugänglich wären. Ein analoger Fall der *Fremdschädigung*, wo etwa ein Geisteskranker ein Blutbad anrichtet, wird im allgemeinen ja durchaus als unmoralisch eingestuft. Solange hingegen durch die Selbstverstümmelungen und Kasteiungen niemand anderem ein Schaden zugefügt wird, können sie als moralisch unbedenklich gelten.

Der vermutlich häufigste Fall einer absichtlichen Handlung, mit der jemand sich selber schadet, der aber nicht unter die Kategorien von Feinberg fällt, ist der *Selbstmord*. Viele Selbsttötungen, insbesondere von Jugendlichen, sind Akte, die gegen das wohlverstandene, längerfristige Interesse des Handelnden verstoßen. Sie sind in diesem Sinne »Dummheiten«, und die meisten Suizidkandidaten, die an ihrer Tat gehindert wurden, sehen dies im nachhinein auch ein. Außerdem fügt der Selbstmörder in der Regel auch *anderen* Leuten Schaden, Kummer und Schmerz zu: den Eltern oder Freunden, die sich Vorwürfe machen, die sich mitschuldig fühlen, die den Verlust der Person betrauern, etc. Falls es jedoch in einem Einzelfall keine derart Betroffenen gibt, falls das gesamte soziale Umfeld den Tod des Selbstmörders nicht als Schaden empfinden sollte, dann ist die Tat, auch wenn sie eine »Dummheit« darstellt, *moralisch* nicht verwerflich. Ähnliches gilt für Auto- oder Motorrad-Rennfahren, extremes Bergsteigen und andere Aktivitäten, durch die das eigene Leben zwar nicht bewußt *beendet*, aber doch *gefährdet* bzw. aufs Spiel gesetzt wird. Es mag *dumm* sein, 50 Jahre seines Lebens für das kurze, intensive Vergnügen einer rasanten Motorradfahrt zu riskieren, aber solange dabei keine Interessen anderer Personen verletzt werden, ist es nicht *unmoralisch*. Dies folgt auch aus dem von Beauchamp/Childress (1979: 59) erwähnten »Prinzip der Autonomie«, demzufolge eine Person alles tun darf, »was sie will – auch wenn dies für sie ernsthafte Risiken nach sich zieht und auch wenn andere es als eine Dummheit betrachten«, sofern nur ihre Handlung »die autonomen Handlungen anderer nicht beeinträchtigt«. Aufgrund dieser Überlegungen sollte das *Neminem laedere* wie folgt modifiziert werden:

(NL 3)   Die Handlung H der Person A ist moralisch unbedenklich gdw. durch H keinem *anderen* leidensfähigen Individuum (außer eventuell A selber) geschadet wird.

Als nächstes ist der Begriff des *Schadens* näher zu erörtern. Im Alltag spricht man von einem Schaden vorwiegend im materiellen Bereich. Hier soll der Begriff jedoch umfassender so verstanden werden, daß er auch immaterielle Schädigungen oder Verletzungen (z. B. Kränkungen, Beleidigungen, Kummer, ...) mit abdeckt.[2] In erster Annäherung könnte man sagen, daß eine Handlung H genau dann einen Schaden für das betroffene Individuum B bedeutet, wenn H gegen die *Interessen* von B verstößt. Allerdings ist der Begriff des Interesses auch nicht viel klarer als der des Schadens selber. Ein paar erläuternde Bemerkungen müssen genügen.

Daß eine Handlung H im Interesse eines Individuums B liegt bzw. gegen sein Interesse verstößt, setzt nicht voraus, daß B sich dessen bewußt ist bzw. dieses Interesse zu artikulieren vermag. Einen Menschen hinter seinem Rücken zu verleumden verstößt in der Regel gegen sein Interesse, auch wenn er davon nichts erfährt; einen Schlafenden zu bestehlen verstößt in der Regel gegen sein Interesse, auch wenn er davon nichts bemerkt; und einen Ohnmächtigen durch einen Messerstich zu verletzen verstößt in der Regel gegen sein Interesse, auch wenn er den Schmerz bzw. die Verwundung nicht spürt. Insbesondere verstößt Töten in aller Regel gegen das Interesse auch von solchen Lebewesen wie z. B. Tieren, Neugeborenen oder Kleinkindern, die geistig (noch) nicht in der Lage sind, den Verlust des Lebens zu befürchten bzw. als Schaden zu verstehen. Die einzige Voraussetzung dafür, einem Individuum sinnvollerweise gewisse Interessen zuschreiben zu können, besteht darin, daß B im Laufe seines Lebens einmal gewisse *Präferenzen* entwickelt (bzw. zumindest entwickeln könnte), denen gemäß B diese und jene Zustände gewissen anderen Zuständen *vorziehen* würde bzw. denen gemäß die ersteren *für B besser* wären als die letzteren. Dies dürfte in elementarem Umfang auf alle leidensfähigen Lebewesen zutreffen, denn für sie ist es jedenfalls besser, keinen Hunger zu haben und keine Schmerzen zu verspüren, als Hunger und Schmerz erleiden zu müssen.[3] Je höher entwickelt das Individuum ist, je mehr Fähigkeiten es insbesondere besitzt, positive, glückbringende, mit Freude und Lust verbundene Erfahrungen zu machen, desto umfassender wird das Spektrum von Interessen, die man ihm sinnvollerweise zuschreiben kann. In einem ersten Ansatz wäre deshalb zu sagen, daß die Handlung H dem Individuum B genau dann schadet, wenn der Zustand, der durch H herbeigeführt wird, für B schlechter ist als der Zustand, der bestanden hätte, wenn H nicht ausgeführt worden wäre.

Dieser Gedanke muß jedoch in zweierlei Hinsicht korrigiert bzw. eingeschränkt werden. Die erste Modifikation betrifft die Abgrenzung zwischen *legitimen* und *illegitimen Interessen*. In gewisser Weise verstößt z. B. ein Polizist, der einen Bankräuber verhaftet, gegen dessen »Interesse«. Für den Bankräuber ist es ja (zumindest prima facie) besser, mit der Beute unentdeckt zu entkommen, als gefangengenommen und ins Gefängnis gesteckt zu werden. Ähnlich erscheint es für einen sadistischen Vergewaltiger besser, wenn das ausersehene Opfer sich seinen perversen Wünschen hingibt, als wenn es sich wehrt und davonläuft. Selbstverständlich handelt aber weder der Polizist noch die Frau unmoralisch. Die Interessen des Bankräubers bzw. des Sadisten sind u. a. in dem Sinne »illegitim«, als sie ihrerseits gegen die »legitimen« Interessen von anderen verstoßen.[4] Deshalb scheinen Handlungen gegen solche »illegitimen« Interessen moralisch völlig o.k. zu sein.

Eine weitere Schwierigkeit besteht in der Abwägung *kurz-* und *langfristiger Interessen.* Wenn man den Schaden oder Nutzen einer Handlung H für ein Individuum B bewerten will, so ist die Betrachtung nur jener Zustände, die mehr oder weniger unmittelbar auf H folgen, oft zu eng. Etwas, was im ersten Augenblick wie ein Schaden ausschaut, kann sich später als Vorteil oder Nutzen für den Betreffenden erweisen. Das hiermit zusammenhängende Problem des *Paternalismus* tritt – wie der Name andeutet – am häufigsten im Umgang mit Kindern auf. So will ein Mädchen nicht länger zur Klavierstunde gehen, aber der Vater zwingt die Tochter dazu, weiterzumachen, weil er glaubt, daß ihr das Klavierspielen trotz der momentanen Quälerei später viel Freude bringen wird und also langfristig gesehen in ihrem *wahren* Interesse liegt. Hier ist nicht der Ort, in Allgemeinheit zu diskutieren, bis zu welchem Grad sich ein derart bevormundendes, paternalistisches Handeln moralisch rechtfertigen läßt.[5] Statt dessen sei nur grob skizziert, unter welchen begrifflichen Voraussetzungen sich momentane, kurzfristige Wünsche und Bedürfnisse mit entsprechenden langfristigen Interessen des Individuums vergleichen lassen.

Dazu muß man die jeweiligen *Folgen von Zuständen* betrachten, die sich im Anschluß an eine Handlung ergeben können. Solche Zustandsfolgen seien als mögliche *Lebensverläufe* des Individuums bezeichnet. Selbst wenn – aus einer gewissen metaphysischen Perspektive heraus – das gesamte Naturgeschehen »eigentlich« streng deterministisch ablaufen sollte, so ist das Leben jedes Einzelnen in prakti-

scher Hinsicht weitgehend offen bzw. unbestimmt. Zu jedem Zeitpunkt *t* seiner Existenz sind verschiedene künftige
Lebensverläufe möglich; insbesondere kann es von Handlungen anderer Wesen abhängen, welchen konkreten Verlauf das Leben ab *t* annimmt. Fürs folgende sei also vorausgesetzt, daß die einschlägigen Lebensverläufe des von der
Handlung H betroffenen Individuums B eine präferentielle
Bewertung gestatten, so daß sich dieser und jener mögliche
Lebensverlauf als besser (bzw. schlechter) für B bezeichnen
läßt als dieser und jener andere. Weiterhin sei, um weit-
schweifige Ausdrücke zu vermeiden, definiert: Die Handlung H verstößt gegen das *wahre Interesse* des Individuums
B gdw. der Lebensverlauf, wie er sich aufgrund von H für
B ergibt, schlechter ist als der Verlauf, den B's Leben ange-
nommen hätte, wenn die Handlung H nicht erfolgt wäre.
Dann kann man den Grundgedanken des *Neminem laedere*
folgendermaßen modifizieren:

(NL 4)   Die Handlung H der Person A ist moralisch
unbedenklich gdw. H nicht gegen die *wahren, legitimen* Interessen irgendeines anderen Individuums B
verstößt.

In den folgenden Abschnitten werden noch weitere Ver-
besserungen von NL 4 vorgeschlagen. Insbesondere bleiben
Situationen zu untersuchen, in denen der Handelnde A, egal
zu welcher Alternative er sich entscheidet, zwangsläufig
mindestens *einem* anderen Individuum schaden muß. Während A in einem solchen moralischen Dilemma gemäß NL 4
automatisch unmoralisch handeln würde, zeigt der in Abschnitt 0.4 entwickelte Utilitarismus dem A einen moralisch
vertretbaren Ausweg, nämlich jene Handlung zu wählen,
durch die den Betroffenen zusammen genommen *am wenigsten geschadet* wird.

0.3 Die Goldene Regel

»Was du nicht willst, das man dir tu, das füg auch keinem anderen zu!« Diese Maxime ist zunächst auf spezielle Handlungen H einer Person A beschränkt, die sich gegen *einen* direkt Betroffenen B richten, der seinerseits – zumindest im Prinzip – »dieselbe« Handlung gegenüber A tun könnte. Der Goldenen Regel zufolge ist H unmoralisch bzw. sollte unterlassen werden, wenn A nicht will, daß B »Gleiches« (also H) gegenüber A tut. Zur Präzisierung dieses Grundsatzes kann man zweiseitige, potentiell umkehrbare Handlungsweisen in der Gestalt H(X,Y) symbolisieren. Dann stellt H(A,B) die konkrete Handlung dar, die A gegenüber B ins Auge faßt, während H(B,A) die umgekehrte Handlung von B gegenüber A repräsentiert. Die mit der *Maxime* der Goldenen Regel stillschweigend verknüpfte moralische *These* läßt sich somit wie folgt ausdrücken:

(GR 1)   Die Handlung H(A,B) der Person A gegenüber dem Individuum B ist moralisch bedenklich gdw. A nicht will, daß H(B,A).

Dieses Prinzip wäre jedoch nur dann akzeptabel, wenn man davon ausgehen könnte, daß alle Individuen bezüglich umkehrbarer Handlungsweisen H(X,Y) stets die gleichen Präferenzen haben. Insbesondere müßte der von A's Handlung Betroffene B den Sachverhalt H(A,B) genau dann wollen, wenn A selber sich den umgekehrten Sachverhalt H(B,A) wünscht. Eine solche Symmetrie ist aber nicht immer gewährleistet. Drei Beispiele zur Illustration. Ein wenig attraktiver Junge hätte nichts dagegen, wenn seine schöne Nachbarin ihn küßt: Also küßt er sie! Ein Raucher hätte nichts dagegen, wenn die Mitfahrer im Nichtraucherabteil sich eine Zigarette ansteckten würden: Also zündet er sich eine an. Ein Masochist will, daß eine Frau ihn durch Auspeitschen sexuell erregt: Also mißhandelt er sie. All

diese Verhaltensweisen würden durch GR 1 als moralisch
unbedenklich ausgewiesen!

Der eigentliche Sinn der Goldenen Regel kommt besser
in dem Gedankenexperiment des *Rollentauschs* zum Ausdruck. Versetze dich, A, in die Situation des anderen,
B. Wenn du *dann* nicht willst bzw. wollen würdest, daß
man dir H antut, dann darfst du umgekehrt dem anderen
nicht H antun. Die Moralität einer Handlung H(A,B) sollte
also nicht an den *aktuellen* Präferenzen des Handelnden A
bezüglich H(B,A) gemessen werden, sondern an den *hypothetischen* Präferenzen, die A (mutmaßlich) hätte, wenn er
sich in der Situation des anderen, B, befinden würde. Diese
hypothetischen Präferenzen von A in der Situation von B
können jedoch naheliegenderweise mit den Präferenzen von
B selber gleichgesetzt werden. Demzufolge wird die Handlung H(A,B) genau dann moralisch bedenklich, wenn *B
nicht will*, daß »man« (d. h. A) ihm H antut. Vereinfacht
kann man somit sagen:

(GR 2) Die Handlung H der Person A gegenüber
dem Individuum B ist moralisch bedenklich gdw. B
nicht will, daß A H tut.

Alternativ könnte man die Bedingung, daß A in der Situation von B (bzw. mit den Präferenzen von B) nicht wollen würde, daß H geschieht, auch so interpretieren, daß A
glaubt, daß B nicht will, daß A H tut. Tatsächlich sind die
einschlägigen Glaubensannahmen des Handelnden A für
moralische Urteile oft entscheidend. Während in der Rechtsprechung meistens nach dem Grundsatz verfahren wird
»Unkenntnis schützt vor Strafe nicht«, gilt in der Ethik
eher das umgekehrte Prinzip: Wenn A nicht weiß (bzw.
nicht glaubt), daß er mit seiner Handlung anderen einen
Schaden zufügt, dann ist er *moralisch* nicht verantwortlich
(es sei denn, er hätte dies »wissen müssen«). Bei den in diesem Buch zu behandelnden moralischen Problemen kann
man jedoch in aller Regel davon ausgehen, daß der Han-

delnde über die Präferenzen der anderen Bescheid weiß. Deshalb können wir die Glaubensannahmen des Handelnden zunächst außer acht lassen und brauchen GR 2 nicht in der angegebenen Weise zu modifizieren. Erst in Abschnitt 0.4 soll der Gedanke, daß für die Moralität der Handlung im Zweifelsfall nicht der tatsächliche, sondern der vom Handelnden vorhersehbare Schaden »zählt«, durch die Einführung des *Erwartungswertes* des »Nutzens« bzw. Schadens von H für B präzisiert werden.

Am Rande sei vermerkt, daß neben den Glaubensannahmen natürlich auch die *Intentionen* des Handelnden A eine wichtige Rolle spielen. Einerseits dürfte oft die *bloße Absicht* bzw. allein der *Versuch* von A, einer Person B zu schaden, moralisch verwerflich sein, auch wenn bei der Ausführung der Handlung etwas »schiefläuft« und B de facto gar keinen Schaden erleidet. Andererseits sind Handlungen normalerweise *nur dann* moralisch verwerflich, wenn sie »willentlich und wissentlich« erfolgten, wenn also der Handelnde insbesondere *wollte*, daß anderen ein Schaden entsteht. In normalen, alltäglichen Situationen wird hierdurch aber gar keine Zusatzforderung ausgedrückt, denn wenn A *weiß* bzw. glaubt, daß er mit der Handlung H einem anderen schaden wird, und wenn er dennoch H tut, so zeigt dies in aller Regel, daß er H tun *wollte*. (Was sollten wir denn von einem Menschen halten, der sich z. B. eine Pistole besorgt, auf einen Menschen zielt, sicher ist, daß er ihn treffen wird, abdrückt und dennoch seine Tat mit den Worten zu entschuldigen versucht »Ich *wollte* ihn gar nicht töten«?) Lediglich in einem moralischen Dilemma, wo der Handelnde auf die eine oder andere Weise – zu welcher Alternative er sich auch immer entscheidet – irgend jemandem schaden *muß*, wird man ihm zugestehen, daß, obwohl er wußte, daß er anderen schaden würde, er dieses nicht wollte, weil er nicht anders *konnte*.

Kehrt man nun zu der zuletzt diskutierten Fassung der Goldenen Regel zurück, so kann man die Bedingung, daß B nicht will, daß ihm gegenüber in der Weise H(A,B) gehandelt wird, cum grano salis äquivalent so umformulieren, daß diese Handlung B's Interesse verletzt. Hiergegen ließe sich wiederum der Einwand erheben, daß die Berücksichtigung *beliebiger* Interessen inadäqat ist und daß man sich besser auf die *legitimen* Wünsche oder Interessen von B beschränken sollte. Wenn z. B. mein Nachbar aus irgendwelchen Gründen nicht will, daß ich im nächsten Jahr den Cho Oyu besteige, so ist es sicher nicht unmoralisch, wenn ich mich gemäß der Devise »Das geht doch *den* nichts an« über sein »Interesse« hinwegsetze. Der Sinn der Goldenen Regel wird also vermutlich besser so ausgedrückt, daß man die Handlung H der Person A gegenüber dem Individuum B nur dann als moralisch bedenklich bezeichnet, wenn H gegen die *legitimen* Interessen von B verstößt. Außerdem ist die schon im Zusammenhang mit dem *Neminem laedere* diskutierte Berücksichtigung von B's längerfristigen, *wahren* Interessen (über seine kurzfristigen, spontanen Wünsche hinaus) auch im Falle der Goldenen Regel wichtig. Deshalb sollte GR 2 folgendermaßen modifiziert werden:

(GR 3)   Die Handlung H der Person A gegenüber dem Individuum B ist moralisch bedenklich gdw. H gegen die wahren, legitimen Interessen von B verstößt.

Diese Fassung der Goldenen Regel stellt nun jedoch einen Spezialfall des *Neminem laedere* dar. Der Hauptunterschied zwischen beiden Prinzipien besteht darin, daß GR 3 nur Handlungen von A »gegenüber« B in Betracht zieht, bei denen die Interessen *genau eines* anderen Individuums B betroffen sind, während NL 4 auch Handlungen berücksichtigt, die die Interessen *mehrerer* Individuen $B_1, \ldots, B_n$ tangieren können. Zusammenfassend läßt sich jedenfalls feststellen, daß der Grundgedanke der Goldenen Regel mit der Maxime des *Neminem laedere* weitestgehend übereinstimmt und deshalb nicht separat betrachtet zu werden braucht.

0.4 Utilitaristische Begriffe

Jeremy Bentham hat die utilitaristische Maxime auf die Formel gebracht: »Das größte Glück für die größte Menge«. Demzufolge sollte das Ziel jeder Handlung H darin bestehen, das »Glück« für die Gesamtheit der durch H Betroffenen zu maximieren. An die Stelle des Begriffs ›Glück‹ ist in neuerer Zeit der Begriff des *Nutzens* (engl. *utility*) getreten, mit dem man den *subjektiven Wert* von Handlungen bzw. Handlungsfolgen für die Betroffenen *quantitativ* zu erfassen sucht. In einem ersten, sehr groben Ansatz könnte man den Wert oder die Qualität einer Handlung H – bzw. der aus dieser Handlung resultierenden Zustände oder *Ereignisse* E – wie folgt charakterisieren. Das Ereignis E ist (intrinsisch) *positiv* für die Person B, wenn B es als gut, glückbringend oder wünschenswert empfindet, daß E geschieht; entsprechend ist E (intrinsisch) *negativ* für B, wenn E von B als nicht wünschenswert, als unglücklich machend bzw. als schlecht empfunden wird. Diese Einteilung läßt zu, daß für B auch neutrale, weder positive noch negative Ereignisse existieren, bei denen es B »egal« ist, ob sie stattfinden oder nicht. Natürlich sind nicht alle positiven Ereignisse *gleichermaßen* wünschenswert für B, und ebenso sind nicht alle negativen Erlebnisse im gleichen Maße schlecht für B. In einem zweiten, verfeinerten Ansatz wird man deshalb davon ausgehen, daß Personen in der Lage sind, über die Bewertung ihrer Erlebnisse als positiv oder negativ hinaus zu sagen, welche Erlebnisse *besser* oder *schlechter* sind als andere. Eine solche Ordnungsrelation sei durch $E_1 >_B E_2$ symbolisiert (lies: ›E_1 ist für B besser als E_2‹).

Im Rahmen der sog. Entscheidungstheorie wurde nun untersucht, wann sich solche subjektiven Präferenzrelationen *metrisieren* lassen, d. h. unter welchen Voraussetzungen man von der Ordnung $>_B$ zu einem quantitativen Wertbegriff übergehen kann. Es läßt sich beweisen, daß zu jeder Relation $>_B$, die gewisse axiomatisch erfaßte Bedingungen erfüllt, mindestens eine reellwertige »Nutzensfunktion« $u(B)$ existiert, welche $>_B$ in dem Sinne numerisch *repräsentiert*, daß für beliebige Ereignisse E_1, E_2 gilt: $E_1 >_B E_2$ genau dann, wenn $u(E_1, B) > u(E_2, B)$. In einem dritten Ansatz gelangt man also dazu, den Wert des Ereignisses E für die Bezugsperson B durch eine Zahlenangabe der Form $u(E,B) = r$ (lies: ›der Wert des Ereignisses E für B ist gleich r‹) zu präzisieren. Dabei ist zu beachten, daß ein »Nutzen« im Einzelfall durchaus ein Nachteil bzw. Schaden sein kann, d. h. neben positiven sind auch negative »Nutzen«swerte möglich. Man darf nun ohne Beschränkung der Allgemeinheit annehmen, daß die jeweiligen Nutzensfunktionen *normiert* sind, so daß jedem von B als gut empfundenen Ereignis E ein positiver Wert $u(E,B) > 0$ zugeordnet wird, während alle von B als schlecht empfundenen Ereignisse E' einen negativen Wert $u(E',B) < 0$ erhalten.[6] Insbesondere könnte man für positive Ereignisse E den Wert $u(E,B)$ durch den Geldbetrag definieren, den die Person B bereit wäre, dafür zu zahlen, wenn sie E (noch einmal) erleben dürfte, und für negative Ereignisse wäre $u(E',B)$ entsprechend als jener Betrag zu interpretieren, den B zu zahlen bereit wäre, um E' nicht (noch einmal) erleben zu müssen.[7] Die Werte $u(E,B)$ einer normierten Nutzensfunktion spiegeln dann *personenimmanent* wider, wie gut bzw. wie schlimm das fragliche Ereignis E für die Bezugsperson B ist, oder – anders ausgedrückt – wie stark E im Interesse von B liegt bzw. gegen das Interesse von B verstößt.

Allerdings sind diese Werte noch kein adäquater Maßstab für einen *interpersonellen* Nutzenvergleich. Daß eine Person B für das Ereignis E mehr Geld zu zahlen bereit wäre als eine andere Person B', bedeutet nicht automatisch, daß E für B tatsächlich besser ist als für B', sondern kann einfach damit zusammenhängen, daß B wesentlich mehr Geld zur Verfügung steht als B'. Mit einer kleinen, naheliegenden Modifikation des obigen Gedankens kann man jedoch erreichen, daß die Nutzensfunktionen verschiedener Personen *intersubjektiv vergleichbar*, also quasi mit dem gleichen »Maßstab« meßbar werden, so daß $u(E,B) > u(E,B')$ dann und nur dann gilt, wenn E von B als positiver oder wünschenswerter empfunden wird als von B'. Dazu nehme man einfach an, daß beiden Personen ein und derselbe feste Geldbetrag zur Verfügung steht, und man interpretiere $u(E,B)$ als jenen Geldbetrag, den B im Rahmen solch *hypothetischer* finanzieller Verhältnisse für das Erleben-dürfen (bzw. Nicht-erleben-müssen) von E auszugeben bereit wäre.[8]

Setzt man jedenfalls voraus, daß die Nutzensfunktionen für die jeweils betrachteten Personen $B_1, \ldots, B_n$ auf die eine oder andere Weise in intersubjektive Übereinstimmung gebracht wurden, so läßt sich der Grundgedanke des Utilitarismus wie folgt präzisieren. Zunächst überträgt man den Nutzen von *Ereignissen* auf *Handlungen*, indem man in dem einfachen Fall, wo H das mit Sicherheit eintretende Ereignis E zur Folge hat, den Wert von H für B mit $u(E,B)$ gleichsetzt. Hat die Handlung H hingegen mehr als nur *eine* wohldefinierte Folge E, d. h., können sich mehrere Folgen $E_1, \ldots, E_m$ ergeben, die für B die Werte $u(E_1, B),$ $\ldots, u(E_m, B)$ besitzen und die mit einer jeweiligen Wahrscheinlichkeit von $w(E_i)$ zu erwarten sind, so berechnet sich der *Erwartungswert* des Nutzens von H für B als die gewichtete Summe $\Sigma_{j<m} u(E_j, B) \times w(E_j) / \Sigma_{j<m} w(E_j)$[9]. Die so verstandenen Nutzenswerte, die der Handlung H aufgrund ihrer voraussichtlichen Konsequenzen für die Betroffenen B_i zukommen, seien durch $u(H,B_i)$ symbolisiert. Das Benthamsche Konzept des »Glücks der größten Menge« kann man nun genauer durch den *Gesamtnutzen* explizieren, den die jeweilige Handlung H für die Gruppe aller betroffenen Personen besitzt, d. h. durch die Summe der *n* Einzelnutzen, $U(H) = \Sigma_{i<n} u(H,B_i)$. So wie der Einzelnutzen $u(H,B_i)$ aufgrund der Normierungsbedingung ein adäquates Maß für den Nutzen bzw. für den Schaden darstellt, den die Handlung H für die Person B_i bedeutet, so läßt sich der

Gesamtnutzen U(H) aufgrund der Voraussetzung der inter-
subjektiven Vergleichbarkeit der einzelnen Nutzensfunktionen als adäquates Maß für den Nutzen bzw. Schaden auffassen, den die Handlung H für die *Personengruppe insgesamt* bedeutet. Das heißt, eine Handlung H mit U(H)>0
bringt der Gruppe als Ganzem einen Vorteil, während eine
Handlung H' mit U(H')<0 der Gruppe insgesamt schadet.
Gemäß einem ersten utilitaristischen Grundsatz bestimmt
nun der Gesamtnutzen einer Handlung H deren ethische
Qualität im folgenden Sinn:

(UT1)   Die Handlung H ist moralisch besser als die
Handlung H' gdw. der Gesamtnutzen U(H) größer ist
als der Gesamtnutzen U(H').

Zweitens wird eine utilitaristische Ethik gemäß der Maxime vom *größten* Glück für die größte Menge meistens mit
dem Gedanken verknüpft, daß einzig das Beste gut genug
ist, d. h., daß es *geboten* sei, jene Handlung zu wählen, deren Gesamtnutzen für die Betroffenen *maximal* ist. Eine
bloß suboptimale Handlung auszuführen wäre dementsprechend *verboten*, und deshalb würde, wie z. B. Kutschera
(1982: 22) bemerkt, auch gelten: »Eine Handlung ist *erlaubt*
genau dann, wenn sie unter den möglichen Alternativen
moralisch optimal ist.« In nicht-deontischer Terminologie
ergäbe sich so das Kriterium:

(UT2)   Die Handlung H ist moralisch unbedenklich
gdw. der Gesamtnutzen von H maximal ist, d. h., wenn
es keine alternative Handlung H' gibt, so daß
U(H')>U(H).

Gegen die utilitaristische Konzentration auf den Gesamtnutzen einer Handlung läßt sich zunächst der Einwand erheben, daß U(H) für die Frage der Moralität von H zwar
ein wichtiger, aber nicht der einzig ausschlaggebende Faktor
darstellt. Menschen haben grundlegende *Rechte*, insbesondere ein Recht auf Leben, ein Recht auf körperliche Unver-

sehrtheit und Eigentumsrechte, die zu verletzen auch dann
unmoralisch wäre, wenn der Gesamtnutzen für die Allgemeinheit hierdurch erhöht würde. In einem u. a. in Foot
(1967) diskutierten Beispiel wird angenommen, daß ein gesunder Mann S das Leben von drei anderen Menschen retten könnte, wenn er seine Organe für Transplantationen
zur Verfügung stellen würde (was S freilich partout nicht
will). Unter dem Aspekt des Gesamtnutzens könnte man
argumentieren, daß durch die Operation, O, drei Menschen
weiterleben könnten und nur einer, nämlich der unfreiwillige »Spender«, sterben müßte; während im Falle der Nicht-
Operation, NO, drei Menschen sterben und nur einer wei-
terlebt. Nimmt man weiterhin an, daß das Leben für alle
vier Personen ungefähr den gleichen Wert besitzt, so wäre
U(O) deutlich größer als U(NO), so daß die Operation gemäß UT1 als moralisch besser bezeichnet werden dürfte als
ihre Unterlassung. Intuitiv wird man jedoch darauf bestehen, daß nur eine *freiwillige* Operation (bzw. genauer: die
Einwilligung hierzu) eine moralisch gute, ja heroische
Handlung von S darstellt, während eine Zwangsoperation
gegen den Willen von S moralisch äußerst verwerflich ist.[10]

Der Utilitarist könnte zur Entkräftung dieses Einwands
darauf hinweisen, daß der (positive oder negative) »Nutzen« einer Handlung nicht allein durch die materiellen, sondern ebenso durch geistige, psychische oder emotionale
Folgen für die betroffene(n) Person(en) bestimmt wird. Insbesondere liegt immer dann eine solch immaterielle Schädigung vor, wenn gegen legitime Wünsche oder Interessen anderer gehandelt wird. Im obigen Beispiel bestünde der
Schaden für S also nicht »nur« im Verlust seiner Organe
bzw. seines Lebens, sondern zudem in der Empörung darüber, daß die Operation gegen seinen Willen stattfindet.
Darüber hinaus fänden es vermutlich auch alle übrigen, von
der fraglichen Operation nicht direkt betroffenen Mitbürger empörend, wenn S in der geschilderten Weise mißhandelt würde. Wenn man nun für die große Anzahl solch indi-

rekt betroffener Personen entsprechende negative Nutzenswerte, die den immateriellen Schaden des Verletzens ihrer
moralischen Gefühle ausdrücken, mit ins utilitaristische
Kalkül einbezieht, so könnte der entsprechend *modifizierte*
Gesamtnutzen der unfreiwilligen Transplantation, der bei
einer zunächst nur aufs Materielle gerichteten Betrachtung
der Vor- und Nachteile für die direkt Betroffenen positiv
auszufallen schien, letztendlich doch negativ werden.

Es ist nun keineswegs klar, ob eine solch indirekte Berücksichtigung der grundlegenden Rechte durch das Rechts*empfinden* der einzelnen Individuen ausreicht, die Amoralität
der unfreiwilligen Transplantation und ähnlicher Handlungen sicherzustellen, oder ob eine von Nutzenserwägungen
unabhängige Dimension der Rechte mit ins Spiel gebracht
werden muß. Insbesondere wäre zu überlegen, ob nicht in
ähnlicher Weise, wie das *Neminem laedere* auf die Verletzung *legitimer* Interessen eingeschränkt wurde, die Nutzensfunktionen entsprechend so modifiziert werden sollten,
daß sie nur noch widerspiegeln, in welchem Maße die *legitimen* Interessen, Wünsche bzw. Präferenzen der betroffenen
Personen gefördert bzw. verletzt werden. Trapp (1988) liefert einen detaillierten Entwurf eines solchen »Gerechtig-
keits-Utilitarismus«. Eine weitere Diskussion dieses Problems würde den Rahmen der Arbeit sprengen.

Speziell mit dem utilitaristischen Maximierungsprinzip
UT 2 ist jedoch ein weiteres, gravierendes Problem verbunden. Die Teilaussage, derzufolge H als moralisch *bedenklich*
erklärt wird, wenn der Gesamtnutzen von H nicht maximal
ist, würde zu der völlig inakzeptablen Konsequenz führen,
daß praktisch all unsere alltäglichen Handlungen moralisch
bedenklich wären. Zu jeder noch so großherzigen, altruistischen Handlung H kann man sich nämlich in der Regel eine
Alternative H' ausdenken – z. B. H tun und *außerdem noch*
DM 1000 für die Hungernden der Dritten Welt spenden –,
deren Gesamtnutzen vermutlich größer wäre als der von
H. Da H somit utilitaristisch nicht optimal ist, müßte H ge-

mäß UT 2 als moralisch bedenklich disqualifiziert werden.
Eine solche Bewertung ist in vielen Fällen jedoch inadäquat.
Angesichts dieses Problems der supererogatorischen Handlungen scheint es jedenfalls ratsam, die Maximierung des
Gesamtnutzens lediglich als eine *hinreichende* und nicht
zugleich als *notwendige* Bedingung für moralisch erlaubte
Handlungen zu postulieren:

(UT 3)   Die Handlung H ist *utilitaristisch erlaubt*,
wenn der Gesamtnutzen von H maximal ist, d. h.,
wenn es keine alternative Handlung H' gibt, so daß
$U(H') > U(H)$.

Im folgenden Abschnitt soll versucht werden, die konkurrierenden Standpunkte des Utilitarismus und des *Neminem laedere* einander näherzubringen und so eine möglichst
unkontroverse »Minimalethik« zu entwickeln.

0.5 Synthese

Die bislang skizzierten fundamentalen ethischen Theorien
beantworten die Frage, ob bzw. in welchem Maße eine
Handlung moralisch oder unmoralisch ist, auf recht unterschiedliche Weise. Der Utilitarismus benutzt als Maßstab
für die moralische Qualität einer Handlung H den *Gesamtnutzen* von H, bei dem nach allgemeiner Auffassung der
Nutzen für den Handelnden, $u(H,A)$, ebenso mit in die
Summe $U(H)$ eingeht wie der Nutzen für die übrigen Betroffenen, $u(H,B_1), \ldots, u(H,B_n)$. Aus der Perspektive des
Neminem laedere scheint es hingegen adäquater, den Nutzen oder Schaden, den A selber von seiner Handlung davonträgt, ganz anders zu bewerten als einen möglichen
Nutzen oder Schaden für andere. So wie im einfachsten
Fall, wo von der Handlung lediglich *ein* anderes Individuum B betroffen ist, A gemäß NL 4 nichts tun darf, was gegen die wahren, legitimen Interessen von B verstößt, so

sollte im verallgemeinerten Fall, wo von A's Handlung mehrere Individuen $B_1, \ldots, B_n$ betroffen sind, sinngemäß gefordert werden, daß *diesen* nicht geschadet wird: Ein möglicher Schaden für A selber wäre jedenfalls moralisch immer unbedenklich. Definiert man genauer den *Fremdnutzen* der Handlung H, $U_f(H)$, als Summe der $u(H,B_i)$ *für alle Betroffenen* $B_i \neq A$, so läßt sich alternativ zu UT 1 das folgende komparative Moralkriterium aufstellen:

(NL 5)   Die Handlung H der Person A ist moralisch besser als die Handlung H' gdw. der Fremdnutzen von H größer ist als jener von H'.

Anders ausgedrückt: Die Handlung H ist moralisch um so verwerflicher, je größer der Schaden ist, den der Handelnde *anderen* Individuen insgesamt zufügt. So ist etwa im früher erwähnten Beispiel der Schaden für den Ladeninhaber und seine Familie beim bloßen Diebstahl noch recht gering; beim Raubüberfall wegen der durch die Drohung erzeugten Ängste schon deutlich größer, und noch größer natürlich, wenn die Opfer des Verbrechens neben dem materiellen Verlust zusätzlich ihre Gesundheit oder gar ihr Leben verlieren. Die moralische Verwerflichkeit der einzelnen Verbrechen steigt offenbar proportional mit dem Ausmaß des jeweils verursachten Fremdschadens an.

Die wichtige Frage, ob der moralische Wert einer Handlung generell eher durch den Fremd- als durch den Gesamtnutzen (bzw. Schaden) zu bemessen ist, wird in der philosophischen Literatur leider kaum behandelt und kann auch hier nicht definitiv beantwortet werden. Für das aus dem *Neminem laedere* abgeleitete Kriterium NL 5 sprechen jedoch folgende Erwägungen. Die individuellen Nutzensfunktionen $u(H,B)$ legen fest, wie gut die Handlung H für die jeweils betrachtete Person B ist. Speziell gibt die Funktion $u(H,A)$ an, welche Handlung *für den Handelnden* selber am besten ist. Mit anderen Worten: H ist, *egoistisch* betrachtet, besser als H' gdw. $u(H,A) > u(H',A)$. NL 5 präzisiert komplementär hierzu, daß H, *altruistisch* betrachtet, besser ist als H' gdw. $U_f(H) > U_f(H')$, d. h., wenn H *für die anderen* insgesamt einen größeren Nutzen hat als H'. UT1 schließlich spiegelt aus der Perspektive eines neutralen Beobachters wider, wie gut die jeweiligen Handlungen *für die Gruppe* insgesamt wären.[11]

Der Gesamtnutzen ist deshalb dann der richtige Maßstab, wenn es gilt, die unpersönlichen Entscheidungen einer *überparteilichen* Instanz zu bewerten, z. B. die Qualität von gesellschaftlichen oder staatlichen Regelungen, von Gesetzen, von Verteilungen von Gütern und Pflichten, usw. Bei Handlungen einer ausgezeichneten, *verantwortlichen* Person A, deren Interessen durch H selber tangiert sind, scheint hingegen der Fremdnutzen der adäquatere *moralische* Maßstab zu sein. Dementsprechend sollte man für eine quantitative Ethik den Fremdnutzen bzw. Fremdschaden als maßgebenden Faktor ansetzen, der die moralische Qualität einer Handlung determiniert. Das frühere Diagramm 3 wäre also wie folgt zu präzisieren:

```
--------------------+--------------+-----------------------
Sehr...Etwas Gut   Indifferent    Etwas...Sehr Schlecht
U_f(H) > 0         U_f(H) = 0      U_f(H) < 0
```

Diagramm 4: Skala moralischer Wertprädikate

Im Klartext:

● Eine Handlung H ist moralisch gut, wenn sie das wahre Interesse der anderen insgesamt fördert; sie ist um so besser, je größer der Nutzen für die anderen Betroffenen, d. h. je positiver der Wert $U_f(H)$ ist.

● Eine Handlung H ist moralisch indifferent oder neutral, wenn sie nicht gegen die wahren, legitimen Interessen der anderen insgesamt verstößt.

● Eine Handlung H ist moralisch schlecht, wenn sie gegen die wahren, legitimen Interessen der anderen insgesamt verstößt; sie ist um so schlechter, je größer der Schaden für die anderen Betroffenen, d. h. je negativer der Wert $U_f(H)$ ist.

Dazu ein paar Kommentare. Erstens verlangt die in Diagramm 4 festgelegte Wertordnung nicht, daß jedermann ein perfekter Altruist sein müsse, d. h., daß er bei seinem Tun und Lassen immer den Fremdnutzen zu *maximieren* habe! Der Handelnde braucht seine eigenen Interessen keineswegs außer acht zu lassen. Die ethischen Grundfragen ›Was soll ich tun?‹ bzw. ›Was darf ich tun?‹ sind nicht *allein* mit Blick auf den Fremdnutzen bzw. Fremdschaden zu beantworten. Wenn mir z. B. mehrere Handlungen offenstehen, die jeweils moralisch unbedenklich sind, weil ich den anderen insgesamt nicht schade, so darf ich mich durchaus für jene Alternative entscheiden, die meinen eigenen Interessen am meisten entgegenkommt.

Zweitens folgt aus Diagramm 4 (anders als aus dem früheren, zu rigorosen Kriterium NL 4) auch nicht, daß immer nur die moralisch guten oder »neutralen« Handlungen *erlaubt* wären. Eine Handlung H ist moralisch *unbedenklich*, wenn durch H keinem anderen Individuum geschadet wird. Das heißt aber keineswegs, daß umgekehrt jede Handlung, die gegen die Interessen mindestens eines anderen Individuums verstößt, moralisch *verboten* wäre. Vielmehr wird man – angeregt durch utilitaristische Gedanken – zumindest all jene Handlungen als moralisch erlaubt erklären, die nicht gegen die wahren, legitimen Interessen der anderen Individuen *zusammengenommen* verstoßen, durch die also eventuell zwar *einigen* geschadet, anderen jedoch so sehr genützt wird, daß der Fremdnutzen insgesamt positiv ausfällt:

(NL 6) Die Handlung H der Person A ist immer dann moralisch *erlaubt*, wenn der Fremdnutzen $U_f(H)$ ≥ 0 ist.

Man beachte, daß NL 6 selber ebenfalls nur eine *hinreichende*, aber keine notwendige Bedingung darstellt, d. h., aus ihr folgt nicht, daß jede Handlung mit negativem Fremdnutzen zwangsläufig moralisch verboten wäre. Wie die Diskussion des utilitaristischen Maximierungsgedankens zeigte, ist bei einem Dilemma, wo ich mit meinen Handlungsalternativen so oder so gegen die Interessen der anderen verstoßen muß, zumindest jene Handlung *erlaubt*, durch die der Fremdschaden minimiert, d. h. der Fremd»nutzen« maximiert wird. Als weitere hinreichende Bedingung ergibt sich deshalb das zu UT 3 konkurrierende Prinzip:

(NL 7) Die Handlung H der Person A ist insbesondere dann moralisch *erlaubt*, wenn der Fremdnutzen von H maximal ist, d. h., wenn es keine alternative Handlung H' gibt, so daß $U_f(H') > U_f(H)$.

Die Konjunktion der Prinzipien NL 6 und NL 7 läßt sich als eine Präzisierung des früheren Diagramms 1 auffassen, die zwar im wesentlichen durch das Prinzip *Neminem laedere* bestimmt ist, die aber auch den berechtigten Grundgedanken des Utilitarismus Rechnung trägt und die somit einen Schritt in Richtung auf eine möglichst unkontroverse »Minimalethik« darstellt.

Anmerkungen

1 Hingegen nicht Pflanzen. Bäume und Blumen empfinden mangels eines ausgebildeten Nervensystems vermutlich keine Schmerzen, so daß man ihnen weder weh tun noch sonstwie (im moralisch relevanten Sinn) schaden kann.

2 Feinberg (1984; 1985) unterscheidet zwischen einer körperlichen und einer geistigen Schädigung als »harm« vs. »offense«.

3 Da anscheinend auch umgekehrt alle potentiellen Interessenträger leidens- und freudensfähig sind, kann das Adjektiv ›leidensfähig‹ der Einfachheit halber wegfallen, wenn im folgenden von den Interessen von Individuen die Rede ist.

4 Diese Formulierung macht deutlich, daß es ziemlich schwierig sein dürfte, die Legitimität von Interessen zirkelfrei zu definieren. Im folgenden wird der Begriff des legitimen Interesses in einem bloß intuitiven Verständnis vorausgesetzt.

5 Vgl. hierzu van de Veer (1986).

6 Entsprechend ist der Wert u(E,B) einer normierten Nutzensfunktion dann und nur dann gleich 0, wenn es der Person B »egal« ist, ob E geschieht oder nicht. Für weitere technische Details normierter Nutzensfunktionen vgl. Lenzen (1980). Für eine allgemeine Darstellung der entscheidungstheoretischen Grundbegriffe vgl. Jeffrey (1967) oder Kutschera (1973), Abschnitt 3.4.

7 Ähnlich schlägt Perrett (1992: 199) vor, den subjektiven Wert von »Gütern« mittels des Geldbetrags zu messen, »den die Person dafür ausgeben würde, um das Gut zu erhalten, bzw. durch den Betrag, den sie als Kompensation für den Verzicht auf das Gut verlangen würde«. Was den in der obigen Bedingung eingeklammerten Zusatz ›noch einmal‹ betrifft, so ist zu beachten, daß wiederholte Ereignisse – bzw. genauer: wiederholt erlebte Ereignisse – durch die Wiederholung an Wert verlieren können, so daß es vielleicht adäquater ist, jenen Geldbetrag zugrunde zu legen, den B unter der Annahme, daß er E noch nicht erlebt hätte, für E auszugeben bereit wäre.

8 Der so bestimmte Wert u(E,B) hängt noch davon ab, welche sonstigen Wünsche bzw. Verpflichtungen die Bezugsperson mit dem hypothetischen Geldbetrag finanzieren müßte. Deshalb erscheint es adäquater, als Maßstab für einen intersubjektiv vergleichbaren Nutzen jenen Geldbetrag zu wählen, den die Person B zu zahlen bereit wäre, wenn ihr dieser und jener feste Geldbetrag zur *freien Verfügung* stehen würde.

9 Wenn die Handlungsfolgen E_i eine erschöpfende Partition bilden, d. h., wenn aus logischen Gründen genau eines der E_i eintreten muß, dann ist $\Sigma_{j<m} w(E_j) = 1$.

10 Um ein weiteres Beispiel zu geben: Der Gesamtnutzen einer Robin-Hood-Aktion, durch die einem Milliardär 10 Prozent seines Vermögens gestohlen und an besonders Bedürftige verteilt würde, fällt vermutlich deutlich positiv aus. Dennoch bleibt auch ein derartig »altruistischer Diebstahl« moralisch verwerflich.

11 Mit UT 1 und NL 5 ist das Spektrum komparativer Moralkriterien noch keineswegs erschöpft. Gemäß Rawls (1975) ist eine

Handlung H moralisch um so besser, je mehr durch H dem bis dahin am schlechtesten gestellten Individuum geholfen wird. In der allgemeinen Entscheidungstheorie von Luce/Raiffa (1967) und in der Theorie der sog. sozialen Wohlfahrtsfunktionen, Sen (1984), werden weitere Kriterien diskutiert, die hier jedoch außer Betracht bleiben müssen.

1 Liebe

1.1 Liebe und Sex

Vor mehr als 150 Jahren bemerkte Arthur Schopenhauer in seiner *Metaphysik der Geschlechtsliebe*:

> »Die *Dichter* ist man gewohnt hauptsächlich mit der Schilderung der Geschlechtsliebe beschäftigt zu sehen. Diese ist in der Regel das Hauptthema aller dramatischen Werke, der tragischen, wie der komischen, der romantischen, wie der klassischen. [... Deshalb muß man] sich darüber wundern, daß eine Sache, welche im Menschenleben durchweg eine so bedeutende Rolle spielt, von den *Philosophen* bisher so gut wie gar nicht in Betrachtung genommen ist und als ein unbearbeiteter Stoff vorliegt.«[1]

Diese Feststellung ist auch heute noch aktuell. Vor allem im deutschen Sprachraum findet man praktisch kein einziges philosophisches Werk zur Sexualmoral. Sexualität scheint allenfalls ein Thema für Theologen, Pädagogen, Psychologen und Mediziner zu sein. Auch existieren sehr extreme Ansichten über die möglichen Verbindungen zwischen Sexualität und Moral. Wie Singer (1984: 10) bemerkt hat, weckt eine Zeitungsmeldung der Art »Bischof attakkiert sinkende Moral« beim Durchschnittsbürger »die Erwartung, es gäbe etwas über Promiskuität, Homosexualität, Pornographie usw. zu lesen«. Für den Mann auf der Straße reduziert sich Moral also oft auf Sexualmoral. Im Gegensatz dazu äußern Philosophen manchmal die Auffassung, daß Sexualität gar kein ernsthaftes Thema der Ethik sei bzw. »überhaupt kein Anlaß zu speziellen moralischen Problemen gibt. Entscheidungen über Sex können Erwägungen über Aufrichtigkeit, Rücksicht auf andere oder Klugheit einschließen, aber es gibt in dieser Hinsicht nichts Spezielles, denn dasselbe ließe sich zu Entscheidungen sagen, die das Autofahren betreffen.«[2] Im folgenden will ich mich nicht lange mit dem Nachweis aufhalten, daß es aus ethischer Perspektive entscheidende Unterschiede zwischen Straßen- und Geschlechtsverkehr gibt;[3] auch will ich nicht darüber spekulieren, warum die akademische Philosophie die mit Sexualität verbundenen moralischen Probleme so lange vernachlässigt hat; statt dessen will ich im Detail untersuchen, welche Antworten eine undogmatische, rationale Ethik (und speziell das in Kapitel 0 erläuterte Grundprinzip *Neminem laedere*) auf die Frage der moralischen Zulässigkeit der verschiedenen Formen von Liebe und Sex zu geben vermag. Damit greife ich einen Vorschlag von Bertrand Russell auf, der bereits 1929 in einem Buch über *Ehe und Moral* angeregt hatte, man solle die Sexualmoral »aus gewissen allgemeinen Prinzipien herleiten, bezüglich derer es vermutlich eine recht weitgehende Übereinstimmung gibt, auch wenn hinsichtlich der daraus zu ziehenden Konsequenzen weitreichende Differenzen bestehen«.[4] Vorweg jedoch ein paar klärende Bemerkungen zu den Begriffen ›Liebe‹ und ›Sex‹.

Das Wort ›Liebe‹ hat in vielen Sprachen zwei Bedeutungen, die z. B. im Englischen durch ›to love‹ gegenüber ›to make love‹ oder im Französischen durch ›aimer‹ versus ›faire‹ l'amour‹ unterschieden werden können. Auch ich möchte im folgenden zwischen dem *Gefühl* tiefster Zuneigung und dem *körperlichen Vorgang*, mit dem man diesem Gefühl am allerbesten Ausdruck verleihen kann, sprachlich streng differenzieren. Das erste heißt ›Liebe‹, das zweite ›Sex‹. Dabei soll unter ›Sex‹ nicht nur der normale, heterosexuelle Beischlaf verstanden werden, sondern einerseits auch entsprechende homosexuelle Aktivitäten, andererseits auch »bloß« erotische, nicht im strikten Sinn sexuelle oder genitale Handlungen, sofern sie eine starke körperliche Komponente des Küssens, Streichelns oder Liebkosens beinhalten. Etwas schwieriger ist es, eine bündige Definition der Liebe als eines Gefühls oder einer inneren Einstellung zu geben. Im weiteren Sinn werden hierunter so verschiedenartige Phänomene wie Selbstliebe, Nächstenliebe, Elternliebe und die erotisch-sexuelle Liebe subsumiert. Das Gemeinsame all dieser Beziehungen sieht Fromm (1980: 67) in dem Bestreben nach einer »Vereinigung mit anderen Menschen«. Es mag dahingestellt bleiben, ob im Falle der Nächstenliebe wirklich ein solcher Wunsch nach Vereinigung besteht; für die Liebe im engeren Sinn, d. h. für erotisch-sexuelle Liebe, ist ein Bedürfnis nach körperlicher Nähe oder Vereinigung jedenfalls charakteristisch. Aber Liebe ist für Fromm weit mehr als nur ein Verlangen nach Vereinigung: »Damit es sich um echte Liebe handelt, muß die erotische Liebe *einer* Voraussetzung genügen: Ich muß aus meinem innersten Wesen heraus lieben und den anderen im innersten Wesen seines Seins erfahren.« Was bedeutet dies aber genauer? Wie kann ich im Einzelfall erkennen, ob ich den anderen wirklich liebe oder nur sexuell begehre?

Nach Auffassung von Kant muß Liebe mit »Wohlwollen, Gewogenheit, Beförderung des Glücks und Freude über das Glück anderer«[5] einhergehen. Etwas ausführlicher charakterisiert Berenson (1991: 78) Liebe als innere Einstellung oder Handlungsdisposition: »Liebe ist primär eine Aktivität [. . .], die freudenvolle Hingabe unseres Selbst, unserer Zeit, unserer eigentlichen Lebensbelange, unserer Freuden und Sorgen, unserer Einsichten und Stimmungen, Erfolge und Mißerfolge, Traurigkeit und Enttäuschung; unser tiefstes Interesse für den anderen.« Diese Beschreibungen überbetonen jedoch den Aspekt des Gebens und vernachlässigen dabei das Nehmen. Zwar ist wahre Liebe nicht ohne die Bereitschaft denkbar, sich selbst für den anderen zu opfern, mit ihm zu leiden, ihm zu helfen und seine Bedürfnisse zu befriedigen. Aber ›lieben‹ heißt in der Regel auch, mit dem anderen glücklich werden, sich mit ihm und an ihm erfreuen, das Zusammenleben mit ihm genießen wollen. Deshalb scheint das folgende Kriterium adäquater: *Jemanden zu lieben bedeutet, bereit sein, ihm bei all seinen Sorgen zu helfen und zugleich sich wünschen, alle Freuden des Lebens mit ihm zu teilen.*[6] Aus dieser »Definition« folgt zum einen, daß man nicht sehr viele Menschen *gleichzeitig* lieben kann. Mehr dazu anläßlich der Diskussion sexueller Treue in Abschnitt 1.5. Zum anderen ergibt sich aus ihr auch die folgende Hauptthese über den Zusammenhang zwischen Liebe und Sex:

(SEX 1)   Jede Form von Sex ist moralisch unbedenklich, solange sie als adäquater Ausdruck gegenseitiger Liebe gelten kann.

Denn wenn zwei Individuen sich lieben, dann haben sie in aller Regel das Bedürfnis nach inniger Vereinigung, nach Zärtlichkeit und körperlichem Kontakt. Sexueller Kontakt mit der/dem Geliebten gehört zu den schönen, angenehmen Dingen des Lebens und liegt deshalb normalerweise im Interesse der Liebenden. Da außerdem – zumindest prima facie – nicht einzusehen ist, wieso Sex zwischen zwei Liebenden gegen legitime Interessen anderer Personen verstoßen sollte, fällt der Grundsatz *Neminem laedere* offenbar zwangsläufig das Urteil: ›Moralisch o. k.‹ Speziell scheint es für die Moralität einer sexuellen Liebesbeziehung nicht erforderlich zu sein, daß beide Partner verheiratet bzw. verlobt sind oder in einer eheähnlichen Beziehung miteinander leben. Ebenso ist es für die Moralität einer sexuellen Liebesbeziehung nicht notwendig, daß beide Partner Angehörige verschiedenen Geschlechts sind. Liebe allein scheint jeden Sex, egal ob innerhalb oder außerhalb der Ehe, ob heterosexuell oder homosexuell, moralisch zu legitimieren. Diese Thesen könnten dem Programm einer Vereinigung für »Freie Liebe« entnommen sein, und sie decken sich weitgehend mit den folgenden Kernsätzen der »rationalen Sexethik« von Ard (1989: 47–52):

»Sex ist ein natürlicher, wesentlicher und legitimer Teil jedes normalen menschlichen Wesens [...]. Jeder Mann, jede Frau und jedes Kind hat das Recht auf [...] freie und gleiche Entwicklung und Ausübung seiner oder ihrer sexuellen Möglichkeiten [...]. Jeder hat das Recht, seine eigenen Vorlieben in sexuellen Angelegenheiten frei auszuüben, solange er sich keiner Gewalt oder Täuschung anderer schuldig macht. [...] keine sexuelle Handlung sollte verboten oder unterbunden werden, es sei denn, sie führt in spezifischer, vermeidbarer, unberechtigter und zwangsläufiger Weise dazu, daß jemand anderem ein Schaden zugefügt wird.«

Eine solch radikal-liberale Einstellung ist natürlich alles andere als unkontrovers. Deshalb müssen zunächst eine Reihe von Bedenken diskutiert werden, die gegen unterschiedliche Formen »verbotener Liebe« vorgebracht wurden, speziell gegen vor- bzw. unehelichen Sex (1.2), gegen Homosexualität (1.3) und gegen »Unzucht« mit Minderjährigen, mit Abhängigen bzw. mit engen Blutsverwandten (1.4). Weitere wichtige Probleme betreffen das Verhältnis von Liebe und Ehe, dem sich Abschnitt 1.5 widmet. Im Rest des Kapitels werden dann verschiedene Formen von Sex erörtert, die nicht auf gegenseitiger Liebe beruhen: Selbstbefriedigung (1.6), Pornographie und Prostitution (1.7).

1.2 Unehelicher Sex

Bis ungefähr zur Mitte des 20. Jahrhunderts war vor allem in Kreisen der katholischen Kirche, aber auch bei puritanischen Philosophen die Auffassung weit verbreitet, jeder Sex sei verboten oder sündig, der nicht im Rahmen einer christlichen Ehe praktiziert wird bzw. der nicht der Zeugung von Nachkommenschaft dient. Eine solche Ansicht beruht auf der Prämisse

(SEX 2)   Sex per se ist unmoralisch.

Die biblische Quelle hierfür ist wohl im ersten Brief an die Korinther (7,1–2 und 8–9) zu suchen, wo Paulus behauptet, daß unverheiratete, sexuell enthaltsame Menschen ein moralisch besseres Leben führen als Verheiratete und daß ehelicher Sex lediglich als kleineres von zwei Übeln bzw. »zur Vermeidung von Sünden der Unzucht« akzeptierbar sei. Zur Begründung verweist Paulus im Brief an die Galater (5,16–24) zunächst auf die angebliche Unvereinbarkeit fleischlicher und geistiger Begierden, und er reiht dann einfach Sex als Unzucht zusammen mit anderen Lastern unter die Werke des Fleisches ein, während sexuelle Enthaltsamkeit zusammen mit anderen Tugenden als Früchte des Geistes etikettiert werden. Mit einem solch billigen rhetorischen Trick könnte man jedoch genauso gut versuchen, irgendwelche anderen harmlosen körperlichen Aktivitäten – z. B. Spazierengehen oder Schwimmen – als fleischliche Begierden zu disqualifizieren. Vielleicht findet sich in der Biographie des ehemaligen Saulus ein subjektiver Grund dafür, wieso für ihn Sex automatisch mit Ausschweifungen oder Orgien verbunden zu sein schien. Objektiv ist die zitierte Verurteilung von Sex jedenfalls ebenso unberechtigt, wie wenn man die tägliche Nahrungsaufnahme pauschal als Trinkereien, Schwelgereien und dergleichen mehr brandmarken würde. Überhaupt muß man wohl dem *Spiegel* zustimmen, der in einem Artikel zum Weihnachtsfest 1990 Prämisse SEX 2 als irrationalen Ausdruck klerikaler Lustfeindlichkeit angeprangert hat:

> »In Johannes Paul II. kristallisieren sich 2000 Jahre christlicher Leib- und Lustfeindlichkeit. Lang ist die Liste der Päpste, der Heiligen und Kirchenväter, die den Leib und die Liebe haßten. [...] Im Beischlaf unterscheidet sich für den heiligen Hieronymus der Mensch ›in nichts von den Schweinen und unvernünftigen Tieren‹. Sexuelle Lust [...] ist böse, teuflisch,

macht schuldig und verlangt nach Strafe, nach Buße und Vergebung.«[7]

Nicht viel substantieller als die kirchliche ist die philosophische Verdammung der Sexualität als einer bloß tierischen Lust. In der *Tugendlehre* der *Metaphysik der Sitten* bezeichnete Kant jeden »naturwidrigen«, d. h. nicht der Fortpflanzung dienenden Geschlechtsverkehr als eine »der Sittlichkeit im höchsten Grad widerstreitende Verletzung der Pflicht wider *sich selbst* [...] in dem Maße, daß selbst die Nennung eines solchen Lasters bei seinem eigenen Namen für unsittlich gehalten wird«.[8] Im Klartext: Nach Kant ist es nicht nur unmoralisch, aus Wollust mit einer Frau oder einem Mann zu schlafen, sondern es ist bereits unsittlich, davon auch nur zu reden[9]! Warum dies so sein sollte, müßte freilich durch ein schlüssiges Argument begründet werden, und damit ist es – wie Kant selber eingestehen mußte[10] – recht schlecht bestellt. Sein »Beweis« besteht einzig in der kategorischen Behauptung, »daß der Mensch seine Persönlichkeit dadurch (wegwerfend) aufgibt, indem er sich bloß zum Mittel der Befriedigung tierischer Triebe braucht«, und daß deshalb jeder, der »sich gänzlich der tierischen Neigung überläßt, den Menschen zur genießbaren, aber hierin doch zugleich naturwidrigen Sache, d. i. zum *ekelhaften* Gegenstande macht, und so aller Achtung für sich selbst beraubt« (*Metaphysik:* A 77).

Der Kern dieser Ausführungen reduziert sich also, ähnlich wie bei Hieronymus, auf die Behauptung, »wohllüstiger« Geschlechtsverkehr sei deshalb unmoralisch, weil Schweine und andere Tiere ihn ausüben. Mit einer solch fehlerhaften Argumentation könnte man jedoch genauso gut beweisen, daß das Atmen, das Trinken von Wasser oder die tägliche Nahrungsaufnahme unmoralisch sind, denn auch hierin unterscheidet sich der Mensch in nichts von den Schweinen und unvernünftigen Tieren. Außerdem muß es für jeden Vertreter der These SEX 2 zwangsläufig ein Rätsel

bleiben, wieso die angeblich ekelhafte und erniedrigende
Lust im Rahmen einer Ehe bzw. im Kontext der Zeugung
eines Kindes plötzlich den Charakter der Sittlichkeit annehmen kann.

Mit der mangelhaften Begründung von SEX 2 ist der
Hauptpfeiler der puritanischen Sexualmoral gehörig ins
Wanken geraten. Trotzdem sollen hier noch zwei Versuche
betrachtet werden, unabhängig von SEX 2 zu begründen,
wieso Sex nur zur Zeugung von Nachkommen bzw. nur innerhalb einer Ehe erlaubt sein soll. Der theologische Ansatz
geht von folgendem Moralkriterium aus:

(THEO)   Alles und nur das, was Gott will, ist moralisch gut.

Die Amoralität von unehelichem Sex soll dann mittels
der Prämisse hergeleitet werden, daß Gott will, daß Sex der
Zeugung von Nachkommen dient. Zur Begründung dieser
Annahme stützt man sich auf Genesis 1,28 »Seid fruchtbar
und mehret euch«. Nun darf dieses biblische Zitat aber sicher nicht im Sinne der Maxime verstanden werden ›Ver-
mehrt euch, so viel ihr nur könnt‹. Wenn *maximale* Reproduktion Gottes Wille wäre, hieße das doch in krassem
Widerspruch zur katholischen Sexualmoral, daß jeder
zeugungsfähige Mann, sooft er kann, mit jeder beliebigen
empfängnisbereiten Frau zu schlafen habe. Wenn man hingegen die fragliche Maxime im Sinne von Papst Pius XI. auf
verheiratete Paare einschränkt, so ließe sich zwar ableiten,
daß es (für Ehepaare) moralisch gut ist, Kinder zu zeugen.
Aber selbst hieraus würde keineswegs folgen, daß Liebende
immer dann auf Sex verzichten müßten, wenn Zeugung biologisch noch nicht, gerade nicht oder nicht mehr möglich
ist. Die behauptete Amoralität eines nicht der Fortpflanzung dienenden Geschlechtsverkehrs könnte mittels des
Kriteriums THEO nur dann logisch korrekt hergeleitet werden, wenn es Gottes Wille wäre, daß Menschen niemals Sex
machen, ohne dabei ein Kind zu zeugen. Davon ist jedoch

im ›Seid fruchtbar und mehret euch‹ nicht die geringste Spur zu entdecken.

Am Rande sei vermerkt, daß ganz allgemein jeder Versuch, die moralische Qualität einer Handlung mit Hilfe des Kriteriums THEO zu bestimmen, mit dem Problem behaftet ist, zuverlässig in Erfahrung zu bringen, was genau Gottes Wille ist. Päpstliche Postulate helfen da wenig. Strenggläubige Christen, die von der Existenz eines allgütigen Gottes und also auch von THEO überzeugt sind, würden sich z. B. kaum mit der Anweisung ihres Priesters zufriedengeben: ›Du darfst am Sonntag nicht spazierengehen, denn Gott will dies nicht.‹ *Wenn* gesichert feststünde, daß Gott dies wirklich nicht will, dann müßte der Gläubige das sonntägliche Spazierverbot zwar akzeptieren. Aber da partout nicht einzusehen ist, *warum* Spazieren am Sonntag unmoralisch sein bzw. gegen Gottes Willen verstoßen sollte, müßte sich der Priester wohl die Frage gefallen lassen: ›Woher willst du denn *wissen*, daß Gott nicht will, daß ich sonntags spazierengehe?‹ Und wenn dessen Antwort lauten sollte: ›Gott hat gesagt, am siebten Tag sollst du ruhen‹, so wäre zu entgegnen, daß Ruhen im Sinne von Nicht-Arbeiten doch was anderes ist als Ruhen im Sinne von Nicht-Spazierengehen.

Ähnliche Probleme treten übrigens bei den Zehn Geboten bzw. zumindest bei jenen Verhaltensregeln 4–10, die das menschliche Zusammenleben betreffen, nicht auf. Falls z. B. jemand fragen würde, ob Gott wirklich nicht will, daß Menschen andere Menschen töten, so könnte man ihn nicht nur von theologischer Seite aus mit dem eindeutigen »Du sollst nicht töten!« aus Exodus 20,13 antworten, sondern man könnte vor allem *philosophisch begründen*, wieso das Töten anderer Menschen unmoralisch ist (mehr dazu in den Abschnitten 2.2, 2.3 und 3.3). Generell könnte man den Unterschied zwischen theologischer und philosophischer Ethik so umreißen. Der Theologe versucht, Gottes mutmaßlichen Willen als *Grund* für die Moralität bzw. Amoralität einer Handlung H heranzuziehen. Er versteht das Kriterium THEO im Sinne von: ›H zu tun ist moralisch gut bzw. moralisch schlecht, *weil Gott will* bzw. nicht will, daß H geschieht.‹ Der Philosoph hingegen, sofern er die Existenz eines allgütigen Gottes für möglich hält, würde für die Deutung plädieren: »*Weil H moralisch gut* bzw. moralisch schlecht *ist*, will Gott bzw. will Gott nicht, daß H geschieht.«

Ein weiteres, weder theologisches noch philosophisches, sondern »bürgerliches« Argument gegen unehelichen Sex schließt aus der Annahme, Kinder hätten ein moralisches Recht darauf, mit ihren leiblichen Eltern aufzuwachsen, zunächst darauf, daß *Zeugung* von Nachkommen immer nur innerhalb einer Ehe zulässig ist.[11] Unter der weiteren Voraussetzung, daß Sex in der Regel zur Zeugung von Kindern führt, soll dann die ursprüngliche Behauptung folgen, daß Sex nur in der Ehe erlaubt ist. Nun beachte man zunächst, daß unehelicher Sex hier nicht länger als an und für sich schlecht, sondern lediglich wegen möglicher unerwünschter Konsequenzen abgelehnt wird. Damit entfallen bereits die moralischen Bedenken gegen all solche Fälle, bei denen Zeugung z. B. dank effektiver Empfängnisverhütung ausgeschlossen ist. Aber auch der Einwand gegen Geschlechtsverkehr, der mit Wahrscheinlichkeit oder Sicherheit zur Zeugung von unehelichen Kindern führt, erweist sich bei genauerer Betrachtung als unhaltbar.

Es stimmt zwar, daß für das Wohlergehen von Kindern eine ganze Reihe von Faktoren wichtig oder gar unabdingbar sind. So ist es insbesondere für jedes Kind gut, gesund zu sein, ausreichend ernährt zu werden und hinreichend Liebe durch die Eltern zu erfahren. Deshalb verhalten sich Eltern unmoralisch, wenn sie im Rahmen ihrer Möglichkeiten den Kindern keine adäquate Pflege, Ernährung und Zuneigung zukommen lassen. Aber daß ein derartiger Rahmen überhaupt besteht, darauf hat niemand ein moralisches Recht! Wer das Pech hat, mit Mongolismus oder einer ande-

ren Erbkrankheit auf die Welt zu kommen, der hat kein
»Recht«, gesund geboren zu werden; wer das Pech hat, in
Afrika als Kind hungernder Eltern auf die Welt zu kommen, der hat auch nicht das »Recht«, keinen Hunger erleiden zu müssen; und wer das Pech hat, daß seine Mutter bei
der Geburt stirbt, der hat kein »Recht«, von ihr liebevoll
aufgezogen zu werden. In diesem Sinne hat auch ein Kind,
dessen leibliche Eltern nicht verheiratet sind bzw. die aus
sozialen oder gesellschaftlichen Gründen das Kind nicht gemeinsam großziehen können, kein Recht darauf, ehelich geboren zu werden. Weder die Eltern eines mongoloiden noch
die eines hungernden, noch erst recht die eines unehelichen
Kindes verstoßen *durch die Zeugung* gegen dessen Rechte
oder Interessen. Zeugung wäre nur unter solchen extrem
widrigen Umständen moralisch unverantwortbar, wo das
Leben des Kindes summa summarum überhaupt nicht lebenswert wäre. Die bloße Tatsache, unehelich geboren zu
sein bzw. nicht von verheirateten Eltern großgezogen zu
werden, dürfte jedoch niemals so schwer wiegen, als daß es
für das Kind insgesamt besser wäre, überhaupt nicht, als
unter diesen Umständen geboren worden zu sein.

Andererseits ist es zwar richtig, den Eltern von kranken,
hungernden oder sonstwie leidenden Kindern zu raten, besser gar keine Nachkommen in die Welt zu setzen. Eine solche Entscheidung liegt ja in der Regel im wohlverstandenen
Eigeninteresse von Mutter und Vater, weil sie vom Unglück
ihres Nachwuchses selber negativ betroffen wären. Deshalb
mag – speziell im Zeitalter vor der »Pille« – der Ratschlag
vernünftig gewesen sein, unverheiratete Liebespaare sollten
besser auf Sex verzichten, um nicht das Risiko der Zeugung
unehelicher Kinder einzugehen. Aber wenn sich jemand
diesem Ratschlag widersetzte, so handelte er allenfalls *un-
klug*, d. h. gegen seine eigenen wahren, langfristigen Interessen; er handelte aber nicht gegen die Interessen des eventuell gezeugten unehelichen Kindes und also auch nicht im
eigentlichen Sinne *unmoralisch*. Insgesamt vermag der bür-

gerliche ebensowenig wie der theologische Einwand schlüssig zu begründen, wieso Sex nur innerhalb einer Ehe bzw. nur zur Zeugung von Kindern moralisch statthaft wäre.

Atkinson (1965: 77) hat den weiteren Einwand erhoben, daß *vor*ehelicher Sex die Tendenz zum *außer*ehelichen Geschlechtsverkehr, d. h. zum Ehebruch fördere und »also die Stabilität und Dauerhaftigkeit der Ehe bedrohe«. Diese Behauptung ist jedoch, wie Ard (1989: Kap. 6) betont, statistisch nicht belegbar. Im übrigen sei noch auf ein unorthodoxes Argument von Schopenhauer hingewiesen, der in (*Aphorismen*: 333) versucht hat, die Amoralität eines vor- bzw. außerehelichen Geschlechtsverkehrs auf seiten der Frau zu begründen:

> »Das weibliche Geschlecht verlangt und erwartet vom männlichen Alles [...]: das männliche verlangt vom weiblichen zunächst und unmittelbar nur Eines. Daher mußte die Einrichtung getroffen werden, daß das männliche Geschlecht vom weiblichen jenes Eine nur erlangen kann gegen Übernahme der Sorge für Alles [...]: auf dieser Einrichtung beruht die Wohlfahrt des ganzen weiblichen Geschlechts. [...] Zu diesem Ende nun ist die Ehrenmaxime des ganzen weiblichen Geschlechts, daß dem männlichen jeder uneheliche Beischlaf durchaus versagt bleibe; damit jeder Einzelne zur Ehe, als welche eine Art Kapitulation ist, gezwungen und dadurch das ganze weibliche Geschlecht versorgt werde.«

Man beachte die schöne (regelutilitaristische[12]) Begründung: Eine Frau dürfe – selbst wenn sie selber gar nicht heiraten will – deshalb nicht vor der Ehe mit einem Mann schlafen, weil dies sonst Mode werden könnte und über kurz oder lang niemand mehr heiraten würde. Sie würde deshalb gegen die Interessen der Frauen insgesamt verstoßen! Obgleich diese Überlegung ein interessantes Licht wirft auf die soziale Rolle der Frau und insbesondere auf die Ehewirklichkeit im 19. Jahrhundert, kann sie nicht beweisen, daß vorehelicher Sex nur für Männer, nicht aber für Frauen moralisch erlaubt wäre. Zu Zeiten, wo Frauen sich (und gegebenenfalls ihren Nachwuchs) nicht selber durch Berufstätigkeit versorgen konnten, hatte selbstverständlich der *Mann* die moralische Pflicht, für die Folgen des angeblich Einzigen, das ihn interessierte, geradezustehen, d. h. für die Wohlfahrt seiner Kinder und deren Mutter z. B. durch Heirat Sorge zu tragen.

In neuerer Zeit ist die katholische Kirche endlich von ihrem Dogma abgerückt, Sex müsse stets mit Zeugung (bzw. zumindest mit der *Absicht* von Zeugung) einhergehen und sei zudem nur für Ehepaare zulässig. In einer von Gründel (1984: 1153) zitierten gemeinsamen Synode der Bistümer der Bundesrepublik Deutschland heißt es z. B.: »Im Vorraum der vollen sexuellen Gemeinschaft gibt es ein breites Spektrum sexueller [...] Beziehungen unterschiedlicher Intensität und Ausdrucksformen, auch eine Stufenleiter der Zärtlichkeiten. Diese Beziehungen können als gut und richtig gelten, solange sie [...] nicht intensiver gestaltet werden, als es dem Grad der zwischen den Partnern bestehenden personalen Bindung und der daraus resultierenden Vertrautheit entspricht.« Diese vage Aussage ist durchaus mit der hier vertretenen Position verträglich, derzufolge *Liebe* die gesuchte Form von personaler Bindung bzw. Vertrautheit darstellt, durch die Sex moralisch legitimiert wird. Auch verträgt sich diese meine Position ohne weiteres mit den Anforderungen, die Gründel (1984: 1152 f.) an sexuelle Beziehungen stellt. Er fordert nämlich, daß es sich beim Sex stets um zwischenmenschliche Kommunikation handeln soll, d. h. »um ein Geben und Empfangen. Die Achtung vor der Person des anderen verlangt [...], daß diese niemals als ›Mittel zum Zweck‹ gewertet werden darf, sondern mit ihrem Personsein geachtet werden will.« Ferner seien sexuelle »Beziehungen nicht um der bloßen Triebbefriedigung willen [...] aufzunehmen, sondern [...] als Ausdruck der Zu-

neigung und Liebe zu werten.« So weit, so gut! Anschließend meint Gründel jedoch, einschränken zu müssen, daß
unehelicher Sex der Vollform menschlichen partnerschaft-
lichen Zusammenlebens in Liebe und Treue nicht völlig
gerecht würde. Dem nicht-ehelichen Sex fehle die »transzendentale Bedeutung«, die darin bestehen soll, »daß die
gelebte sexuelle Beziehung der Ehe über sich selbst hinaus-
weist auf [. . .] das Kind, das [. . .] Träger und Ausdruck der
in der Ehe noch als Zweiheit bestehenden Partnerschaft von
Mann und Frau ist.« Quasi durch die Hintertür wird hier
also doch wieder versucht, die Moralität von Sex an die
Frage der Zeugung zu koppeln. Dies widerspricht aber
nicht nur Gründels eigener Kritik an der eindimensionalen
Sicht der traditionellen Sexual- und Ehemoral, sondern
auch seiner versöhnlichen Antwort auf die Frage,

> »[. . .] wie die im Alten Testament vorhandene Wert-
> schätzung von Wein, Weib und Gesang und Kinder-
> zahl [. . . heutzutage] aussehen sollte. Einen Weg weist
> uns die rechte Übersetzung des bekannten *Augustinus*-
> Wortes: ›Habe die Liebe – und was du dann (aus rech-
> ter Liebe [. . .] heraus) tun willst, das tue‹«.

1.3 Homosexualität

Im Alten Testament wurde (männliche) Homosexualität
ohne Begründung einfach als Greuel und Schandtat ver-
dammt.[13] In neuerer Zeit hat z. B. die Kongregation der
Katholiken der Vereinigten Staaten diesen kategorischen
Vorwurf zu präzisieren versucht, indem sie homosexuelle
Beziehungen als Akte charakterisierte, »denen eine wesent-
liche und unverzichtbare Zielsetzung fehlt [nämlich die
Zeugung . . .]. Homosexuelle Akte sind intrinsisch unge-
ordnet und können auf keinen Fall gebilligt werden.«[14]
Noch deutlicher führte Kant in den *Vorlesungen über Mo-*

ralphilosophie gegen die »Gemeinschaft des sexus homoge-
nii« aus, daß

> »[. . .] wenn ein Weib mit einem Weibe und ein Mann
> mit einem Manne seine Neigung befriedigt«, dieses
> »wider die Zwecke der Menschheit [geschieht]; denn
> der Zweck der Menschheit in Ansehung der Neigung
> ist die Erhaltung der Art [. . .] hiedurch erhalte ich aber
> gar nicht die Art [. . .] also versetze ich mich hiedurch
> unter das Thier und entehre die Menschheit.« (*Vorle-*
> *sungen*: 1520)

Der Kerngedanke der Kritik besteht also jeweils darin,
homosexuellen Geschlechtsverkehr zunächst als *unnatür-*
lich zu erklären, weil er nicht der Zeugung von Nachkommen dient; und ihn danach als *unmoralisch* zu verdammen
gemäß dem Kriterium:

(NAT)   Alles Natürliche ist moralisch gut, alles Widernatürliche hingegen moralisch schlecht.

Nun ist aber der Begriff des Natürlichen alles andere als
klar definiert. *Im weiteren Sinn* könnte man all das als natürlich bezeichnen, was aus der biologischen Natur der Lebewesen hervorgeht bzw. mit ihr in Einklang steht. Dann
wäre aber nicht allein die Fortpflanzung, sondern auch das
sexuelle Begehren selbst als natürlich zu charakterisieren.
Legt man dem Kriterium NAT *diesen* Begriff zugrunde, so
müßte also contra Kant und contra katholische Kirche jeder
Geschlechtsverkehr zwischen zwei Lebewesen, der auf (natürlicher!) hetero- oder homosexueller Anziehung beruht,
als moralisch gut klassifiziert werden. Um dieser Konklusion zu entgehen, dürfte man nur das als *im engeren Sinn*
natürlich bezeichnen, was dem angenommenen wahren
Zweck der Natur, also der Fortpflanzung bzw. der Erhaltung der Art dient.
Im Anhang zur *Metaphysik der Geschlechtsliebe* setzt
Schopenhauer (*Metaphysik*: 549–556) sich mit dem ver-

meintlichen Paradoxon auseinander, daß männliche Homosexualität, speziell Päderastie, d. h. homosexueller Verkehr
mit Kindern und Jugendlichen, im weiteren Sinn natürlich,
im engeren Sinn hingegen unnatürlich ist:

> »An sich selbst betrachtet nämlich stellt die Päderastie
> sich dar als eine nicht bloß widernatürliche, sondern
> auch im höchsten Grade widerwärtige und Abscheu
> erregende Monstrosität, eine Handlung, auf welche
> allein eine völlig perverse, verschrobene und entartete
> Menschennatur irgend ein Mal hätte gerathen können,
> und die sich höchstens in ganz vereinzelten Fällen wie-
> derholt hätte. Wenden wir nun aber uns an die Erfah-
> rung: so finden wir das Gegentheil hievon: wir sehen
> nämlich dieses Laster, trotz seiner Abscheulichkeit, zu
> allen Zeiten und in allen Ländern der Welt, völlig im
> Schwange und in häufiger Ausübung. [...] die gänzli-
> che Allgemeinheit und beharrliche Unausrottbarkeit
> der Sache beweist, daß sie irgendwie aus der menschli-
> chen Natur selbst hervorgeht [...]. Daß nun aber et-
> was von Grund aus Naturwidriges, ja, der Natur ge-
> rade in ihrem wichtigsten und angelegensten Zweck
> Entgegentretendes aus der Natur selbst hervorgehen
> sollte, ist ein so unerhörtes Paradoxon, daß dessen Er-
> klärung sich als ein schweres Problem darstellt, wel-
> ches ich jedoch jetzt, durch Aufdeckung des ihm zum
> Grunde liegenden Naturgeheimnisses lösen werde.«

Dieses Geheimnis – um die Sache abzukürzen – besteht
nach Schopenhauer darin, daß Männer im fortgeschrittenen
Alter nur noch einen schwachen Samen haben sollen, der lediglich zur Zeugung von »stumpfen, siechen, elenden und
kurzlebenden Menschen« taugt: »Nun aber liegt der Natur
nichts so sehr am Herzen, wie die Erhaltung der Species
und ihres echten Typus; wozu wohlbeschaffene, tüchtige,
kräftige Individuen das Mittel sind. [... Deshalb] blieb ihr
nichts Anderes übrig, als von zwei Uebeln das kleinere zu

wählen.« Dieses kleinere Übel soll darin bestehen, daß sich bei Männern ab 54 Jahren »leise und allmälig« eine päderastische Neigung einstellt. Entsprechend findet sich die »Päderastie durchgängig als ein Laster alter Männer«. Dem naheliegenden Einwand, dies sei faktisch falsch, begegnet Schopenhauer mit dem Hinweis: »[Weil] das unreife Sperma, eben so wohl wie das durch Alter depravierte, nur schwache, schlechte und unglückliche Zeugungen liefern kann, ist, wie im Alter, so auch in der Jugend eine erotische Neigung solcher Art zwischen Jünglingen oft vorhanden.« Mit all diesen biologischen und naturteleologischen Spekulationen wäre – selbst wenn ein Fünkchen Wahrheit darin stecken würde – zur Frage der *Moralität* der Päderastie freilich wenig gesagt. So blieb auch Schopenhauer letztendlich nur übrig, Homosexualität deswegen als unmoralisch zu deklarieren, weil sie nicht den »wahren Zwecken der Natur« dient.[15] Diese Begründung bzw. das hierbei zugrunde gelegte Moralkriterium

(NAT*) Alles im engeren Sinn Natürliche ist moralisch gut, alles Widernatürliche hingegen moralisch schlecht

erweist sich jedoch als unhaltbar. Auch wenn die Häufigkeit und Wichtigkeit sexueller Motive und Handlungen im Alltag nicht unterschätzt werden darf, bleibt zunächst festzustellen, daß vieles im menschlichen Leben überhaupt nichts mit Sex und Liebe zu tun hat. Zahlreiche Verrichtungen bei der Ernährung, bei der Ausübung des Berufs oder bei der Gestaltung der Freizeit sind asexueller Natur, dienen weder direkt noch indirekt der Fortpflanzung oder der Erhaltung der Art und sind somit in Schopenhauers engerem Sinn *widernatürlich*! Gemäß NAT* wären deshalb banale Alltagshandlungen wie Zähneputzen, Frühstücken, Busfahren, Arbeiten, Fußballspielen, Fernsehen, Schlafen etc. als *unmoralisch* zu bezeichnen. Wenn man, um diesem Einwand zu entgehen, das Kriterium NAT* ad hoc auf sexuelle Hand-

lungen beschränken würde, ergäben sich immer noch genügend Ungereimtheiten. Einerseits wäre es dem wahren Naturzweck dienlich, wenn jeder zeugungsfähige Mann mit jeder empfängnisfähigen Frau – notfalls auch gegen deren
Willen – Geschlechtsverkehr haben würde. Gemäß NAT*
wären also selbst Vergewaltigungen, sofern sie nur zur Zeugung eines Kindes führen, als moralisch gut zu bezeichnen!
Umgekehrt dient z. B. die Keuschheit eines Priesters oder
einer Nonne bzw. auch der liebevolle Sex eines unfruchtbaren Ehepaares[16] nicht den »wahren Zwecken« der Natur;
diese Handlungen bzw. Einstellungen wären also im engeren Sinne widernatürlich und müßten gemäß NAT* als unmoralisch klassifiziert werden!

Zusammenfassend bleibt festzustellen, daß die Versuche,
Handlungen deswegen als unmoralisch zu verurteilen, weil
sie (im engeren oder weiteren Sinn) unnatürlich sind, auf einem – übrigens auch heute noch recht verbreiteten[17] – Fehlschluß beruhen. Überhaupt läßt sich aus der Perspektive
einer undogmatischen, vorurteilsfreien Ethik kein entscheidender moralischer Unterschied zwischen homo- und heterosexuellen Akten erblicken. Jedenfalls habe ich in der einschlägigen Literatur keine überzeugenden Gründe finden
können, die gegen die folgende, aus der früheren Hauptthese SEX 1 abgeleitete Bewertung sprechen würden:

(SEX 3)   Gleichgeschlechtlicher Sex ist moralisch genau so unbedenklich wie Sex zwischen Mann und
Frau, sofern er nur den Ausdruck echter Liebe zwischen zwei Personen darstellt.

Auch in der Gesellschaft bzw. zumindest in der staatlichen Rechtsprechung setzt sich die Erkenntnis der moralischen Gleichberechtigung von Homo- und Heterosexualität
allmählich durch[18]. So meldete die *Neue Osnabrücker Zeitung* am 7. 5. 1993 unter der Überschrift »Sexuallehre widerspricht dem Grundgesetz«, daß das Verbot vor- und
außerehelichen sowie homosexuellen Geschlechtsverkehrs

durch die Sexuallehre der katholischen Kirche ›mit wesentlichen Grundsätzen des deutschen Rechtes offensichtlich unvereinbar‹ sei: »Die Sexuallehre verstoße gegen die im Grundgesetz verankerte Menschenwürde sowie die freie Entfaltung der Persönlichkeit und widerspreche damit einem Kernbereich des Grundrechtschutzes. [...] Vor-, außer-[eheliche] und gleichgeschlechtliche Sexualität seien ein vom Grundgesetz geschützter ›Teil der menschlichen Natur‹.« Ein solches Urteil – und vor allem die vorangegangene Liberalisierung bzw. letztendliche Streichung des § 175 Strafgesetzbuch (StGB) – ist als deutliches Zeichen der Vernunft zu bewerten. Zu Recht bezeichnete die *Frankfurter Rundschau* am 12. 3. 1994 die Streichung des Paragraphen 175 als historisch:

> »Der Bundestag war am Donnerstagabend der Empfehlung des Rechtsausschusses gefolgt und hatte den seit langem umstrittenen und auch von der Sexualwissenschaft strikt abgelehnten Paragraphen 175 endgültig aus dem Strafgesetzbuch gestrichen. Mit großer Mehrheit beschloß das Parlament dafür eine neue Jugendschutzvorschrift (§ 182), mit der Jugendliche unter 16 Jahren unabhängig vom Geschlecht vor Mißbrauch geschützt werden sollen. Die Strafbarkeit ist aber auf Ausnutzen fehlender Fähigkeit zu sexueller Selbstbestimmung beschränkt. Der Paragraph 175 hatte zuletzt ›nur‹ noch homosexuelle Handlungen mit unter 18jährigen bedroht, während die Schutzaltersgrenze für weibliche Jugendliche bisher bei 16 Jahren lag.«

In diesem Zusammenhang sollte nicht nur beachtet werden, daß in der Bundesrepublik noch bis zum Jahre 1969 homosexueller Verkehr zwischen Männern mit Gefängnis bestraft werden konnte; sondern man sollte sich z. B. durch Lektüre von Jellonek (1990) vor Augen führen, in welch grausamer Weise Homosexualität im Dritten Reich verfolgt und verfemt wurde. Zugleich muß es als Skandal bezeichnet werden, daß die akademische Philosophie jener Zeit es nicht gewagt hat, die ethische Gleichwertigkeit homo- und heterosexueller Liebesbeziehungen gegen kirchliche Diskriminierung und gegen staatliche Kriminalisierung zu verteidigen. Was die Kirche betrifft, so beginnen allmählich zumindest einige wenige progressive Christen einzusehen, daß Homosexualität per se moralisch weder besser noch schlechter ist als Heterosexualität. So führt der amerikanische Bischof P. Moore (1979: 184) aus:

> »Ich halte die Sexualität für ein geheimnisvolles Geschenk, durch das wir zur gegenseitigen Liebe angehalten werden. Durch dieses Geschenk sind Mann und Frau verschieden, und durch seine Ausübung kommen neue Personen auf die Welt. Nach Ansicht der Psychologen durchdringt die Sexualität den gesamten Bereich der Liebe, unserer Gefühle, Wünsche und Emotionen. Manche Leute glauben, daß die Kraft der Sexualität dieselbe Kraft ist, aus der unsere Sehnsucht nach Gott entspringt. [...] Ich persönlich glaube, daß der Tag bald kommen wird, wo eine verantwortungsvolle homosexuelle Beziehung nicht länger als Gottes Willen entgegenstehend betrachtet wird.«[19]

Die hier verteidigte These SEX 3, daß Homosexualität unter ethischem Gesichtspunkt mit Heterosexualität gleichwertig ist, impliziert allerdings nicht, daß Homosexuelle unbedingt ein Recht auf *Ehe* hätten; mehr dazu in Abschnitt 1.5. Ebenso folgt aus der prinzipiellen moralischen Gleichwertigkeit von homo- und heterosexuellen Beziehungen nicht, daß *alle* Formen homosexuellen Verkehrs moralisch unbedenklich wären. Zwei spezielle Problembereiche, sexueller Mißbrauch von Kindern und Jugendlichen sowie Prostitution (in hetero- ebenso wie in homosexueller Spielart), werden in den Abschnitten 1.4 und 1.7 näher untersucht.

1.4 Unzucht

In diesem Abschnitt stehen Formen von »verbotener Liebe« zur Debatte, die früher als Unzucht (mit Abhängigen, mit Minderjährigen bzw. mit Blutsverwandten) klassifiziert wurden. Seit der Reform des Sexualstrafrechts werden sie etwas weniger pejorativ als Straftaten gegen die sexuelle Selbstbestimmung charakterisiert. Auch diese Bezeichnung ist jedoch teilweise irreführend. Damit die sexuelle Handlung wirklich gegen die *Selbstbestimmung* einer Person gerichtet ist, müßte sie ja den Charakter des Mißbrauchs bzw. der Nötigung haben.[20] Dem systematischen Aufbau dieses Kapitels zufolge stehen hier aber primär sexuelle Handlungen zur Debatte, die als Ausdruck gegenseitiger Liebe gelten können, wo also beide Liebenden von sich aus den Sex wollen und bejahen. Deshalb geht es im folgenden neutraler gesprochen um Sex mit Abhängigen, mit Minderjährigen und mit (engen) Blutsverwandten. Ob dies automatisch bzw. zumindest unter bestimmten Bedingungen wirklich einen moralisch verwerflichen Mißbrauch darstellt, bleibt im einzelnen zu untersuchen. Dabei gehen wir auf die besondere Problematik des Inzests, d. h. des Geschlechtsverkehrs mit Blutsverwandten, erst später ein. Zunächst sei kurz umrissen, was das Strafgesetz zu den verschiedenen Formen von Sex mit Abhängigen und mit Minderjährigen sagt.

Sexuelle Handlungen an Kindern unter 14 Jahren sind gemäß § 176 StGB grundsätzlich verboten. Bis März 1994 war ferner (unter gewissen Bedingungen[21]) der »vollendete Beischlaf« mit Mädchen unter 16 Jahren untersagt. Im Gegensatz hierzu waren bei Jungen lediglich homosexuelle Handlungen – dann allerdings bis zu einem Alter von 18 Jahren – verboten. Durch den reformierten § 182 werden mittlerweile einheitlich Jungen und Mädchen unter 16 Jahren vor sexuellem Mißbrauch geschützt. Dabei wird ›Mißbrauch‹ durch »Ausnutzen fehlender Fähigkeit zu sexueller Selbst-

bestimmung« definiert. Untersagt ist nach § 174 weiterhin
Sex mit sog. Schutzbefohlenen unter 16 bzw. unter 18 Jahren, die einem anderen zur Erziehung, zur Ausbildung
oder zur Betreuung in der Lebensführung anvertraut bzw.
im Rahmen eines Dienst- oder Arbeitsverhältnisses unter-
geordnet sind. Zu den Schutzbefohlenen gehören als besondere Untergruppe noch leibliche oder angenommene
Kinder. Schließlich verbietet § 174a – unabhängig vom
Alter – mißbräuchlichen Sex mit »Gefangenen, behörd-
lich Verwahrten oder Kranken in Anstalten«.

Diese nicht allzu systematischen Regelungen sollen gemäß Dreher/Tröndle (1993: 1021) die »sexuelle Freiheit und
ungestörte sexuelle Entwicklung von Kindern und Jugendlichen innerhalb bestimmter Abhängigkeitsverhältnisse«
schützen. Mit dieser Formulierung werden drei verschiedene Zielvorstellungen angeschnitten, die für eine philosophische Analyse besser *getrennt* diskutiert werden. Das erste und wichtigste Ziel besteht darin, tatsächlichen sexuellen
Mißbrauch zu verhindern. Zweitens soll die Gefahr der
mißbräuchlichen Ausnutzung von Abhängigkeitsbeziehungen unterbunden werden. Drittens ist die ungestörte sexuelle Entwicklung von Kindern und Jugendlichen zu schützen. Nun kann zunächst der *Mißbrauch* eines Menschen
(oder sogar eines Tieres)[22] ganz allgemein in körperlicher
und psychischer Mißhandlung bestehen, in Ausbeutung,
Ausnutzung und anderen Missetaten. Charakteristisch für
jede Spielart des Mißbrauchs ist, daß die Handlung gegen
den Willen der betreffenden Person gerichtet ist und deren
legitime Interessen in massiver Weise verletzt. Speziell umfaßt *Mißbrauch von Kindern* bzw. Jugendlichen nicht nur
den sexuellen Bereich, sondern ebenso Psychoterror und
Prügeln, Ausbeutung und erzwungene Kinderarbeit, etc.
Sexueller Mißbrauch andererseits ist nicht auf Kinder oder
Minderjährige beschränkt, sondern kann sich in mehr oder
weniger gewalttätigen Formen von Zudringlichkeiten und
Belästigungen bis hin zu Vergewaltigungen gegen Personen

jeden Alters und jeden Geschlechts richten. Daß nicht nur der sexuelle, sondern jeder beliebige Mißbrauch moralisch schlecht ist, braucht nicht weiter begründet zu werden. Für die folgende Diskussion sei lediglich die speziellere These festgehalten:

(SEX 4)   Jeder sexuelle Mißbrauch, d. h. jede gewalt-same oder erzwungene sexuelle Handlung gegen den Willen einer Person, ist unmoralisch.

In modernen Gesellschaften existieren vielfältige Bezie-hungen der *Abhängigkeit*, u. a. – laut Rodes (1983: 57) – »Geschäftsbeziehungen z. B. bei der Auswahl zwischen konkurrierenden Anbietern; berufliche Beziehungen zwi-schen Arzt und Patient [. . .], zwischen Anwalt und Klient und sogar zwischen Priester und Beichtkind; Beziehungen zu Schutzbefohlenen wie zwischen Lehrer und Schüler, zwischen Polizist und Verbrecher, Gefängniswärter und Gefangenem«, usw. *Wenn* ein Arzt eine Patientin, ein Lehrer eine Schülerin, ein Polizist eine Verbrecherin oder irgendein anderer Täter irgendeine andere abhängige Per-son tatsächlich sexuell mißbraucht, also kraft des Abhän-gigkeitsverhältnisses zu sexuellen Handlungen zwingt, die sie eigentlich gar nicht will, dann ist dies selbstverständ-lich moralisch schlecht. Dies folgt unmittelbar aus SEX 4 und braucht eigentlich gar nicht wiederholt zu werden. Wichtig ist nur zu beachten, daß die moralische Verwerf-lichkeit solcher Handlungen eben im *Mißbrauch*-Charakter und nicht in der Abhängigkeitsbeziehung begründet liegt. Ob bei sexuellem Mißbrauch, bei sexuellen Belästigungen und Nötigungen zusätzlich noch ein Abhängigkeitsverhält-nis vorliegt, ob z. B. eine Frau in einem Betrieb von einem Vorgesetzten oder »nur« von einem Arbeitskollegen sexu-ell belästigt wird und ob z. B. ein kleines Mädchen von ih-rem Vater, ihrem Onkel oder »nur« von einem Fremden vergewaltigt wird, spielt ethisch gesehen so gut wie keine Rolle.

Nun braucht aber keineswegs jeder Sex mit Abhängigen automatisch einen derartigen Mißbrauch darzustellen. Das Leben und vor allem die Boulevardpresse lehrt uns, daß zwischen Ärztin und Patient, zwischen Lehrerin und Schüler, zwischen Pfarrer und Pfarrkind und sogar zwischen Vater und Adoptivtochter[23] echte *Liebe* möglich ist. Aus unserer Hauptthese SEX 1 folgt insbesondere das weitere Korollar:

(SEX 5)   Sexuelle Beziehungen mit Abhängigen sind dann moralisch unbedenklich, wenn sie einen adäquaten Ausdruck der *gegenseitigen Liebe* zweier Personen darstellen.

Dies steht übrigens mit der strafrechtlichen Beurteilung recht gut in Einklang. § 174a verbietet nämlich keineswegs pauschal jede sexuelle Beziehung mit Gefangenen oder Patienten, sondern nur solche, bei denen der Täter das Opfer durch Mißbrauch seiner Stellung bzw. durch Ausnutzen der Krankheit oder Hilfsbedürftigkeit zu unfreiwilligen sexuellen Handlungen zwingt. Sexuelle Beziehungen, die auf echter Liebe beruhen, werden hingegen explizit erlaubt. Allerdings birgt Sex bzw. Liebe bei bestimmten Abhängigkeitsbeziehungen die Gefahr in sich, daß eine u. U. notwendige objektive Distanz zwischen Vorgesetztem und Abhängigem aufgehoben und dadurch eventuell legitime Interessen Dritter verletzt werden. So wäre es z. B. nicht unplausibel anzunehmen, daß ein Polizist, der sich in eine Straftäterin verliebt, dazu tendiert, ihr Vorteile zu verschaffen und sie nicht der normalen Strafverfolgung auszusetzen. Unter diesem zusätzlichen Aspekt mag es gerechtfertigt sein, per Gesetzesvorschrift Sex mit bestimmten Abhängigen, auch wenn er auf gegenseitiger Liebe beruht, zu erschweren oder gänzlich zu verbieten. Dies ändert aber nichts an der Tatsache, daß solcher Sex *moralisch* an und für sich unbedenklich ist.

Partiell in Einklang mit SEX 5 urteilt das Strafgesetz auch bei der zweiten Gruppe von Abhängigen, den sog. Schutzbefohlenen. § 174 verbietet nämlich, wie es im Juristen-deutsch heißt, sexuelle Beziehungen nur »unter *Mißbrauch* einer mit dem Erziehungs-, Ausbildungs-, Betreuungs-, Dienst- oder Arbeitsverhältnis verbundenen Abhängig-keit«. Dabei wird in den *Beck'schen Kurz-Kommentaren* zum StGB erläutert, daß der Mißbrauch einer Abhängigkeit immer dann vorliegt,

> »[...] wenn der Täter offen oder versteckt seine Macht und Überlegenheit in einer für den Schutzbefohlenen erkennbaren Weise als Mittel einsetzt, um diesen gefü-gig zu machen, oder wenn der Täter in Kenntnis seiner Machtmittel die auf ihr beruhende Abhängigkeit sexu-ell ausnützt. [...] Am Mißbrauch fehlt es, wenn es sich um *echte Liebesbeziehungen* [...] handelt (selbst wenn die gute Stellung des Übergeordneten dabei eine Rolle spielt).«[24]

Eine solche Mißbrauch-Klausel wird allerdings nicht in bezug auf alle Schutzbefohlenen gleichermaßen eingeräumt. Bei Unterschreiten bestimmter Altersgrenzen erklärt das Gesetz Sex mit Abhängigen kategorisch für verboten. Im Wortlaut heißt es: »Wer sexuelle Handlungen 1. an einer Person unter sechzehn Jahren, die ihm zur Erziehung, zur Ausbildung oder zur Betreuung in der Lebensführung an-vertraut ist, [...] oder 3. an seinem noch nicht achtzehn Jahre alten [...] angenommenen Kind vornimmt [...], wird mit Freiheitsstrafe bis zu fünf Jahren oder mit Geldstrafe bestraft.« Auf die spezielle Problematik sexueller Beziehun-gen zu *leiblichen* Kindern – im Gegensatz zu den angenom-menen, d. h. adoptierten und Stiefkindern – wird weiter un-ten im allgemeineren Kontext des Inzests eingegangen.[25] Hier wollen wir uns zunächst mit dem Thema der sexuellen Beziehungen zu *Minderjährigen* auseinandersetzen.

Zwar folgt aus der Hauptthese SEX 1 über das Verhält-nis von Liebe und Sex in Analogie zu SEX 5 das weitere Ko-rollar:

(SEX 6)   Sexuelle Beziehungen mit Minderjährigen
sind dann moralisch unbedenklich, *wenn* sie einen adäquaten Ausdruck der gegenseitigen Liebe zweier Personen darstellen.

Doch dies bedeutet keineswegs, daß Sex mit Kindern
oder Jugendlichen moralisch immer o.k. wäre. Zum einen
handelt es sich bei vielen Fällen, über die in den Medien
berichtet wird, um echten Mißbrauch, um brutale Vergewaltigungen und Nötigungen, die bereits durch SEX 4 als
verwerflich gekennzeichnet werden. Zum anderen sind
aber auch weniger mißbräuchliche bzw. nicht mit nackter
Gewalt erzwungene sexuelle Beziehungen mit Minderjährigen dann bzw. insofern moralisch bedenklich, als sie keinen *adäquaten Ausdruck wahrer gegenseitiger Liebe* darstellen. Kinder und Jugendliche sind von ihrer psychischen Entwicklung her oft noch gar nicht reif für eine
echte Liebe zu einem Erwachsenen. Jedenfalls dürfte die
entscheidende ›wenn‹-Klausel in SEX 6 bei den meisten
Kindern unter 14 Jahren und vermutlich auch bei vielen
Jugendlichen zwischen 14 und 16 Jahren sowie möglicherweise bei manchen Schutzbefohlenen unter 18 Jahren
noch nicht erfüllt sein.

Hiergegen ließe sich nun einwenden, daß Liebe für die
Moralität einer sexuellen Beziehung gemäß Hauptthese
SEX 1 zwar *hinreichend*, aber nicht unbedingt *notwendig* ist.
Notwendig sei im Einklang mit dem Grundprinzip *Neminem laedere* nur, daß der Sex nicht gegen die Interessen der
Beteiligten verstößt, und dies sei schon dann gewährleistet,
wenn beide Partner dem Sex freiwillig zustimmen. Speziell
die früher zitierte »rationale Sexethik« plädiert für ein entsprechend liberalisiertes Prinzip

(SEX 7)   Sex ist immer schon dann moralisch unbedenklich, wenn die beteiligten Personen *freiwillig* (und
in Kenntnis dessen, was sie erwartet) *zustimmen*.

Entsprechend hat z. B. Ard (1989) nicht nur jedem Erwachsenen, sondern auch jedem Kind das Recht auf »freie und gleiche Entwicklung und Ausübung seiner oder ihrer sexuellen Möglichkeiten« zugestanden. Unabhängig vom jeweiligen Alter wäre Sex mit Kindern, sofern sie nur ja sagen, also moralisch erlaubt. Dieses Pauschalurteil muß jedoch relativiert werden. Die »freiwillige« Zustimmung des Kindes wird nämlich nicht selten bloß ein Symptom der sexuellen Neugier bzw. das Resultat einer *Verführung* darstellen. Der letztere Begriff wurde in der Gesetzgebung recht einseitig so verstanden, daß ein Mann ein Mädchen »unter Ausnutzung der moralischen Unreife durch Geschenke, Versprechen von Vorteilen oder in ähnlicher Weise dazu mißbraucht, mit ihm Geschlechtsverkehr auszuüben«[26]. Die umgekehrte Verführung eines Jungen durch eine Frau wurde anscheinend als weniger problematisch angesehen und jedenfalls gesetzlich nicht bestraft. Eine Verführung ist gewissermaßen eine milde Form, jemanden zu etwas zu drängen oder zu nötigen, das dieser eigentlich nicht tun will und das in der Regel auch objektiv betrachtet für die betreffende Person schlecht ist. Von Verführung spricht man – außer im Kontext von Sex – vorwiegend im Zusammenhang mit einem *Laster*, z. B. Rauchen, Alkohol- oder Drogenkonsum, Glücksspiel usw. Ganz allgemein gesprochen *schadet* der Verführer einem anderen dann, wenn – bzw. insofern als – die Konsequenzen der Handlung gegen die wahren, eventuell langfristig zu betrachtenden Interessen des Verführten verstoßen. Bei sexuellem Verkehr mit Minderjährigen können solche Interessenverstöße recht unterschiedlich ausschauen. Man muß nicht gleich den GAU einer unerwünschten Schwangerschaft vor Augen haben, der die Lebenspläne und Perspektiven eines jungen Mädchens dramatisch beeinträchtigen würde. Oft sind es »nur« psychische Faktoren, die das Kind im Nachhinein zutiefst bereuen läßt, der Verführung nachgegeben zu haben. Zwar dürfte der Verlust der Jungfräulichkeit heutzutage nur noch weni-

gen Mädchen ernsthafte Kopfschmerzen bereiten. Aber die
Angst vor einer Schwangerschaft, ein eventueller Ekel vor
dem Sex, das Gefühl, von dem Erwachsenen ausgenutzt
oder mißbraucht worden zu sein, oder auch nur das Bewußtsein, sich in einem flüchtigen Abenteuer einem Manne
hingegeben zu haben, der sie gar nicht wirklich liebt, all so
etwas wird für das Selbstwertgefühl auch eines coolen Kids
sicher nicht von Vorteil sein.

Was speziell die Verführung zu *homosexuellen* Akten betrifft, so hatte bereits Schopenhauer in § 5 der *Preisschrift
über die Grundlage der Moral* in der Päderastie bzw. »in
der Verführung des jüngern und unerfahrenen Theils« ein
Unrecht erblickt, das darin bestehen soll, daß der Knabe
»physisch und moralisch verdorben wird«. Nun impliziert
der Vorwurf eines moralischen Verderbens, daß gleichgeschlechtlicher Sex an und für sich unmoralisch sei. Diese
Schopenhauersche Grundüberzeugung ist jedoch, wie in
Abschnitt 1.3 gezeigt wurde, unhaltbar. Trotzdem könnte
man speziell gegen homosexuelle Verführung folgenden zusätzlichen Einwand erheben. Die Sexualwissenschaft weiß
nicht genau, ob gleichgeschlechtliche Neigungen physisch
determiniert, d. h. angeboren sind bzw. durch hormonelle
Faktoren hervorgerufen werden,[27] oder ob die Ursache der
Homosexualität im psychischen Bereich zu suchen ist, also
eventuell durch frühkindliche Erfahrungen geprägt oder
durch die ersten sexuellen Erfahrungen mitbestimmt wird.
Unter der *Hypothese*, daß insbesondere Päderastie die
gleichgeschlechtliche Neigung des Jugendlichen fördert,
würde einem Jungen dann durch homosexuelle Verführung
mehr geschadet als durch heterosexuelle. Denn selbst in
einer idealen, verständnisvollen und sexuell völlig emanzipierten Gesellschaft führen Homosexuelle – ceteris paribus
– ein weniger erfülltes und weniger glückliches Leben als
Heterosexuelle. Der Grund hierfür liegt nicht zuletzt darin,
daß Schwule keine Kinder kriegen können. Außerdem
dürften die Möglichkeiten des heterosexuellen Geschlechts-

verkehrs insgesamt reichhaltiger und befriedigender sein als die des homosexuellen.[28]

Es erscheint jedoch mehr als zweifelhaft, daß sich mit diesem schwachen, bloß hypothetischen Argument ausreichend begründen läßt, wieso die Verführung eines Jungen zu homosexuellen Akten moralisch *so viel schlimmer* sein soll als die Verführung eines Mädchens zum heterosexuellen Beischlaf. Wenn man z. B. die Empörung betrachtet, mit der eine mutmaßliche homosexuelle Affäre von Michael Jackson in der Öffentlichkeit verurteilt wurde, und sich zugleich vor Augen führt, mit welcher Selbstverständlichkeit heterosexuelle Beziehungen anderer Popstars toleriert werden, so kann man dies wohl nur als irrationalen, hysterischen oder schizophrenen Ausdruck einer voreingenommenen bürgerlichen Sexualmoral bezeichnen.

Sieht man einmal von den echt mißbräuchlichen Formen von Sex ab, deren Amoralität in SEX 4 bereits angeprangert wurde, so besteht das eigentliche Problem der sexuellen Beziehungen zu Kindern und Jugendlichen – egal welchen Geschlechts – darin, daß sie aufgrund ihrer Unerfahrenheit oft nicht wissen können, ob Sex tatsächlich in ihrem wahren Interesse liegt oder nicht. So lehnt denn auch der Autor der rationalen Sexethik, der sich im obigen Zitat noch für die freie Ausübung der sexuellen Möglichkeiten von Kindern stark gemacht hatte, an anderer Stelle (Ard 1989: 172) zumindest »Sex zwischen alten Männern und Kindern (Pädophilie)« ab, weil Kinder zu einem *informed consent* noch nicht in der Lage sind. In Ergänzung zu SEX 6 bleibt jedenfalls präziser festzuhalten:

(SEX 8)   Sexuelle Beziehungen mit Minderjährigen sind moralisch verwerflich, wenn sie gegen die wahren (u. a. längerfristigen) Interessen des Kindes bzw. des Heranwachsenden verstoßen.

Dabei ist es keine genuin philosophische Aufgabe zu erörtern, bis zu genau welchem Alter dies voraussichtlich zutrifft, ob Mädchen oder Jungen durchschnittlich schon mit 14, mit 16 oder erst mit 18 Jahren reif werden, ihre sexuellen Wünsche und Ziele frei zu bestimmen. Die früher zitierten Altersgrenzen des StGB erscheinen insgesamt sicher nicht unplausibel.

Abschließend noch zwei Klarstellungen. Erstens handelt es bei den in SEX 8 inkriminierten Fällen in aller Regel höchstens der Erwachsene unmoralisch. Wenn überhaupt jemand, so verstößt *er* gegen die Interessen eines anderen, indem bzw. insofern er die Unerfahrenheit des Kindes für seine eigenen Bedürfnisse ausnutzt. Der Minderjährige hingegen, der sich mehr oder weniger freiwillig auf Sex mit dem Erwachsenen einläßt und so dessen Wünsche befriedigt, handelt selbstverständlich *nicht* gegen die Interessen des anderen, sondern allenfalls gegen seine *eigenen*. Sein Tun stellt eventuell eine Dummheit dar, im eigentlichen Sinn unmoralisch ist es jedenfalls nicht. Zweitens handelt es sich bei SEX 8 nicht um eine willkürliche Regel, die nur in bezug auf Minderjährige aus dem Zylinder gezaubert wurde. Auch Sex mit Erwachsenen ist analog *dann* moralisch verwerflich, *wenn* er gegen die wahren Interessen des anderen Partners verstößt. Allerdings kann man normalerweise davon ausgehen, daß bei Erwachsenen kein derartiger Interessenverstoß vorliegt, sofern beide Partner sich lieben bzw., gemäß dem liberaleren Prinzip SEX 7, auf das noch näher einzugehen bleibt, sofern beide dem Sex willentlich und wissentlich zugestimmt haben.

Die letzte Gruppe von »Unzucht« ist die sog. Blutschande oder der Inzest, also Sex mit engen Blutsverwandten. Im Alten Testament finden sich diesbezüglich sehr detaillierte und weitreichende Verbote, die – aus der Perspektive eines Mannes – nicht nur den Geschlechtsverkehr mit der eigenen (Groß-)Mutter, Tochter und Enkelin, sondern z. B. auch mit einer Tante, Schwägerin oder Schwiegertochter verbieten. Darüber hinaus heißt es in *Leviticus* 18,6 ff. – mehr oder weniger unabhängig von der Frage der Blutsverwandtschaft:

»Du darfst nicht mit einer Frau und auch mit deren Tochter Umgang pflegen; die Tochter ihres Sohnes und die Tochter ihrer Tochter darfst du nicht nehmen, um mit ihnen zu verkehren; da sie nächste Blutsverwandte sind, wäre das Blutschande. Du darfst nicht eine Frau zu ihrer Schwester als Nebenfrau hinzunehmen, um mit ihr zu verkehren, noch zu Lebzeiten der anderen.«

Die letztere Bestimmung macht deutlich, daß gemäß alttestamentarischen Vorstellungen Polygamie von seiten des Mannes offenbar normal und erlaubt war. Außerdem wollte die Bibel z. B. einem Witwer nicht verbieten, nach dem Tode seiner Frau deren Tochter bzw. Schwester zu heiraten, sondern er sollte lediglich mit Mutter und Tochter bzw. mit zwei Schwestern *nicht gleichzeitig* sexuell verkehren. Dieses Problem ist aber von der Frage des Inzests ganz unabhängig und wird deshalb erst in Abschnitt 1.5 anläßlich des Themas der sexuellen Treue erörtert. Weiterhin bleiben im folgenden sexuelle Beziehungen zu einer Schwägerin, Schwiegertochter oder Stieftochter außer acht, denn auch hierbei handelt es sich nicht um wirklich Blutsverwandte. Echt inzestuös ist nur der Sex mit Verwandten in direkter (auf- oder absteigender) Linie, also – aus der Perspektive des Mannes – mit der Mutter (bzw. theoretisch auch Großmutter, Urgroßmutter etc.) oder mit der Tochter (plus entsprechend Enkelin, Urenkelin etc.) sowie in paralleler Linie mit der Schwester.

Zusammen mit Kant (*Vorlesungen*: 1518 f.) ist nun genauer zu überlegen, welche Gründe es gibt, »die dem incestui in allen Arten des commercii sexualis widerstreiten«. Kants eigene Auffassung lautet wie folgt:

»Die Moralische[n] Gründe in Ansehung des Incests, sind nur in einem einzigen Fall unbedingt, in andern Fällen sind sie nur bedingt. So ist der Incestus zwischen Bruder und Schwester nur bedingt [...]: Im Staat ist es nicht erlaubt, aber in der Natur ist es kein incestus, denn die ersten Menschen müßten auch die

ersten Geschwister geheyrathet haben. Allein die Natur hat [...] von selbst schon die Neigung gegen die
Geschwister eingeschränkt.«

Dieser doppelte Rekurs auf die *Natur* ist aber unbefriedigend. Einerseits würde das angenommene empirische Da-
tum, daß die Natur einen natürlichen Widerwillen gegen
sexuellen Verkehr mit Bruder oder Schwester erzeugt bzw.
daß die sexuelle Anziehung zwischen Geschwistern weit
schwächer ausfällt als bei normalen Beziehungen, überhaupt
nichts über die *Moralität* von Sex in jenen seltenen Fällen
aussagen, wo der natürliche Widerwillen weniger ausgeprägt ist und Bruder und Schwester sich nicht nur brüder-
lich/schwesterlich, sondern erotisch-sexuell lieben wollen.
Das fragliche Faktum – so es überhaupt eines ist – zeigt
höchstens, daß Sex zwischen Geschwistern *unnatürlich* ist.
Um hieraus die behauptete Amoralität des geschwisterlichen Inzests abzuleiten, benötigte man jedoch das Prinzip
NAT: Alles Natürliche ist moralisch gut, alles Widernatürliche hingegen moralisch schlecht; das wurde aber schon in
Abschnitt 1.3 als unbegründet erkannt.

Umgekehrt kann man aus Kants Annahme, daß vor lan-
ger Zeit die ersten Menschen »die ersten Geschwister
geheyrathet haben«, höchstens die Schlußfolgerung ziehen,
daß – wenn man die Schöpfungsgeschichte aus *Genesis* 4,17
wörtlich nimmt – Kain (oder ein weiterer Sohn von Adam
und Eva) in der *Notsituation* das kleinere von zwei Übeln
gewählt und also nicht unmoralisch gehandelt hat, als er
sich entschloß, lieber mit seiner Schwester ins Bett zu gehen, als dem Schicksal der Gattung Homo sapiens ein jähes
Ende zu bereiten. Daß jemand in einem Dilemma durch
Wahl der weniger schlimmen Alternative moralisch richtig
handelte, impliziert aber keineswegs, daß Leute, die sich
nicht in einem derartigen Dilemma befinden, bei der Entscheidung für die gleiche Handlung ebenfalls moralisch
richtig handeln würden.

Kants partielle moralische Kritik des geschwisterlichen Inzests – ebenso wie die partielle moralische Rechtfertigung desselben – erweisen sich also als untauglich. Die Bemerkung, daß Inzest »*im Staat* nicht erlaubt« sei, trifft jedoch auch heute noch zu. Denn gemäß § 173 StGB werden »leibliche Geschwister, die miteinander den Beischlaf vollziehen, mit Freiheitsstrafe bis zu zwei Jahren oder mit Geldstrafe [bestraft], es sei denn, daß sie zur Zeit der Tat noch nicht achtzehn Jahre alt waren«. Welche philosophisch stichhaltigen Gründe lassen sich für diese Regelung vorbringen? Nach dem Kommentar von Dreher/Tröndle (1993: 1015) besteht das Ziel des Inzest-Paragraphen darin, »Ehe und Familie, aber auch die psychische Integrität des mißbrauchten Partners« zu schützen. Was den letzteren Punkt betrifft, so ist es jedoch keineswegs zwangsläufig so, daß beim Inzest zwischen Geschwistern wirklich ein *Mißbrauch* – sei es in der strikten Form einer sexuellen Nötigung, sei es auch nur in der milden Form einer Verführung – vorliegt. Zur Debatte stehen hier ja primär *Liebes*beziehungen, bei denen Bruder und Schwester sich beide sexuell begehren. Das zweite Ziel – Schutz von Ehe und Familie – kann im vorliegenden Fall wohl nur bedeuten, daß der Gesetzgeber nicht will, daß Bruder und Schwester einander heiraten und eine Familie gründen. Hierfür gibt es in der Tat einen relativ guten Grund: die drohende Gefahr der *Inzucht*. Inzucht, d. h. die Fortpflanzung von engen Blutsverwandten, wirkt sich laut Aussage des *Großen Brockhaus* beim Menschen »vorwiegend nachteilig aus, weil sie die Manifestation vorhandener rezessiv erblicher Defekte und Krankheiten begünstigt«. Speziell nimmt man an, daß der sprichwörtliche Dorftrottel seine geistige Debilität meistens einer Inzucht verdankt, wie sie früher in abgelegenen Siedlungen kaum zu vermeiden war. Jedenfalls dürfte das Hauptmotiv für das gesetzliche Verbot des Inzests darin bestehen, genetische Schädigungen bei Kindern zu verhindern, die beim Sex von engen Blutsverwandten gezeugt werden könnten.

Dieses Argument ist jedoch zu schwach, um jeden Einzelfall von geschwisterlichem Inzest moralisch zu disqualifizieren. Erstens gibt es heutzutage effektive Mittel der Empfängnisverhütung. Zweitens hatte sich schon bei der Diskussion der Problematik unehelicher Kinder gezeigt, daß die Rücksichtnahme auf die Interessen von eventuell zu zeugendem Nachwuchs in aller Regel nicht ausreicht, Sex als unmoralisch zu begründen. Selbst wenn beim Inzest ein geistig oder körperlich behindertes Kind gezeugt würde, wird es normalerweise in der Lage sein, ein lebenswertes Leben zu führen. Und da für *dieses* Kind die einzige Alternative lautet, gar nicht oder eben mit Behinderung geboren zu werden, wird *ihm* also durch die eventuelle Zeugung nicht wirklich *geschadet*. Natürlich ist es aus einer höheren Perspektive des Staates bzw. der Gesellschaft wünschenswert, daß möglichst wenig behinderte Kinder gezeugt werden; und dies reicht vermutlich aus, das *gesetzliche* Verbot des Inzests als *vernünftig* zu begründen. Es bedeutet aber nicht, daß Inzest automatisch in jedem Einzelfall gegen die berechtigten Interessen anderer Personen verstoßen müßte und also im eigentlichen Sinne *moralisch* verboten wäre.

Allerdings gibt es z. B. für die Eltern eines sich liebenden Geschwisterpaars gute Gründe, ihren Kindern den Sex zu verbieten. Zum einen würden sie im Zweifelsfall lieber gesunde Enkelkinder bekommen als durch Inzucht geschädigte. Zum anderen gehen sie wohl zu Recht davon aus, daß ihre Tochter und ihr Sohn langfristig ein erfüllteres und glücklicheres Leben führen werden, wenn sie dem Impuls jugendlicher inzestuöser Verliebtheit nicht nachgeben und statt dessen Liebe und Sex mit anderen, »normalen« Partnern anstreben. Bei Berücksichtigung dieser Interessen der Eltern wäre im Verständnis des *Neminem laedere* Sex zwischen Geschwistern moralisch sicher nicht unbedenklich.[29] Trotzdem erscheint in Einzelfällen eine utilitaristische Rechtfertigung des geschwisterlichen Inzests nach Abwägung der konkurrierenden Interessen der Liebenden einerseits und ihrer Verwandten andererseits durchaus möglich.

Betrachten wir nun abschließend den Inzest zwischen Eltern und Kindern, den Kant – allerdings aus einem anderen Grunde als wegen der Gefahr der Inzucht – als »unbedingt« unmoralisch bezeichnet hat. Betont sei an dieser Stelle noch einmal, daß es im folgenden *nicht* um sexuellen *Mißbrauch* geht, sondern es sei vorausgesetzt, daß beide Personen sich lieben und sexuell begehren. Ausgehend von der Maxime, daß innerhalb einer idealen Liebesbeziehung beide Partner *gleichberechtigt* sein sollen, hält Kant sexuelle Beziehungen zwischen Sohn und Mutter oder zwischen Tochter und Vater deswegen für ausgeschlossen, weil Kinder zeit ihres Lebens eine einseitige, dem Gleichheitsprinzip widersprechende Beziehung der Unterwürfigkeit zu ihren Eltern einhalten sollten:

> »Der einzige Fall [. . .], wo die Moralischen Gründe, in Ansehung des Incestus unbedingt sind, ist die Gemeinschaft der Eltern mit den Kindern; denn in Ansehung dieser 2 Theile ist eine Achtung nöthig, die auch durch das ganze Leben dauern muß. Die Achtung schließt aber die Gleichheit in Ansehung des Geschlechts aus. [. . .] in der Geschlechter-Gemeinschaft ist die größte Unterwürfigkeit beyder Personen, zwischen Eltern und Kindern ist aber nur die Unterwürfigkeit einseitig, die Kindern sind nur den Eltern unterworfen, also ist keine Gemeinschaft.«

Eine Beziehung wie zwischen Ödipus und Jocaste soll also deshalb unmoralisch sein, weil Ödipus Jocaste immer als Mutter achten und ihr »unterwürfig« sein müsse, sie aber nie als gleichberechtigte Geliebte oder Ehefrau behandeln dürfe. Dieses Bedenken ist jedoch ziemlich abwegig. Bei allem Respekt vor dem Vierten Gebot erscheint das Postulat einer lebenslangen Unterwürfigkeit zwischen Kindern und Eltern realitätsfern und unbegründet. Natürlich wird und soll auch noch ein 60jähriger Sohn seine 90jährige

Mutter achten, aber oft läßt sich im hohen Alter ein Rollentausch beobachten, wo der Sohn die Mutter wie ein Kind behandelt und umsorgt, ihr jedenfalls nicht mehr als Kind unterwürfig ist. Im übrigen sei angemerkt, daß mit Kants Einwand analog auch Sex mit Adoptiv- oder Stiefkindern als unmoralisch abgelehnt werden müßte, während das Strafgesetz derlei Beziehungen als unproblematisch erachtet, sobald das Kind das Kindesalter hinter sich gelassen hat und somit die Gefahr eines Mißbrauchs bzw. einer Verführung Minderjähriger nicht mehr besteht.

Mit dem Kantschen Postulat der Gleichheit von Ehepartnern bzw. mit dem im Kommentar zu § 173 StGB genannten Rechtsgut von Ehe und Familie werden jedoch weitere Aspekte angesprochen, die – über das Problem möglicher Inzucht hinausgehend – den Sex zwischen Mutter und Sohn oder zwischen Vater und Tochter insgesamt problematischer erscheinen lassen als den Inzest zwischen Geschwistern. Erstens würden bei einer solchen sexuellen Beziehung die Interessen des jeweils anderen Elternteils massiv beeinträchtigt. Auch wenn dies primär keine Frage des Inzests, sondern des Ehebruchs ist, erscheint es berechtigt, zum Schutze der elterlichen Ehe insbesondere sexuelle Beziehungen innerhalb ein und derselben Familie zu verbieten. Denn aufgrund des täglichen, engen Zusammenlebens sind die Wahrscheinlichkeiten eines inzestuösen Ehebruchs bzw. einer Trennung vom Partner mit dem Ziel, eine Verbindung mit dem eigenen Kind einzugehen, wesentlich größer als im Kontext außerhalb der Familie. Dieses Bedenken trifft freilich ebenso auf (gesetzlich erlaubte) sexuelle Beziehungen mit Pflege- und Stiefkindern zu. Ein zweites Problem resultiert aus der großen Altersdifferenz zwischen Eltern und Kindern. Natürlich ist es in Einzelfällen denkbar, daß z. B. eine 50jährige Frau und ein 20jähriger Jüngling eine lebenslange, glückliche Ehe führen. Aber mit wesentlich höherer Wahrscheinlichkeit wird eine solche Beziehung spätestens nach zehn Jahren scheitern, wenn die 60jährige

77

hat.[30] Bei der analogen Beziehung zwischen einem 50jähri-
gen Mann und einem 20jährigen Mädchen ist dieses Problem vielleicht etwas weniger gravierend. Dennoch kann
man auch hier davon ausgehen, daß das Mädchen ceteris paribus glücklicher wird, wenn es einen ungefähr gleichaltri-
gen Jungen heiratet, als wenn es sich an den eigenen Vater
bindet. Zwar werden entsprechende Altersunterschiede bei
einer normalen, nicht inzestuösen Liebesbeziehung in aller
Regel als moralisch unerheblich und unbedenklich angesehen. Überhaupt kann anscheinend keines der hier diskutierten Bedenken Sex zwischen Eltern und Kindern kategorisch
als unmoralisch erweisen. Die dennoch verbleibende Problematik des Inzests läßt sich vielleicht am besten durch folgende Empfehlung andeuten: *Wer sein eigenes Kind wirklich liebt, der sollte mit ihm auch dann keine Liebe machen,
wenn das Kind es selber wünscht.* Etwas ausführlicher: Wer
seine Tochter, seinen Sohn, seine Schwester oder seinen
Bruder von Herzen liebt und also an ihrem/seinem Wohlergehen interessiert ist, der sollte in ihrem/seinem Interesse
und zusätzlich im Interesse eventueller durch Inzucht ge-
schädigter Nachkommen auf Sex mit ihr/ihm verzichten,
auch wenn sie/er über kindliche bzw. geschwisterliche Liebe
hinausgehend eine erotisch-sexuelle Zuneigung zu Vater,
Mutter, Bruder oder Schwester empfinden sollte.

1.5 Sexuelle Treue; Ehe

Mit dem Thema der sexuellen Treue sind nicht nur innerhalb der Ehe, sondern ebenso in jeder anderen intensiven
Zweierbeziehung zahlreiche Probleme verbunden. Dabei
reicht es nicht aus, die Ursachen dieser Probleme in irrationalen Grundzügen der menschlichen Natur zu lokalisieren,
d. h. mit Engelhardt (1987: 61) zu konstatieren: »Sexualität
ist durch Leidenschaft gekennzeichnet, und Leidenschaften

sind unvernünftig. Sie widersprechen der Vernunft, untergraben Wertvorstellungen und deformieren die Struktur der Verpflichtungen.« Dem Philosophen obliegt die Aufgabe, das genaue Fundament der Wertvorstellungen im Bereich der sexuellen Treue herauszuarbeiten und die Reichweite der einschlägigen Verpflichtungen zu bestimmen. Im Alltag wird über Treue in der wenig hilfreichen Terminologie von Recht und Unrecht diskutiert. So sehen viele Leute die Tatsache, daß Partner A Partner B geliebt und mit ihm längere Zeit zusammengelebt hat, als hinreichende Begründung dafür an, daß A ein Recht auf die Person von B hat bzw. daß B sich automatisch ins Unrecht setzt, wenn er sich in einen neuen Partner C verliebt und mit diesem intim verkehren will.[31] Es bedarf jedoch einer näheren Untersuchung, wieweit derartige Rechtsansprüche moralisch legitim sind. Im folgenden ist zunächst die Ethik eines *Partnerwechsels* zu betrachten, wo – schematisch gesprochen – B die bisherige Beziehung mit A beendet, um eine neue Beziehung mit C einzugehen. Anschließend werden die Probleme diskutiert, die sich ergeben, wenn B die Beziehung zu A nicht völlig aufgeben will (oder kann), sondern gleichzeitig eine weitere erotisch-sexuelle Beziehung zu C aufnimmt. Die Terminologie ist nicht sehr einheitlich: das erstere Verhalten bezeichnet man gelegentlich als *Promiskuität*, das letztere als *Polygamie*[32]. Wenn B mit A verheiratet war, impliziert der Partnerwechsel die *Scheidung*, und bei dem Dreiecksverhältnis handelt es sich dann um *Ehebruch*.

Der romantische Mythos der großen, ewigen Liebe, wie er in Romanen, Filmen und Schlagern nach wie vor aufrechterhalten wird, ist in Wirklichkeit eine Fiktion. Quasi als psychologisches Naturgesetz läßt sich beobachten, daß jedes noch so tiefe Gefühl allmählich abflacht und jede erotisch-sexuelle Liebe ihre spezifische, individuelle Halbwertszeit besitzt. Das Anfangsstadium heftiger, blinder Verliebtheit wird durch unterschiedlich lange Phasen ruhiger, konsolidierter Liebe bzw. Vertrautheit und Freundschaft abgelöst und geht oft in ein Stadium über, wo zumindest einer der Partner seine sexuellen Bedürfnisse nicht mehr mit der/dem bisherigen Geliebten, sondern mit einem neuen Partner befriedigen möchte. Schopenhauer behauptet in seiner (*Metaphysik*: 530), daß diese Halbwertszeit in starkem Maße geschlechtsabhängig ist, daß nämlich

> »[...] der *Mann* von Natur zur Unbeständigkeit in der Liebe, das *Weib* zur Beständigkeit geneigt ist. Die Liebe des Mannes sinkt merklich, von dem Augenblick an, wo sie Befriedigung erhalten hat: fast jedes andere Weib reizt ihn mehr als das, welches er schon besitzt: er sehnt sich nach Abwechselung. Die Liebe des Weibes hingegen steigt von eben jenem Augenblick an.«

Auch wenn dies eine chauvinistische Übertreibung darstellt und in Wirklichkeit kein großer Unterschied in der Beständigkeit von Frauen und Männern zu beobachten ist, so muß doch jeder, der sich in das Abenteuer einer erotisch-sexuellen Beziehung stürzt, mit der Endlichkeit der Liebe und mit der Möglichkeit des Scheiterns der Beziehung rechnen. Partnerwechsel, insbesondere vor der Ehe, aber auch Scheidungen und Wiederverheiratungen sind mittlerweile gang und gäbe. Dabei besagt jedoch die Häufigkeit einer Handlungsweise noch nichts über ihre moralische Qualität. Insbesondere könnte man die Auffassung vertreten, daß, auch wenn man keine Garantie für seine Gefühle gegenüber dem einmal gewählten Partner abgeben und deshalb eigentlich nie *ewige Liebe* versprechen kann, man doch zumindest in der Lage sein sollte, sein soziales und sexuelles Verhalten so weit zu kontrollieren, um sinnvollerweise *ewige Treue* zu versprechen. So führt z. B. Fromm (1980: 68) aus: »Jemanden zu lieben, ist nicht nur ein starkes Gefühl, es ist auch eine Entscheidung, [...] ein Versprechen. Wäre die Liebe nur ein Gefühl, so könnte sie nicht die Grundlage für das Versprechen sein, sich für immer zu lieben.« In der Tat ist in unserem Kulturkreis zumindest die kanonisierte

Form der erotisch-sexuellen Beziehung, nämlich die *Ehe*, durch ein Versprechen ewiger Treue charakterisiert. Es stellt sich jedoch zunächst die Frage, ob jede intime Beziehung den formalen oder inhaltlichen Charakter einer Ehe haben, d. h. auf einem solchen Versprechen begründet sein muß.

In § 25 der *Rechtslehre* behauptet Kant (*Metaphysik*: A 107–108):

»[. . .] wenn Mann und Weib einander genießen wollen, so *müssen* sie sich notwendig verehelichen, und dies ist nach Rechtsgesetzen der reinen Vernunft notwendig. Denn der natürliche Gebrauch, den ein Geschlecht von den Geschlechtsorganen des andern macht, ist ein *Genuß*, zu dem sich ein Teil dem anderen hingibt. In diesem Akt macht sich ein Mensch selbst zur Sache, welches dem Rechte der Menschheit an seiner eigenen Person widerstreitet. Nur unter der einzigen Bedingung ist dieses möglich, daß, indem die eine Person von der anderen, *gleich als Sache*, erworben wird, diese gegenseitig wiederum jene erwerbe, denn so gewinnt sie wiederum sich selbst und stellt ihre Persönlichkeit wieder her.«

Wie im wesentlichen bereits bei der Verteidigung des Prinzips SEX 1 gezeigt wurde, kann dieses spitzfindige Argument nicht wirklich begründen, daß Sex allein innerhalb einer Ehe moralisch zulässig wäre. Erstens ist schwer einzusehen, wieso der Mensch beim Liebesspiel seinen Personencharakter verlieren und sich selbst zu einer unpersönlichen »Sache« machen soll. Zweitens bleibt unklar, wieso dieses dem Recht der Menschheit an der Person des Einzelnen widersprechen würde. Drittens erscheint überhaupt die bloße Existenz eines derartigen Rechtes ziemlich fragwürdig. Viertens und letztens könnte Kants Überlegung allerhöchstens zeigen, daß *so lange wie* Mann und Weib einander genießen wollen, dies in einer symmetrischen und emanzipierten Form gegenseitiger personaler Hingabe erfolgen sollte.

Daß das Treueversprechen ewig bzw. über das Ende der Liebesbeziehung hinaus gelten müßte, ließe sich so jedenfalls nicht begründen.

Natürlich ist es im Einzelfall möglich und moralisch unbedenklich, ungeachtet des Naturgesetzes allmählich schwächer werdender Gefühle und im vollen Bewußtsein der Vergänglichkeit der Liebe dem Partner dennoch ewige *Treue* zu versprechen. Eine freiwillige Vereinbarung, für immer auf sexuelle Beziehungen mit anderen zu verzichten, kann durchaus im beiderseitigen Interesse abgeschlossen sein. Mindestens ebensogut im beiderseitigen Interesse kann jedoch auch die alternative Form einer erotisch-sexuellen Beziehung sein, bei der die Partner sich zu keiner ewigen Treue verpflichten wollen, sondern nur vereinbaren, so lange miteinander zu leben, wie ihre gegenseitige Liebe anhält. Wie Hunter (1980: 77) bemerkt, entdecken Menschen im Laufe des Zusammenlebens beim Partner oft negative Züge »oder sie verändern sich aufgrund anderer Einflüsse und Entwicklungen in ihrem Leben, oder sie finden ein größeres Interesse an anderen Personen. Wenn das Heiratsgelöbnis die Worte enthielte ›so lange wir beide uns lieben‹, so gäbe es keine Probleme. Aber da es heißt ›so lange wir beide leben‹, ist es schwer zu verstehen, wieso überhaupt irgend jemand sich zur Heirat entschließt.«

Diese Überlegungen stellen sicher kein kategorisches Argument für Promiskuität in dem Sinne dar, daß jede auf Endlichkeit und möglichen Wechsel konzipierte Liebesbeziehung einer monogamen, auf ewiger Treue bauenden Ehe vorzuziehen sei. Die Frage, welche Art des Zusammenlebens für wen am geeignetsten ist, wird stark von persönlichen Neigungen, Hoffnungen und Erwartungen abhängen und braucht hier nicht weiter erörtert zu werden. In einem moralphilosophischen Essay kann nur zur Debatte stehen, welche Formen erotisch-sexueller Beziehungen überhaupt *ethisch erlaubt* sind, und diesbezüglich erscheint das folgende Zwischenfazit gerechtfertigt. Einerseits bedeutet die

Trennung für den verlassenen Partner A in aller Regel Schmerzen und Leid, denn auch bei einer promiskuen Beziehung ist A darüber, daß B nicht mehr sie/ihn, sondern eine/n neue/n Geliebte/n C liebt, normalerweise traurig und enttäuscht. Gemäß dem Grundgedanken des *Neminem laedere* wäre es deshalb für B moralisch *besser*, A den Kummer zu ersparen und sie/ihn nicht zu verlassen. Andererseits läßt sich der Schmerz und die Trauer über die zu Ende gegangene Beziehung als Kehrseite der Medaille ansehen, als unvermeidliches Risiko im Spiel der Liebe, das A in Kauf nehmen mußte und in Kauf genommen hat, als er/sie sich entschloß, mit B die Freuden der Liebe zu genießen. Für eine Niederlage in diesem Spiel darf man den Partner deshalb moralisch ebensowenig verantwortlich machen wie den Sieger eines sportlichen Zweikampfes oder den erfolgreichen Konkurrenten im Kampf um Karriere und Job. Wie der Volksmund es etwas verkürzt ausdrückt: In der Liebe ist alles erlaubt. Das Spiel der Liebe ist zudem *fair*, weil man nicht von vornherein die Verlierer-Rolle des Verlassenen zugeteilt bekommt, sondern mit gleicher Wahrscheinlichkeit derjenige sein kann, der bei nachlassender Liebe den anderen verläßt, um mit einem neuen Partner glücklicher zu werden. Außerdem lohnt es sich für den Einzelnen auch deshalb schon mitzuspielen, weil die Freuden der Liebe den eventuellen Trennungsschmerz normalerweise bei weitem überwiegen. Davon, daß – wie es in einem alten Lied heißt – die Freuden der Liebe nur einen Moment dauern, während der Liebeskummer ein ganzes Leben anhält, kann zumindest in unserem Jahrhundert kaum noch die Rede sein.[33] Wenn beide Partner ihre Liebesbeziehung unter der Prämisse begonnen haben, die Freuden des Sex und des gemeinsamen Zusammenlebens so lange auszukosten, wie ihre gegenseitige Liebe anhält, dann scheint es moralisch durchaus in Ordnung zu sein, wenn einer der Partner den anderen letztendlich verläßt.

Scheidungen bzw. Partnerwechsel im Rahmen einer *Ehe*

sind jedoch differenzierter zu beurteilen. Hier haben sich die Partner explizit zu ewiger Liebe und Treue verpflichtet, woraus insbesondere eine Pflicht zum lebenslangen Zusammenleben zu folgen scheint. Welche moralisch bindende Wirkung kommt diesem traditionellen Ehegelöbnis zu? Läßt man die bloß rituellen oder institutionellen Aspekte der Hochzeit außer acht, so soll die Heirat insbesondere dazu dienen, die Interessen der Liebenden zu harmonisieren. Beide Partner glauben, daß es für sie langfristig gesehen am besten ist, in »ewiger« Treue zusammenzuleben. Das Auftreten einer echten Ehekrise kann diesen Glauben jedoch als falsch erweisen. Theoretisch sind dann zwei Grundsituationen zu unterscheiden, daß nämlich nur *einer* der Partner oder *beide* die Beziehung beenden wollen. Im letzteren Fall wäre es aus der Perspektive des *Neminem laedere* klar, daß – ungeachtet des christlichen Dogmas von der Unauflösbarkeit der Ehe und ungeachtet eventueller staatlicher Restriktionen – die Beziehung in moralisch unbedenklicher Weise beendet werden darf, sofern die Scheidung nicht nur, wie vorausgesetzt, im beiderseitigen Interesse liegt, sondern durch sie auch keine Interessen Dritter, insbesondere der eigenen Kinder, verletzt werden.

Moralisch bedenklicher ist dagegen der viel häufigere Fall, wo nur einer der Partner, B, das ehe(ähn)liche Zusammenleben mit A beenden will, um mit C eine neue erotisch-sexuelle Beziehung zu beginnen. Anders als beim Scheitern einer promiskuen Beziehung braucht A sich hier nicht mit dem Hinweis trösten zu lassen, daß Niederlagen im Spiel der Liebe unvermeidlich sind. A darf nun B zu Recht den Vorwurf machen, die »Spielregeln« gebrochen zu haben. Auch kann B sich nicht mit dem Hinweis rechtfertigen, daß er in einer Art moralischen Dilemmas mindestens einer Person, nämlich entweder A oder C, weh tun müsse. Wenn B bereits eine intime Beziehung mit C aufgenommen hat, so hat C zwar de facto den Wunsch nach weiterem Zusammenleben mit B, doch dieses Interesse ist de jure bzw. de moralitate sicher nicht im gleichen Maße legitim wie das entsprechende Interesse des Ehepartners A. Schließlich und endlich weiß C normalerweise, worauf er/sie sich einläßt, wenn er/sie eine sexuelle Beziehung mit einem verheirateten Partner aufnimmt.

Noch problematischer wird die Scheidung, wenn aus der Ehe Kinder hervorgegangen sind, deren Interessen dann zusätzlich berücksichtigt werden müssen. Die Behauptung von Gross (1991: 59), daß Kontinuität und Konstanz der Bezugspersonen »über 20 – 25 Jahre hinweg, nach den Erkenntnissen von Psychologie und Pädagogik, für das Heranwachsen der nachfolgenden Generation am günstigsten« sei, mag vielleicht, was die Zeitspanne betrifft, etwas übertrieben sein. Klar ist jedenfalls, daß jüngere Kinder die von einer Scheidung am meisten Betroffenen und Leidtragenden sind. Andererseits hilft es den Kindern auch wenig, wenn die Partner einer zerrütteten Ehe pro forma zusammen bleiben. Für die Kinder dürfte ein neuer Lebensabschnitt (eventuell mit einem liebevollen Vater- oder Mutterersatz) oft besser sein als das Weiterleben innerhalb der zerstrittenen Familie. Ebenso kann es für den zunächst enttäuschten und verletzten Partner A langfristig betrachtet besser sein, in die Scheidung einzuwilligen, um später mit einem neuen Partner ein glücklicheres Leben weiterzuführen. Schließlich läßt sich auch der Bruch des Eheversprechens zumindest partiell moralisch rechtfertigen, weil das förmliche Versprechen ewiger Liebe und Treue eigentlich jeden Einzelnen überfordert und deshalb realistischerweise vom Partner gar nicht erwartet werden darf. Laut Hunter (1980: 77) ist es jedenfalls »schwer zu verstehen, wie man ernsthaft eine solche Vereinigung anstreben sollte, die für einen beliebig langen Zeitraum, länger als, sagen wir, zehn Jahre [. . .] gedacht ist«. Wenn man die Moralität des Brechens des Ehegelöbnisses analog dazu bestimmt, was beim Abschließen sonstiger Verträge zwischen zwei Personen recht und billig ist, so wird man dem einzelnen Vertragspartner auf jeden Fall *ir-*

gendeine Möglichkeit zugestehen müssen, den Vertrag in einer für beide Parteien akzeptablen Form auflösen zu dürfen. Wenn A und B sich in ihren Interessen, Anschauungen und Neigungen so weit entfremdet haben, daß es für B eine Qual wäre, mit A weiter zusammenleben zu müssen, dann wäre B's Wunsch nach Trennung bzw. Scheidung ethisch betrachtet o.k., während der moralische Tadel umgekehrt A treffen würde, falls er/sie versuchen würde, aus egoistischen Motiven B zum Zusammenleben mit ihm/ihr zu zwingen.

Als Fazit läßt sich somit festhalten, daß eine Scheidung bzw. ein Partnerwechsel im Rahmen einer eheähnlichen Verbindung moralisch keineswegs unproblematisch ist. Wer zugunsten einer neuen Beziehung den bisherigen Lebenspartner verläßt und den gemeinsamen Kindern nicht mehr im nötigen Umfang als Vater oder Mutter zur Verfügung steht, der fügt hierdurch anderen erheblichen Kummer und Schmerz zu. Aus der Perspektive des *Neminem laedere* dürfte eine solche Entscheidung in aller Regel moralisch verwerflich sein, weil die Nachteile für A (und die Kinder) durch den »illegitimen« Nutzen für den neuen Partner C kaum kompensiert werden. Wenn man hingegen aus utilitaristischer Perspektive die Interessen und Bedürfnisse von B selber auch mit ins Kalkül einbezieht, so könnte sich nach Abwägung sämtlicher Einzelinteressen die Scheidung im einen oder anderen Einzelfall durchaus als moralisch vertretbar erweisen.

Partnerwechsel bzw. Scheidung sind natürlich nicht der einzige logisch mögliche Weg, mit einer Situation fertig zu werden, wo der mit A liierte Partner B eine erotisch-sexuelle Beziehung mit C aufgenommen hat. Es wäre *denkbar*, daß alle in einem Dreiecksverhältnis involvierten Personen dieses aus vollem Herzen gutheißen. Schematisch gesprochen: A und C lieben ein und dieselbe Person B; B liebt sowohl A als auch C; A und C wissen und akzeptieren dies. Eine solch ideale Form von Polygamie wäre gemäß dem früheren Grundsatz, daß Liebe Sex rechtfertigt, offenbar moralisch unbedenklich. Hiergegen ließe sich jedoch einwenden, daß ideale Dreiecksverhältnisse eben nur in der Theorie, aber nicht in der Realität existieren, weil niemand zwei Menschen zugleich erotisch-sexuell lieben kann. Oft stellt jedenfalls die Tatsache, daß B sich in den neuen Partner C verliebt hat, ein Indiz dafür dar, daß er/sie A nicht mehr hinreichend liebt. Allgemein behauptet z. B. Engelhardt (1987: 59): »Wenn man eine sexuelle Freundschaft mit *einer* Person entwickelt, so beinhaltet dies, daß man mit niemandem sonst eine sexuelle Freundschaft hat«.[34] Anscheinend läßt sich auch aus dem früher vorgeschlagenen Kriterium ableiten, daß man in einem bestimmten Lebensabschnitt nur *eine* Person wirklich lieben kann. Denn in Abschnitt 1.1 wurde als charakteristisch für Liebe insbesondere der Wunsch erkannt, »alle Freuden des Lebens mit dem/der Geliebten zu teilen«. Wie sollte jemand aber alle Freuden des Lebens – und das heißt ja u. a.: alle Freuden der Liebe – mit A und C *zugleich* teilen können? Nun, Liebe ist nicht unbedingt ein absolutes Ja oder Nein, sondern eher ein Mehr oder Weniger. Daß B A liebt, bedeutet nicht, daß B wortwörtlich *alles* Schöne mit A und nur mit A tun will. Zum einen können die Interessen von A und B partiell divergieren. Zum anderen ist es ein schlichtes empirisches Faktum, daß manche Bigamisten nicht nur oberflächliche sexuelle Beziehungen, sondern tiefe persönliche Zuneigungen, Freundschaften bzw. Lieben zu mehreren Menschen gleichzeitig empfinden und deshalb »zugleich« mit zwei Geliebten ins Bett gehen wollen. So räumte auch Engelhardt im Anschluß an das obige Zitat (1987: 59) ein: »Ich will damit Polygamie oder Polyandrie nicht unbedingt ausschließen, sondern nur sagen, daß König Salomon zumindest nicht mit all seinen 1000 Frauen eine sexuelle Freundschaft unterhielt.«

Im übrigen ist die Frage, wie viele Menschen man gleichzeitig lieben kann, für die Frage der Moralität einer Dreiecksbeziehung nicht unbedingt entscheidend. Zur Erinnerung: Das Hauptprinzip SEX 1 besagt ja nur, daß Liebe für die Moralität von Sex *hinreichend* ist, sofern keine Interessen Dritter tangiert werden. Dem noch nicht zu Ende diskutierten liberaleren Prinzip SEX 7 zufolge ist Liebe jedoch *nicht notwendig*. Notwendig ist nur, daß die betroffenen Personen dem Sex wissentlich zustimmen. Die frühere abstrakte Beschreibung einer idealen Dreiecksbeziehung wäre dann einfach wie folgt zu modifizieren: A und C lieben bzw. wollen Sex mit ein und derselben Person B; B liebt bzw. will Sex sowohl mit A als auch mit C; A und C wissen und akzeptieren dies. Was wäre hieran moralisch auszusetzen? Eigentlich nichts. Aber die Wahrscheinlichkeit dafür, daß weder A noch C ernsthaft etwas dagegen haben, sich den Partner B zu teilen, dürfte im allgemeinen nicht sehr groß sein. Theoretisch ließe sie sich zwar dadurch erhöhen, daß B den Geliebten umgekehrt die Freiheit zugesteht, sexuelle Beziehungen mit anderen einzugehen. So könnte die Einbeziehung eines einzigen weiteren Partners D zu einem ausgewogenen Geflecht wechselseitiger Dreiecksbeziehungen führen, und in der Geometrie der Liebe lassen sich theoretisch beliebig komplexe Muster glücklich verwobener Dreiecke konstruieren. Der Phantasie und der künstlerischen Darstellung in Literatur und Film bietet sich ein fast unerschöpfliches Feld. Im wirklichen Leben schaut's allerdings meistens anders aus. Es ist nicht nur ein universeller Grundzug der menschlichen Natur, daß jeder, der liebt, umgekehrt von der/dem Geliebten geliebt werden will, sondern dieser Wunsch nimmt häufig die spezielle Prägung an, daß wenn A B liebt, A sich zugleich wünscht, B möge niemand anders als nur A selber lieben. A will B's Liebe partout mit keinem Dritten C teilen. Und wenn es doch dazu kommt, daß B sich in C verliebt, reagiert A mit Eifersucht, Zorn und Schmerz. Es soll nun im einzelnen überprüft werden, wie das Verhalten von A, B und C in einer solchen Standardsituation moralisch zu bewerten ist.

Nach Berenson (1991: 74 f.) ist *Eifersucht* ein unerläßlicher Bestandteil jeder echten Liebe:

»Jemanden zu lieben, ohne jemals eifersüchtig zu werden, würde die Echtheit oder Tiefe der Liebe in Frage
ziehen [...]. Denn es handelt sich darum: Wenn mir
eine Beziehung alles bedeutet, wenn sie mir wertvoll
ist, mein Leben lebenswert macht und die Art und
Weise, wie ich die Welt betrachte, beeinflußt, dann
wird alles, was diese Beziehung bedroht, natürlich mit
Feindseligkeit und Mißbilligung angesehen.«

Zumindest in gewissem Umfang kann Eifersucht also als
normal, menschlich und natürlich betrachtet werden. Dies
bedeutet jedoch nicht, daß Eifersucht in jedem Fall und in
jeder Form moralisch zu billigen wäre. Die Tatsache, daß
zwei Menschen in enger Beziehung miteinander leben, gibt
jedenfalls A nicht automatisch das Recht, sich um alle Details im Leben von B zu kümmern und ihm globale Vor-
schriften zu machen, was er zu tun und zu lassen habe.
Jede Zweierbeziehung sollte den Partnern Spielraum für die
Verfolgung eigener Interessen lassen, wobei eine genaue
Grenzziehung für solche »legitimen« Interessen allerdings
schwierig ist. Darf A B den gesellschaftlichen Umgang mit
einer attraktiven Person C des anderen Geschlechts verbieten? Darf A B untersagen, C zum Mittagessen einzuladen;
mit C spazierenzugehen oder ein Konzert zu besuchen; C
zu küssen? Derlei Fragen sind wohl kaum in Allgemeinheit
zu beantworten. Angesichts des hohen Stellenwertes, den
Sex im Leben der meisten Menschen besitzt, erscheint es jedenfalls plausibel, die Grenzlinie spätestens bei stark eroti-
schen bzw. im engeren Sinn sexuellen Beziehungen zu ziehen. Deshalb dürfte es nicht nur im Rahmen einer Ehe, sondern auch bei einer promiskuen Beziehung für A moralisch
erlaubt sein, dem Partner B intime Beziehungen zu Dritten
durch das Ultimatum zu verbieten: Entweder du bleibst mir
treu, oder ich verlasse dich.

Aus der Perspektive des *Neminem laedere* muß B sich in
aller Regel den Vorwurf gefallen lassen, daß er A durch die

intime Beziehung mit C *schadet.* Jedenfalls ist damit zu
rechnen, daß A mit Kummer und Schmerz reagiert, wenn
er/sie von der Untreue *erfährt.* Gemäß der Devise »Was A
nicht weiß, macht A nicht heiß« könnte B zwar die Strategie
verfolgen, das Verhältnis mit C zu *verheimlichen.* Doch
dies ist, wie Wasserstrom (1975: 209) bemerkt, moralisch
problematisch, weil »das Verschweigen des außerehelichen
Geschlechtsverkehrs eine *Täuschung* des Ehegatten« darstellt. Ganz generell scheint das Verheimlichen oder Verschweigen der Wahrheit moralisch fast ebenso verwerflich
zu sein wie das absichtliche Behaupten der Unwahrheit.
Hier ist nicht der Ort, die moralische Dimension von Lügen, Betrügen und Täuschen in Ausführlichkeit zu diskutieren. Ein paar Anmerkungen müssen genügen. Erstens
scheint Betrug oder Täuschung vor allem dann (und nur
dann?) unmoralisch zu sein, wenn der Betrüger für sich
selbst einen Vorteil erzielen will und deshalb dem Betrogenen einen materiellen oder immateriellen Schaden zufügt,
der nicht im bloßen Faktum des Belügens oder Verschwei-
gens selber besteht. Zweitens wäre es eine grobe Vereinfachung, jegliches Verschweigen oder Verheimlichen mit ex-
plizitem Lügen und Betrügen in einen Topf zu werfen. So
ist es durchaus möglich, daß A B gewisse Dinge *in dessen
wahrem Interesse* verschweigt. Oft wird ein Arzt den Patienten zu Recht über die Schwere der unheilbaren Krankheit
in Unwissenheit lassen; und ich selber würde mich z. B. hü-
ten, einem Freund gewisse negative Urteile zu übermitteln,
die ein Dritter über ihn geäußert hat. Entgegen allen Be-
schwörungen einer deontologischen Ethik dürfte in speziellen Situationen selbst eine Lüge moralisch erlaubt, ja unter
Umständen sogar moralisch geboten sein.

Mit diesen Bemerkungen ist freilich keineswegs bewiesen, daß das Verschweigen einer Affäre immer im wahren
Interesse des betrogenen Partners liegt. Außerdem scheinen
die vorangehenden Überlegungen bestenfalls für die sekun-
däre Frage relevant zu sein, wie B sich verhalten soll, wenn

er dem Partner bereits untreu geworden ist; ob es dann nämlich im Einzelfall moralisch besser wäre, A die Wahrheit zu erzählen oder zu verschweigen. Die primäre Frage, ob bzw. unter welchen Umständen sexuelle Untreue selber moralisch vertretbar sein könnte, läßt sich so aber nicht entscheiden. Nun könnte man argumentieren, daß – Aufrichtigkeit hin, Aufrichtigkeit her, und egal, ob A jemals von B's Untreue erfährt oder nicht – B allein deswegen gegen die Interessen von A verstößt, weil A schlechterdings *nicht will*, daß B eine intime Beziehung zu jemand anderem aufrechterhält. Darauf gibt es eine schlechtere und eine etwas bessere Replik. Die schlechtere stützt sich auf die wörtliche Fassung der Goldenen Regel. Unter der Voraussetzung, daß B selber nichts dagegen hätte, wenn A eine erotisch-sexuelle Beziehung mit einem Dritten unterhält, könnte B sich mit dem Hinweis zu rechtfertigen versuchen, daß ihr/sein Tun im Einklang mit der Maxime steht ›Was du nicht willst, das man dir tu, das füg auch keinem anderen zu‹. Dabei würde B jedoch übersehen, daß die philosophisch korrekte Anwendung dieses Moralprinzips einen Rollentausch voraussetzt. Auch wenn es B selber nichts ausmacht, von A betrogen zu werden, weiß B dennoch, daß A nicht betrogen werden will. Aus der Goldenen Regel kann man deshalb bestenfalls das Prinzip der Fairneß ableiten: Wer selber untreu ist, hat kein Recht, vom Partner Treue zu verlangen. Die Untreue moralisch gerechtfertigt hat man so jedenfalls noch nicht. Die etwas bessere Replik besteht darin, die »Legitimität« von A's Interessen in Frage zu stellen, d. h. analog zur oben diskutierten Problematik des Partnerwechsels auch Untreue als eine Art von Schicksal zu erklären, mit dem A in einem so gefühlsintensiven Bereich wie dem der Liebe jederzeit rechnen muß. Wer sich auf das Spiel der Liebe einläßt und wer sich insbesondere die Option offenhalten möchte, dieses Spiel irgendwann mit einem neuen Partner fortzusetzen, der muß zwangsläufig auch das Risiko in Kauf nehmen, selber betrogen zu werden. Diese

Überlegung scheint zumindest für promiskue Beziehungen stichhaltig zu sein. Einem Ehebrecher steht sie als Entschuldigung so jedoch nicht zur Verfügung. Denn er hat ja im Rahmen des Ehegelöbnisses explizit versprochen, auf sexuelle Beziehungen mit Dritten zu verzichten.

Bevor die Frage, *wie schlimm* das Brechen dieses Versprechens ist, noch eingehender diskutiert wird, sei kurz die moralische Position des Dritten beleuchtet. Generell wird man C vielleicht vorwerfen wollen, daß jede Beihilfe zu einem moralisch bedenklichen Handeln selber moralisch bedenklich ist. In der Tat läßt sich kaum bestreiten, daß C dafür mitverantwortlich ist, daß A's Erwartungen hinsichtlich B's Treue verletzt werden. Gemäß dem schlichten Prinzip *Neminem laedere* (z. B. in der Form NL 4) ist C's Verhalten also sicher nicht völlig unbedenklich. Sein/ihr Verhalten könnte unter Umständen aber einen positiven *Fremd*nutzen haben und also im Sinne des *verallgemeinerten* NL 6 durchaus moralisch vertretbar bzw. erlaubt sein. Die Gesamtsituation stellt sich für C nämlich anders dar als für B: Selbst wenn man C's Eigeninteresse an der Beziehung mit B außer acht läßt, kann der Nutzen des außerehelichen Verhältnisses für B den entsprechenden Schaden für A möglicherweise überwiegen!

Gelegentlich wird die Auffassung vertreten, daß die moralische Zulässigkeit des Ehebruchs entscheidend davon abhängt, ob B männlichen oder weiblichen Geschlechts ist. So hatte schon das Alte Testament eine Doppelmoral gutgeheißen, derzufolge »die Frau unter weitaus strengeren sittlich-strafrechtlichen Normierungen [stand] als der Mann. Letzterer brach keineswegs seine Ehe, wenn er sich als Verheirateter mit einer unverheirateten Frau sexuell einließ – Ehebruch war für den Mann nur dort gegeben, wo er sich die Frau eines anderen zum Weibe nahm. [...] Die Frau jedoch brach mit jeder außerehelichen sexuellen Beziehung – auch mit der eines Unverheirateten – *ihre* Ehe.«[35] Einige berühmte Philosophen haben versucht, diese Asymmetrie rational zu rechtfertigen. So führt z. B. David Hume in Kapitel 6 der *Untersuchung über die Prinzipien der Moral* aus:

>»Eine Frau, die es in diesem einen Punkt fehlen läßt, wird gemein und niedrig, sie verliert ihre Würde und ist jeder Beleidigung preisgegeben. [...] Die Frau hat so viel Gelegenheit, um solchen Gelüsten heimlich zu frönen, daß nichts als ihre unbedingte Schamhaftigkeit und Zurückhaltung uns Sicherheit gewähren kann; und ist einmal ein Fehltritt geschehen, so kann er kaum je wieder ganz gutgemacht werden. Wenn ein Mann sich bei *einer* Gelegenheit feige beträgt, so stellt ein umgekehrtes Verhalten seinen Ruf wieder her. Durch welche Handlung aber könnte eine Frau, die einmal einen Schritt vom Wege getan, uns dessen vergewissern, daß sie sich eines besseren besonnen hat und Selbstbeherrschung genug besitzt, um ihre Vorsätze durchzuführen?«

Ähnlich behauptet Arthur Schopenhauer im Anschluß an die früher zitierte Passage (*Metaphysik*: 530), wo dem Mann in der Liebe Unbeständigkeit, der Frau hingegen Beständigkeit zugeschrieben wurde:

>»Dies ist eine Folge des Zwecks der Natur, welche auf Erhaltung und daher auf möglichst starke Vermehrung der Gattung gerichtet ist. Der Mann nämlich kann, bequem, über hundert Kinder im Jahre zeugen, wenn ihm eben so viele Weiber zu Gebote stehen; das Weib hingegen könnte, mit noch so vielen Männern, doch nur ein Kind im Jahre (von Zwillingsgeburten abgesehen) zur Welt bringen. Daher sieht er sich stets nach andern Weibern um; sie hingegen hängt fest dem einen an. Demzufolge ist die eheliche Treue dem Manne künstlich, dem Weibe natürlich, und also der Ehebruch des Weibes, wie objektiv, wegen der Folgen, so auch subjektiv, wegen der Naturwidrigkeit, viel unverzeihlicher als der des Mannes.«

Beide Begründungen erweisen sich jedoch schnell als unhaltbar. Zum einen basieren sie auf Prämissen, die empirisch schlicht falsch zu sein scheinen; so etwa, wenn Hume davon ausgeht, daß eine Frau mehr Gelegenheiten hätte als ein Mann, ehebrecherischen Gelüsten heimlich zu frönen; oder wenn Schopenhauer präsupponiert, daß wegen der Folgen, sprich: einer eventuellen Schwangerschaft, der Ehebruch der Frau objektiv schlimmer wäre als der des Mannes. Schopenhauer übersieht dabei offenbar, daß der Seitensprung eines Mannes mit der gleichen Wahrscheinlichkeit zur Zeugung eines unehelichen Kindes führen kann. Zum zweiten illustriert insbesondere Schopenhauers Argumentation noch einmal, wie verführerisch der naturalistische Fehlschluß ist, aus der (mutmaßlichen) Natürlichkeit einer Handlungsweise ihre moralische Unbedenklichkeit abzuleiten. Drittens scheint es einigermaßen inkonsistent zu sein, die Untreue der Frau als moralisch bedenklich und zugleich die des Mannes als unbedenklich einzustufen. Schließlich und endlich gehören zu einem heterosexuellen Geschlechtsverkehr Mann und Frau. Und wie soll das funktionieren, daß jeder Mann mit jeder noch nicht verheirateten Frau Sex haben darf, Frauen hingegen vor der Hochzeit mit überhaupt keinem Mann und nach der Heirat nur mit dem angetrauten Ehemann schlafen dürfen? Dies zu erklären bedürfte einer völlig neuartigen Logik.

Was also macht den Ehebruch *wirklich* verwerflich, und *wie verwerflich* ist er in Wirklichkeit? Der entscheidende Punkt dürfte der folgende sein. Die Tatsache, daß B sich in C verliebt hat, stellt ein recht zuverlässiges Indiz dafür dar, daß B A nicht mehr genügend liebt bzw. nicht mehr genügend sexuell begehrt. Diese Erkenntnis ist in aller Regel sehr schmerzhaft für A. Nun kann aber B für das Faktum der nachlassenden Liebe bzw. der nachlassenden sexuellen Begierde moralisch eigentlich gar nicht verantwortlich gemacht werden, denn dieses ist im wesentlichen eine Konsequenz des früher erwähnten »Naturgesetzes«. Ferner ist B's intime Beziehung zu C an und für sich betrachtet moralisch ebenfalls o.k. Ein moralischer Tadel trifft B nur insofern, als er/sie A bei der Heirat *versprochen* hat, auf derartige Beziehungen zu verzichten. Offenbar läßt sich nun nicht allgemeingültig bestimmen, wie groß der »Schaden« ist, den der Ehebrecher auf diese ziemlich indirekte Weise dem Partner zufügt. Zum einen ist nach wie vor unklar, ob der »Schaden« bereits in dem Faktum der intimen Beziehung selber besteht oder ob von einem moralisch relevanten Schaden erst dann gesprochen werden kann, wenn A von B's Seitensprung erfährt.[36] Zum anderen hängt es sehr von individuellen Faktoren wie Toleranz, Selbstwertgefühl und einschlägigen persönlichen Erfahrungen des jeweiligen Partners ab, wie stark dieser unter dem Ehebruch leiden wird. Es dürfte jedenfalls klar sein, daß im Hinblick auf die Interessen der Kinder sexuelle Untreue in der Regel weniger schlimm ist als die endgültige Trennung vom Ehepartner. Wie Bertrand Russell in puncto *Ehe und Moral* ausführte, ist es »eine gute Sache, wenn sich Ehemann und Ehefrau so sehr lieben, daß keiner von ihnen sich jemals zur Untreue versucht fühlt; aber es wäre nicht gut, Untreue, wenn sie einmal geschieht, als etwas Schreckliches zu betrachten«.[37]

Als nächstes sei kurz auf zwei weitere Punkte eingegangen, die zum Themenkreis Ehe, Liebe und Sex gehören: die sog. *ehelichen Pflichten* und die *Vergewaltigung in der Ehe*. Nach Auffassung von Kant (*Metaphysik*: A 108 f.) ist Ehe primär ein *Besitz*verhältnis, bei dem die Partner das *Recht* haben, »von den Geschlechtsorganen des andern Gebrauch zu machen«. Ähnlich hatte Kurt Tucholsky die Ehe einmal zynisch als »Interessengemeinschaft zur gegenseitigen Nutzung der Geschlechtsorgane« bezeichnet. Bei einer solchen Denkweise müßte man die Existenz von ehelichen Pflichten uneingeschränkt bejahen, während die Annahme eines Aktes der Vergewaltigung innerhalb der Ehe absurd erschiene. Heutzutage hat sich jedoch zumindest in zivilisierten Gesellschaften immer mehr die Auffassung von der Ehe als einer auf gegenseitiger Zuneigung und Liebe beruhenden Gemeinschaft durchgesetzt, bei der Sex Ausdruck eben dieser Liebe sein sollte. Wie im Zusammenhang mit dem Grundprinzip SEX 1 weiter oben argumentiert wurde, haben Liebende in aller Regel das Bedürfnis nach inniger Vereinigung, nach Zärtlichkeit und nach körperlichem Kontakt. Sex ist also normalerweise eine eheliche *Kür* und braucht deshalb nicht zur *Pflicht* erhoben zu werden. Natürlich kommt es in jeder Ehe (ebenso wie in jeder anderen erotisch-sexuellen Beziehung) hin und wieder vor, daß einer der Partner in einer bestimmten Situation gerade keinen Sex will. Dann sollte der andere Partner Verständnis zeigen, statt auf einer angeblichen ehelichen Pflicht zu beharren und vom Partner Sex zu erzwingen. Im Prinzip ist gemäß dem früheren Prinzip SEX 4 *jeder* sexuelle Mißbrauch, also auch eine sexuelle Handlung gegen den Willen des Ehegatten, moralisch verwerflich. Andererseits ist klar, daß die Schwelle, ab der eine Handlung den Charakter des Mißbrauchs annimmt, bei Ehepartnern, die seit längerem intim miteinander vertraut sind und die tagtäglich das Bett teilen, wesentlich höher angesetzt werden muß als bei der sexuellen Belästigung oder echten Vergewaltigung einer fremden Person. Außerdem darf ein Ehepartner, falls sein eigenes sexuelles Desinteresse chronisch werden sollte, auf Dauer vom anderen sicher keine sexuelle Enthaltsamkeit erwarten. Wer – aus welchen Gründen auch immer – seinen ehelichen »Pflichten« längerfristig nicht nachkommen will, der müßte gegebenenfalls tolerieren, daß der Partner seine sexuellen Bedürfnisse mit jemand anderem befriedigt.

Abschließend ein paar Bemerkungen zur sog. *Schwulen- bzw. Lesbenehe*. Die weiter oben behauptete moralische Gleichwertigkeit homo- und heterosexueller Liebesbeziehungen impliziert nicht, daß die gesellschaftlich bzw. staatlich institutionalisierte Lebensform der Ehe auch homosexuellen Paaren offenstehen müsse. Zwar wurde in letzter Zeit häufig die Ansicht geäußert, das sog. Eheverbot für homosexuelle Lebensgemeinschaften sei eine »schwere Diskriminierung, die durch nichts zu rechtfertigen ist«[38]. Diese These läßt sich aber kaum aufrechterhalten. Die Ehe hat eine inhaltliche und eine formale Komponente. Erstere besteht im wesentlichen in dem Entschluß der Liebenden, auf ewig in Treue zusammenzuleben; letztere regelt die daraus erwachsenden Verpflichtungen und Vergünstigungen u. a. bei Steuern, bei der Krankenversicherung, bei der Rente und im Erbrecht. Natürlich will niemand einem homosexuellen Paar verbieten, sich ewige Liebe und Treue zu versprechen. Die Frage ist bloß, ob der Staat einem homosexuellen Paar auch dieselben Vergünstigungen gewähren muß wie einem heterosexuellen. Diese Vergünstigungen (und Verpflichtungen) dienen dem Zweck der Förderung der *Familie*. Kinder kriegen und Kinder aufziehen bedeutet für den einen Ehepartner – in der Mehrzahl nach wie vor für die Frau –, daß er seinen Beruf für längere Zeit aufgeben muß, während der andere Ehepartner die Familie mit seinem Einkommen allein zu versorgen hat. Der Sinn der Steuergesetzgebung und flankierender sozialer Maßnahmen besteht gerade darin, die finanzielle Benachteiligung der Familie gegenüber einem kinderlosen Paar von Arbeitnehmern (teilweise) zu kompensieren. Hier ist nicht der Ort, im Detail auf Inkonsequenzen und Ungereimtheiten der bundesdeutschen Familienpolitik einzugehen. Nur zwei Punkte müssen betont werden. Erstens kriegen homosexuelle Paare per Definition keine Kinder und bedürfen *deshalb* nicht der genannten Vergünstigungen. Zweitens sollte es für die Gewährung der Vergünstigungen keinen Unterschied machen, ob die Eltern verheiratet sind oder nicht. Wie Schenk (1987: 235) bemerkt, ist es

»[. . .] Aufgabe des Staates, all denjenigen Frauen und Männern, die sich zur *Elternschaft* entscheiden, die bestmöglichen Rahmenbedingungen für diese Aufgabe zu verschaffen und ganz besonders dafür zu sorgen, daß ihnen aus dem Leben mit Kindern keine Nachteile entstehen. [...] Der Schutz der Familie sollte an der faktischen Familie orientiert sein, und die materielle Privilegierung sollte ausschließlich an der konkreten Erziehungsleistung festgemacht werden – unabhängig davon, in welcher Lebensform sie erbracht wird.«

Die *Neue Osnabrücker Zeitung* meldete am 14. 10. 93, daß das Bundesverfassungsgericht in absehbarer Zeit voraussichtlich prüfen werde, »ob Benachteiligungen gleichgeschlechtlicher Paare gegenüber Ehepaaren mit dem Grundgesetz vereinbar sind und ob der Gesetzgeber nicht verpflichtet ist, diesen Paaren eine rechtliche Absicherung ihrer Lebensgemeinschaft zu ermöglichen«. Wenn in diesem Gremium vorurteilsfreie Vernunft und nüchterner Sachverstand vorherrschen, müßte ungefähr folgendes Urteil gefällt werden. Die finanzielle Bevorzugung eines heterosexuellen Paares kann als gerechtfertigt gelten, weil es im Gegensatz zu einem homosexuellen Paar zumindest im Prinzip auf die Bildung einer Familie konzipiert ist. Steuererleichterungen, Kindergeldzahlungen und sonstige Vergünstigungen, die der Familie während der jahrzehntelangen Phase der Erziehung und der Versorgung von Kindern gewährt werden, gleichen nur einen Bruchteil der faktischen Mehrbelastungen aus. Deshalb ist es auch gerecht, einem heterosexuellen Paar bereits vor der Geburt des ersten Kindes gewisse Vergünstigungen zu gewähren, speziell dann, wenn der eine Partner quasi in Vorbereitung auf die spätere Erziehungsaufgabe keinem Gelderwerb nachgeht, sondern sich »nur« um den gemeinsamen Haushalt kümmert. Entsprechend ist es auch gerechtfertigt, wenn Hausfrauen bzw. Hausmänner, die wegen der Versorgung der Kinder über Jahrzehnte hinweg keinen Beruf ausgeübt haben und sich somit keinen adäquaten eigenen Rentenanspruch erwerben konnten, nach dem Tode des Ehegatten in den Genuß seiner Rente kommen. Da bei einem homosexuellen Paar wegen der programmierten Kinderlosigkeit kein zwingender Grund be-

steht, daß einer der Partner die Rolle der erwerbslosen
Hausfrau bzw. des erwerbslosen Hausmannes übernimmt,
brauchen dem Paar auch dann, wenn es einen gemeinsamen
Haushalt führt, keinerlei Vergünstigungen gegenüber zwei
getrennt lebenden Arbeitnehmern eingeräumt zu werden.

Es gibt jedoch einige andere Punkte, vor allem im Erbrecht, wo die bisherige Rechtspraxis auf eine ungerechtfertigte Diskriminierung homosexueller Paare hinausläuft.
Hier erscheint es sinnvoll, ungefähr die folgende, in Laabs
(1991: 281 f.) abgedruckte Beschlußempfehlung zu übernehmen, die am 6. Juni 1990 von der Fraktion der PDS der
Volkskammer der ehemaligen DDR vorgelegt worden war:

> »(1) Den Partnern dauerhaft angelegter gleichge-
> schlechtlicher Lebensgemeinschaften ist auf deren An-
> trag vom Standesamt ihre Lebensgemeinschaft amtlich
> zu bestätigen.
> (2) Rechtsfolgen der standesamtlichen Bestätigung der
> Lebensgemeinschaft sind für die Partner:
> ● die gegenseitige Vertretungsbefugnis für Angelegen-
>   heiten des gemeinsamen Lebens, [. . .][39]
> ● der Güterstand der Zugewinngemeinschaft, soweit
>   nicht vertraglich etwas anderes vereinbart wird,
> ● die Einsetzung in die gesetzliche Erbfolge in der
>   Form, wie sie einem Ehepartner zustehen würde,
> ● die Einnahme der Rechtsstellung eines Ehepart-
>   ners bei der Anwendung der Bestimmung der
>   S[traf]P[rozeß]O[rdnung].«

1.6 Selbstbefriedigung

Das Spektrum der moralischen Urteile über Selbstbefriedigung ist äußerst weit. Auf der einen Seite wird sie als
unzüchtiges Laster, als Selbstschändung oder sogar – man
staune – als Selbstmord bzw. als Mord verdammt. So führt
z. B. Kant (*Vorlesungen*: 1520) aus:

»Zu den Criminibus contra naturam gehört der Gebrauch der Geschlechter Neigung, die dem natürlichen
Instinct [...] entgegengesetzt ist. Hiezu wird gerechnet die Onanie, dieses ist der Mißbrauch der Geschlechts-Neigung, ohne allen Gegenstand; wenn nemlich der Gegenstand unserer Geschlechts-Neigung
ganz und gar wegfällt, und der Gebrauch unseres Geschlechts-Vermögens dennoch ohne allen Gegenstand
exerciert wird. Dies läuft offenbar wider die Zwecke
der Menschheit, und ist sogar der Thierheit entgegen,
hiedurch wirft der Mensch seine Person weg, und setzt
sich unter das Thier.«

Auf der anderen Seite wird Selbstbefriedigung z. B. in
Ellis (1958: 25) als angenehme Freizeitbeschäftigung gepriesen:

»Man kann sich kaum eine harmlosere, wohltuendere
und entspannendere menschliche Handlungsweise vorstellen als spontane Selbstbefriedigung ohne (puritanisch eingeimpfte, der Sache nach unbegründete)
Furcht und Angst.«

Was sagt die Philosophie dazu – welche Ansicht läßt sich
im Lichte des ethischen Grundprinzips *Neminem laedere*
als begründet aufrechterhalten? Sieht man einmal von dem
in Abschnitt 1.1 als unhaltbar erkannten Dogma ab, demzufolge Sex per se unmoralisch ist und einzig zur Zeugung
von Nachkommen legitimiert werden kann, so besteht ein
erster Einwand gegen Selbstbefriedigung in dem Hinweis,
daß Menschen sich im allgemeinen schämen, wenn sie zufälligerweise dabei beobachtet werden. Laut Baker (1987: 97 f.)
»neigen wir dazu, Selbstbefriedigung als eine Art von Inkontinenz wie das Bettnässen zu halten, für die wir uns
schämen«. Nun kann zwar *Scham* manchmal durchaus ein
Indiz für die Amoralität einer Handlung sein, doch dies gilt
nicht in allen Fällen. Ganz grob lassen sich drei Situations-

typen unterscheiden, in denen Menschen mit Scham reagieren. Erstens schämt man sich einer Tat (z. B. Lügen oder Stehlen), von der man bereits während der Ausführung wußte, daß sie unrecht war, und von der man deswegen hoffte, daß sie unentdeckt bleiben würde. Typischerweise wird eine solche Handlung im nachhinein, selbst wenn sie unentdeckt bleibt, als schlecht bzw. unmoralisch empfunden. Zweitens schämt man sich einer tatsächlichen oder vermeintlichen körperlichen, geistigen oder psychischen Schwäche, z. B. daß man Angst hatte, im Dunklen in den Keller zu gehen; daß man so dumm war, einem Betrüger die ganzen Ersparnisse anzuvertrauen; etc. Derartiges Verhalten, egal ob es anderen bekannt wird oder nicht, geht niemals mit dem Bewußtsein einher, daß man *moralisch* unrecht oder schlecht gehandelt hätte. Speziell wäre es absurd, das von Baker erwähnte Bettnässen als unmoralisch zu bezeichnen! Drittens tritt Scham speziell im Zusammenhang mit Nacktheit auf bzw. dann, wenn wir zufälligerweise bei intimen sexuellen oder auch asexuellen Tätigkeiten und Verrichtungen beobachtet werden. Dieses Faktum allein stellt aber kein zuverlässiges Indiz dafür dar, daß diese Handlungen für sich betrachtet unmoralisch wären – man denke z. B. nur an den normalen Geschlechtsverkehr eines sich liebenden Ehepaares! Deshalb muß die angebliche Amoralität der Selbstbefriedigung unabhängig vom Aspekt der Scham begründet werden.

Ein solcher Versuch wurde in einer von McCartney (1987) zitierten Erklärung der Konferenz der amerikanischen Katholiken, Washington 1977, wie folgt formuliert: Der Selbstbefriedigung fehle »die durch die moralische Ordnung geforderte [...] Beziehung, die den vollen Sinn gegenseitiger Hingabe [...] im Kontext wahrer Liebe realisiert«, d. h., die Amoralität der Selbstbefriedigung beruhe »im wesentlichen auf ihrem Charakter eines unvollkommenen [...] sexuellen Aktes, denn er schließt die wesentliche Orientierung aus, als Sprache der Liebe« zu dienen. In der

Tat muß zugestanden werden, daß – im Gegensatz zum Sex zweier sich liebender Partner – Selbstbefriedigung *unvollkommen* bleibt und kein adäquater Ausdruck gegenseitiger Liebe darstellt. Es fällt jedoch schwer, hierin einen ausreichenden Grund für die Amoralität der Selbstbefriedigung zu sehen. Was das erste Kriterium betrifft, so sind viele menschliche Tätigkeiten, allein betrieben, weniger vollkommen als zu zweit: Tischtennis- oder Schachspielen, seinen Geburtstag feiern, ins Kino gehen, etc. Daß etwas nicht vollkommen bzw. nicht optimal ist, heißt aber noch lange nicht, daß es *schlecht* wäre. Außerdem wäre es absurd, im allgemeinen etwas nur deswegen, weil es nicht vollkommen ist, als *unmoralisch* zu bezeichnen. Bezüglich des zweiten Vorwurfs ist zu beachten, daß die bislang verfochtene These SEX 1 als einseitige Wenn-dann-Aussage besagt, daß Sex auf jeden Fall *dann* moralisch unbedenklich ist, *wenn* er einen adäquaten Ausdruck der gegenseitigen Liebe zweier Menschen darstellt. Daraus folgt aber – wie schon im Zusammenhang mit dem liberalen Prinzip SEX 7 betont wurde – keineswegs, daß *nur* Liebe Sex rechtfertigen könne, d. h., daß Sex zwangsläufig unmoralisch sein müßte, wenn er keinen adäquaten Ausdruck der Liebe zweier Menschen darstellt. Die *Begründung* von SEX 1 bestand ja in der Überlegung: Wenn zwei Menschen sich lieben, so entwickeln sie normalerweise ein Bedürfnis nach Zärtlichkeit und sexuellem Kontakt; Sex liegt in ihrem beiderseitigen Interesse; deshalb muß ihre sexuelle Beziehung, sofern sie keine legitimen Interessen anderer verletzt, gemäß dem *Neminem laedere* als moralisch unbedenklich eingestuft werden. Gemäß demselben Gedanken erscheint aber auch Selbstbefriedigung moralisch vertretbar. Denn wenn jemand zwecks Lustgewinn sich selbst befriedigt, liegt dies in *seinem* Interesse; außerdem ist – zumindest prima facie – nicht einzusehen, wieso sein Tun gegen berechtigte Interessen anderer verstoßen sollte; also *schadet* es niemandem, und was will man mehr?

Kritiker dieses schlichten Gedankens haben darauf hingewiesen, daß nicht alles, was ein Mensch tun *will*, tatsächlich in seinem wahren Interesse liegt bzw. für ihn wirklich *gut* ist. Speziell wird Selbstbefriedigung als ein Zeichen von Unbeherrschtheit oder Willensschwäche aufgefaßt. So hatte schon Augustinus dafür plädiert, der Mensch müsse sich stets so verhalten, daß der Geist den Körper kontrolliert, nicht aber der Körper den Geist unterwirft. Wenn ein Mensch seinem Körper gestattet, den Geist zu beherrschen, dann »pervertiert« er seine Menschlichkeit. Die Selbstbefriedigung stellt für Augustinus das Paradigma einer solchen »Beherrschung des Geistes durch den Körper« dar, die dem Ideal der Keuschheit, des Verzichts und der Askese widerspricht. Nun muß man nicht gleich so radikal wie Hume (*Moral*: 198) Zölibat, Fasten, Buße, Kasteiungen und die ganze Reihe mönchischer Tugenden pauschal als völlig zwecklose Laster verwerfen, die »den Verstand abstumpfen, das Herz verhärten, die Phantasie verdüstern und das Gemüt verbittern«. Man kann durchaus zugestehen, daß Selbstbeherrschung, Willensstärke und Disziplin echte Tugenden darstellen, denen man – auch im Bereich der Sexualität – nacheifern sollte. Als Minimum verlangen diese Tugenden, daß jeder seine sexuellen Bedürfnisse oder Wünsche zumindest so weit beherrscht, daß er niemals andere gegen deren Willen sexuell belästigt. Darüber hinaus spricht auch im Zeitalter der Pille absolut nichts dagegen, daß jemand freiwillig sexuelle Enthaltsamkeit anstrebt, sich z. B. dazu entschließt, vor der Heirat weder mit einer anderen Person Sex zu haben noch auch nur sich selbst zu befriedigen. Temporäre oder gar lebenslange Keuschheit mag für manche Menschen durchaus eine sinnvolle Option sein. Aber sie ist sicherlich kein *Muß*! Ganz allgemein verlangen Selbstbeherrschung, Willensstärke und Disziplin keineswegs den völligen Verzicht auf die schönen Dinge des Lebens, sei es auf Essen und Trinken, auf Geselligkeit und zwischenmenschliche Beziehungen oder eben auf Sex. Und so wie man nicht einfach jedes gute Essen und Trinken als

Völlerei und Saufgelage verurteilen darf, so sollte man auch Selbstbefriedigung nicht einfach als undisziplinierte sexuelle Ausschweifung verurteilen.

In Kosnik (1977: 227 f.) wurde präziser der Vorwurf erhoben, daß Selbstbefriedigung ein Anzeichen für Egozentriertheit, Isolation und Flucht vor der Verantwortung einer zwischenmenschlichen Beziehung darstelle: »Die freiwillige und bewußte Ausbeutung der eigenen Sexualität erzeugt ein ernsthaftes Hindernis für die Entwicklung der Person und für ihre Integration« in die Gesellschaft. Selbstbefriedigung sei also *schlecht* für den Betroffenen bzw. – wie bereits Thomas von Aquin meinte – »gegen das Gute für den Menschen gerichtet«. Um die Stichhaltigkeit dieses Einwands beurteilen zu können, betrachte man zum Vergleich den Konsum von Genußmitteln oder gar von Rauschgiften! Hier wäre sicher zuzugestehen, daß Alkohol- oder Drogenmißbrauch in dem Sinne *schlecht* ist, daß die Konsumenten in aller Regel gegen ihre eigenen wahren, längerfristigen Interessen handeln. Darüber hinaus hat der Drogenkonsum meistens negative Auswirkungen auf Außenstehende. Berufliche Pflichten und damit eventuell die Versorgung der Familie werden vernachlässigt; zur Beschaffung der Drogen werden Verbrechen begangen; im Rahmen einer Entziehungskur müssen erhebliche Kosten von der Allgemeinheit aufgebracht werden; usw. Insofern sich derartige Nachteile für andere ergeben bzw. zumindest mit einer gewissen Wahrscheinlichkeit zu erwarten sind, läßt sich Alkohol- und Drogenmißbrauch somit nicht nur als schlecht für den Betroffenen selber, sondern eben auch als schlecht für andere und damit als *moralisch* schlecht verurteilen.

Im Gegensatz hierzu ist der Konsum von Sex qua Selbstbefriedigung normalerweise für den Betroffenen selber *nicht schlecht*, nicht gegen seine wahren Interessen gerichtet. Wie Ard (1989: 66) ausführt, kann Selbstbefriedigung bei den meisten Kindern in unserem Kulturkreis »eine normale Folge ihrer Neugier und Experimentierfreude im Zusammenhang mit ihrer normalen sexuellen Natur« beobachtet werden; deshalb stellt Selbstbefriedigung »kein schädliches, sondern ein bei Kindern normal zu erwartendes Verhalten dar«. Selbstbefriedigung dient in der Regel nur für eine gewisse Zeitspanne als Substitut für adäquatere Formen sexueller Beziehungen. Die meisten Eltern dürften aus eigener Erfahrung wissen, daß entgegen Kosniks Prognose Selbstbefriedigung in der Jugend kein Hindernis für die Entwicklung zu einem Erwachsenen darstellt, der zur rechten Zeit Freundschaft, Liebe und sexuellen Verkehr mit anderen Menschen anstreben wird. Von einer Fehlentwicklung oder Persönlichkeitsstörung könnte man höchstens dann sprechen, wenn ein ansonsten organisch gesunder Erwachsener zeit seines Lebens nie einen anderen Geschlechtspartner suchen, sondern sich ausschließlich selbst befriedigen würde. Aber selbst wenn Selbstbefriedigung in dieser extremen Form bei einzelnen Menschen quasi als Krankheit auftritt, so heißt das immer noch nicht, daß die bedauernswerte Person unmoralisch handelt. Denn es ist schwer vorstellbar, inwiefern durch derart pathologisches Verhalten *anderen* ein Schaden zugefügt würde.

Zur Abrundung dieses Abschnitts und zum Amüsement der Leser sei ohne Kommentar aus einem der zahlreichen Traktate des 18. Jahrhunderts im »Kampf gegen die Masturbation«[40] zitiert. G. Sarganecks *Ueberzeugende und bewegliche Warnung vor allen Suenden der Unreinlichkeit und heimlichen Unzucht* aus dem Jahre 1746 bemüht sich zunächst, medizinisch/anatomisch zu beweisen, daß »wer in der Lustseuche stecket, seine Seelen= Leibes= und Lebenskräfte schlechterdings ruinirt, und also ein verruchter Selbstmörder ist.« Die Begründung dieser gewagten Behauptung erfolgt so:

»[Der Samen ist] das allergewaltigste und edelste *Fluidum* im gantzen menschlichen Körper. [...] Es wird durch unzehlige *Vasa lymphatica* wieder ins Geblüte zurücke geführet, und giebt unserem Leib und Leben

die stärckste balsamische Kraft, Erwärmung und Leb-
haftigkeit.« Daraus folgt angeblich, »daß, wer ein
Sclave der Fleischeslust ist, derselbe sein 1. Gedächtnis
2. Phantasie 3. Nachsinnen 4. Gewissen 5. Willen und
Begierden 6. Gantzen Leib und insonderheit 7. die
Vasa Spermatica 8. die Augen und die Kraft des Hert-
zens gantz natürlich und nothwendig ruinire«.

Wer sich selbst befriedigt, ist laut Sarganeck also ein
Selbstmörder. Der »anatomische Erweis«, daß die Vergeu-
dung des Samens gesundheitsschädlich ist, impliziert nun
nicht nur eine Verdammung der Onanie, sondern zugleich
jeder anderen Form geschlechtlicher Betätigung. So bekennt
der Autor (*Warnung*: 523) freimütig: »Was an sich unrecht
ist, kann in der Ehe unmöglich recht seyn, noch durch diese
legitimiret werden.« Genauer führt er unter den Lehrsätzen
vom Ehestand (*Warnung*: 526) auf: »Wenn ein Mann und
Frau einander in der Lustseuche beywohnen, das ist vor
dem Gerichte GOttes eine strafbare Hurerey, die GOtt
richten wird, Hebr. 13.4.« Ja, damit nicht genug, wer sich
selbst befriedigt wird sogar zum *Mörder* erklärt, »der nach
GOttes Ausspruch des Todes würdig ist«. Dieses frappante
Urteil begründet Sarganeck (*Warnung*: 127–129) mit der
Hypothese, daß der Samen kleine Menschlein enthält, also
wer Samen vergeudet, dasjenige verdirbt,

>»[...] worin GOtt selber entweder die ersten *linea-
menta* eines Menschen bereits wunderlich formiret,
oder doch eine solche Wunderkraft hineingelegt, die
einem menschlichen Cörperlein den ersten Hauch, Ursprung und Lebensanfang gibt. [...] Pontice! merckst
du es denn nicht? die Natur selber sagt dirs ja, daß
dis, was du mit deiner Hand verdirbst, ein Mensch
sey [...]. Es ist eine ebenso große Uebelthat, als wenn
du die Frucht aus Mutterleibe herausreissen und umbringen würdest [...]. Ein gantzer Mensch wird durch
diese viehische *Prostitution* sein selbst ausgerottet.«

1.7 Pornographie und Prostitution

Zu verschiedenen Zeiten wurde heftig diskutiert, ob es sich
bei Darstellungen nackter menschlicher Körper um *Kunst
oder Pornographie* handelt. Da dieses Buch sich mit ange-
wandter Ethik und nicht mit Ästhetik beschäftigt, soll hier
kein Versuch unternommen werden, den Begriff der Kunst
zu definieren. Der andere Begriff hingegen läßt sich einigermaßen adäquat wie folgt bestimmen: Pornographie ist die
Beschreibung oder Darstellung von Körpern und körperlichen Handlungen mit der Absicht, den Betrachter (Leser,
Hörer etc.) sexuell zu erregen.[41] Die wichtigsten Medien der
Pornographie sind Literatur, Bildmagazine und Film- bzw.
Videoproduktionen. Mögliche moralische Probleme lassen
sich auf seiten entweder des Produzenten oder des Konsumenten ansiedeln. Beginnen wir mit dem pornographischen
Roman!
  Der Leser eines pornographischen Buches wird außer
den normalen Motiven, die ihn zur Lektüre bewegen können, vielleicht die Absicht haben, sich selbst sexuell zu erregen. Dies mag im Einzelfall dazu führen, daß er die Lektüre
als Stimulus für Selbstbefriedigung benutzt. Da im vorangehenden Abschnitt aber gezeigt wurde, daß Selbstbefriedigung an und für sich moralisch unbedenklich ist, läßt sich
gegen den Konsum pornographischer Schriften ohne weitere schlagkräftige Argumentation nichts einwenden. Was
die Seite der Produktion betrifft, so wurde den Autoren
pornographischer Werke primär vorgeworfen, daß sie die
Leser verderben. Dieser Vorwurf kann zweierlei bedeuten.
Entweder moniert man, daß Leser dazu animiert werden,
sich sexuell zu stimulieren; oder man glaubt, daß Leute
durch die Lektüre pornographischer Werke dazu verführt
werden, andere Leute sexuell zu belästigen oder gar zu ver-
gewaltigen. Der erstere Einwand ist moralisch irrelevant,
weil bzw. insofern selbstgewollte sexuelle Stimulation moralisch unbedenklich erscheint. Der letztere Einwand hinge-

gen dürfte empirisch schlicht unhaltbar sein. So wie es keine Belege dafür gibt, daß Leser durch die Lektüre von Kriminalromanen zu Kriminellen, Dieben und Mördern werden, so ist es auch eine unbewiesene Spekulation, daß Leser durch die Lektüre pornographischer Romane zu Kinderschändern, sexuellen Gewalttätern oder Vergewaltigern würden.[42]

Eine Reihe weiterer Einwände seien in aller Kürze erwähnt und entkräftet. Erstens könnte der Schriftsteller durch sein Buch, sofern es z. B. in Form von Memoiren die sexuellen Erlebnisse mit lebenden oder verstorbenen Persönlichkeiten beschreibt, die Intimsphäre der Betroffenen verletzen. Dies wäre in der Tat unmoralisch. In aller Regel sind pornographische Romane jedoch reine Phantasieprodukte. Zweitens könnten Leser, die rein zufällig auf derlei Werke gestoßen sind, durch die Beschreibung der sexuellen Details in ihren sittlichen oder religiösen Anschauungen verletzt oder beleidigt werden. Dies ist eine mögliche, aber keineswegs notwendige Folge der Pornographie. Einerseits kann jeder Leser das Buch, das ihn anwidert oder beleidigt, sofort zuklappen und weglegen. Andererseits gibt es einschlägige Kontrollmechanismen, die dafür sorgen, daß pornographische Literatur normalerweise nur jenen Leuten zugänglich wird, die sie auch wirklich konsumieren *wollen*. Drittens wurde von feministischer Seite vorgebracht, daß insbesondere Werke, die unter die Rubrik Gewaltpornographie fallen, einen Angriff auf die Würde der Frau bzw. eine Beleidigung der Frauen schlechthin darstellen. In der Tat wird die Problematik der Gewaltpornographie speziell innerhalb der Sparte Film/Video, wo sie offenbar am weitesten verbreitet ist, noch genauer zu diskutieren sein. Im Moment sei nur zugestanden, daß jede Verherrlichung der Gewalt, egal ob auf sexuellem oder asexuellem Gebiet, moralisch bedenklich erscheint, weil ihr zumindest die Tendenz innewohnt, Menschen zu gewaltsamen (und a fortiori unmoralischem) Handeln gegen andere zu ermutigen. In puncto sexueller Gewalt könnte man deshalb dem modifizierten Slogan »*Gewalt*-Pornographie ist die Theorie, Vergewaltigung die Praxis« wenigstens bedingt zustimmen. Die von der Frauenzeitschrift *Emma* propagierte Originalthese »Pornographie ist die Theorie, Vergewaltigung die Praxis« stellt hingegen, wie auch Bremme (1990: 223) zugestand, »eine grobe Vereinfachung des komplexen Problems« dar. Hier ist nicht der Platz, das Pro und Contra abzuwägen, das sich für bzw. gegen das Verbot der Publikation sadistischer Phantasien eines Vergewaltigers (aber ebenso auch der Phantasien eines Tierquälers oder eines Mörders) vorbringen ließe. Im Moment genüge der Hinweis, daß derlei Randerscheinungen für das jeweilige literarische Genre nicht typisch sind und es jedenfalls nicht rechtfertigen, pornographische Literatur per se als unmoralisch zu verurteilen.

Als nächstes ist auf die Kategorie pornographischer Bildmagazine, Filme und Videos einzugehen. Prima facie wäre deren Konsum genau so zu bewerten wie die Lektüre pornographischer Romane, nämlich als sexuelle Stimulation, die solange moralisch unbedenklich bleibt, wie keine Interessen anderer verletzt werden. Aufgrund der unterschiedlichen Produktionsbedingungen kommen nun aber gerade mögliche Interessenverletzungen der *Akteure*, d. h. der Cover-Girls, Models etc., zusätzlich ins Spiel. Laut Bremme (1990: 66 f.) sind für die Herstellung sog. »Snuff«-Filme in den 70er Jahren in Argentinien Frauen »real zu Tode gequält« worden, und 1987 sollen in den Niederlanden »rund 70 Kinder über Wochen sexuell mißhandelt, geschändet und für Pornographieproduktionen mißbraucht worden« sein. Über die tiefe moralische Verwerflichkeit solch skandalöser Handlungen, wie sie z. B. 1996 in Belgien aufgedeckt wurden, brauchen wir hier kein Wort zu verlieren. Erwähnt sei nur, daß die Herstellung von Kinder- und Gewaltpornographie von staatlicher Seite aus zu Recht streng bestraft wird: § 184 StGB verbietet jegliche Darstellungen, die »Gewalttä-

tigkeiten, den sexuellen Mißbrauch von Kindern oder sexuelle Handlungen mit Tieren zum Gegenstand haben«. Außerdem sollte darauf hingewiesen werden, daß nicht nur die
Herstellung und Verbreitung, sondern auch der Konsum
gewaltpornographischer Produkte secunda facie sehr kritisch beurteilt werden muß. Wenn nämlich bei der Produktion eines solchen Machwerks Mißhandlungen der oben geschilderten Art begangen werden, macht der Konsument
sich durch den Konsum an diesen Verbrechen mitschuldig.
Zwar ist z. B. ein Sadist für die bloße *Neigung*, die ihm sexuelle Befriedigung nur beim Erleben gewaltpornographischer Szenen gestattet, moralisch nicht verantwortlich.
Auch könnte man ihm moralisch keinen großen Vorwurf
machen, wenn er zur Erreichung dieses Ziels sado-masochi-
stische Magazine, Filme oder Videos betrachten würde, vorausgesetzt deren Produktion erfolgte ohne Verletzung
fremder Interessen. Wenn er sich jedoch wissentlich gewalt-
pornographische Erzeugnisse beschafft, bei deren Herstellung anderen Personen in massiver Weise geschadet wurde,
dann ist er als Konsument dafür in ähnlicher Weise mitverantwortlich, wie z. B. auch jene Mitglieder einer Jugend-
bande mitschuldig werden, die bei einer gemeinschaftlich
begangenen Vergewaltigung »nur« als Zuschauer beteiligt
waren.

Nach den Ausführungen von Bremme (1990: 66) soll
auch bei der Herstellung normaler pornographischer Filme
oft moralisch Bedenkliches passieren. Zwar wird längst
nicht immer »mit äußerem Zwang gearbeitet, jedoch ist zu
verzeichnen, daß häufig materielle Not ausschlaggebend für
den Einstieg ins Gewerbe ist, so daß von ›Freiwilligkeit‹ in
diesen Fällen keine Rede sein kann. [. . .] Die körperlichen
und psychischen Anstrengungen bei der Pornoproduktion
sind enorm, die Arbeitszeiten zumeist lang, auf körperliche
und seelische Befindlichkeit der Modelle wird selten Rücksicht genommen.« Eine nähere Diskussion des Themas *Ausbeutung*, das nicht nur den Sektor der Pornographie, son-

dern viele Bereiche des gesamten Arbeitslebens umfaßt, würde den Rahmen dieses Essays sprengen. Hier sei nur angemerkt, daß die moralische Bedenklichkeit von Dienstleistungen spätestens da beginnt, wo Menschen sich aus finanziellen Nöten heraus zu Handlungen überreden lassen, die sie selber als *erniedrigend* empfinden. Diese Gefahr ist in der Pornoindustrie allgegenwärtig, wenngleich sicher nicht jedes Aktphoto bzw. jede Sexszene vor der Filmkamera für die Darsteller erniedrigend sein muß. Schicke Models behaupten jedenfalls in aller Regelmäßigkeit, daß ihnen die »Arbeit« z. B. mit dem *Playboy* Spaß gemacht habe, daß sie stolz darauf seien, so toll photographiert worden zu sein, etc. Andererseits steht zu befürchten, daß die Darsteller billiger Schmuddel-Pornos ihre nackten Körper oft in einer Weise vor der Kamera präsentieren bzw. prostituieren müssen, die ihnen selbst zuwider ist. Zudem ist es möglich, daß in gewissen Kreisen der Produzent eines Pornos von den weiblichen Akteuren nicht nur die Bereitschaft zu *schauspielerischer* Hingabe erwartet, sondern von ihnen auch realen Sex mit ihm, mit dem Kameramann oder mit dem Filmpartner verlangt. Wahrscheinlich auf dem Hintergrund solcher Praktiken hat *Emma* die These vertreten, daß Pornographie schlimmer sei als Prostitution. Laut Bremme (1990: 65) will die Zeitschrift recherchiert haben, daß »PornodarstellerInnen in der Regel keine Prostituierten [sind], da diesen die Tätigkeit in der Pornoindustrie häufig zu hart und zu schlecht bezahlt ist. [. . . Angeblich sehen] viele Prostituierte ihre Tätigkeit als das ›kleinere Übel‹ an, weil sie ihnen zumindest noch ein Minimum an Kommunikation mit dem Kunden ermöglicht und weil sie als Prostituierte selber aushandeln können, zu welchen Praktiken sie bereit sind.«

Diese Aussagen sind jedoch ziemlich fadenscheinig und scheinen eher journalistische Fälschungen im Rahmen des feministischen Feldzugs »PorNo« darzustellen. Wie gleich argumentiert wird, ist die Tätigkeit einer Prostituierten

»objektiv« weit erniedrigender als die »bloße« Zurschaustellung des entblößten Körpers vor der Kamera (und vermutlich auch noch etwas erniedrigender als die Mitwirkung
bei sog. Peep-Shows, d. h. die Zurschaustellung der Ge-
schlechtsteile vor den Augen masturbierender Männer). Im
Moment soll aber erst überprüft werden, ob die Gefahr der
persönlichen Erniedrigung bei der Herstellung normaler
Pornos eventuell auch auf den *Konsum* solcher Werke ein
neues Licht wirft. In Analogie zum Fall gewaltpornographischer Produkte könnte man folgendermaßen zu argumentieren versuchen. Wenn ein Konsument eines normalen
Pornos weiß, daß Darsteller z. B. durch ökonomische
Zwänge zur Mitarbeit an Szenen veranlaßt wurden, die sie
als demütigend oder erniedrigend empfunden haben, dann
macht er sich durch den Kauf des Magazins, durch das Aus-
leihen des Videos oder durch das Anschauen des Films im
Kino moralisch mitschuldig.[43] In ähnlicher Weise macht sich
ja auch ein Konsument gewöhnlicher Waren, die mit Sex
überhaupt nichts zu tun haben, mitschuldig, wenn bei deren
Herstellung massiv gegen Interessen anderer verstoßen
wurde. Dazu gehört z. B. speziell die Produktion von Eiern
in tierquälerisch engen Legefabriken und wahrscheinlich
auch die Produktion bzw. der Vertrieb von Kaffee zu Dum-
pingpreisen, die eine Ausbeutung der Kaffeebauern in den
Entwicklungsländern darstellen. Natürlich bedeutet dies
nicht, daß Eieressen oder Kaffeetrinken per se unmoralisch
wären. Die moralische Mitverantwortung des Eieressers
und Kaffeetrinkers besteht nur darin, daß er durch verän-
dertes Konsumverhalten dazu beitragen sollte, die bedenklichen Begleiterscheinungen der Produktion zu beseitigen.
Dies impliziert insbesondere die moralische Pflicht, bei
möglicher Wahl zwischen Eiern aus Legefabriken und aus
Freilandgehegen bzw. zwischen Großkonzern-Kaffee im
Tchibo-Geschäft und »fair« gehandeltem Kaffee im Dritte-
Welt-Laden sich für die moralisch bessere, teurere Alternative zu entscheiden. Nun gibt es bei Pornos (noch) kein Gü-

tesiegel »Aus moralischer Produktion«. Deshalb wird man nach dem Grundsatz »In dubio pro reo« verfahren. Wie Berger (1991: 146 f.) betont, liegt die Beweislast eher auf seiten jener, »die die Freiheit und die Lebensform der Menschen einschränken wollen. [... Diese] müssen zeigen, daß die einzuschränkende Tätigkeit mit einiger Wahrscheinlichkeit anderen schadet bzw. mit deren Rechten als Individuen in Konflikt steht.« Solange nicht bewiesen ist, daß bei der Herstellung eines normalen pornographischen Werkes gegen die wahren Interessen der Darsteller verstoßen wurde, bleibt der Konsum des Films, Videos oder Magazins moralisch unbedenklich.[44]

Nach dieser ausführlichen Diskussion der Pornographie kann die Untersuchung der moralischen Aspekte der Prostitution vergleichsweise kurz ausfallen. Der liberale amerikanische Geschäftsreisende würde geltend machen, daß käufliche Liebe moralisch o. k. ist. Denn einerseits sei gemäß SEX 7 Sex bereits dann moralisch unbedenklich, wenn die beteiligten Personen ihm freiwillig (und in Kenntnis dessen, was sie erwartet) zustimmen. Zum anderen zeige das bloße Faktum der geschäftlichen Vereinbarung, daß bei der Prostitution beide Teile dem sexuellen Tun und Treiben wissentlich und willentlich zustimmen. Beide Argumente bedürfen jedoch einer kritischen Analyse. ›Freiwillig‹ wird normalerweise als Gegenbegriff zu ›erzwungen‹ verstanden. Bei dieser groben Klassifikation könnte man freiwilligen Sex als unbedenklich bezeichnen, während erzwungener Sex z. B. in der Gestalt von Nötigung, Mißbrauch oder Vergewaltigung klarerweise verwerflich ist. Allerdings ist ›freiwillig‹ nicht immer gleich ›freiwillig‹. Feinere Differenzierungen sind vonnöten. Die zuvor vorgebrachte Begründung für SEX 7 beruhte auf dem Gedanken, daß Sex in der Regel dann nicht gegen die Interessen der Beteiligten verstößt, wenn beide Partner dem Sex *willentlich* und *wissentlich* zustimmen. Der Alltag lehrt uns aber immer wieder, daß vor allem unerfahrene Menschen sich oft »freiwillig« auf Geschäfte und Vereinbarungen einlassen, die letztendlich gegen ihre eigenen Interessen verstoßen. Diesem Problem versuchen die Verteidiger des liberalen Prinzips SEX 7 Rechnung zu tragen, indem sie auf einem *informed consent* beharren, also von den Beteiligten freiwillige Zustimmung *in Kenntnis dessen, was sie erwartet*, voraussetzen. Nur wenn beide Partner genau wissen, welche Konsequenzen die Handlung für sie kurz-, mittel- und langfristig besitzt, kann die freiwillige Zustimmung gewährleisten, daß sie in ihrem *wahren* Interesse liegt.

Nun dürfte ein erwachsener Freier, der eine Prostituierte aufsucht, in aller Regel wissen, was ihn erwartet: Keine Liebe, sondern schlicht die Befriedigung seiner sexuellen Bedürfnisse gegen Entgelt. So weit, so gut (oder auch so schlecht). Auch die Prostituierte weiß in einem gewissen Sinne, was sie erwartet, wenn sie ihren Körper dem Freier zur Verfügung stellt. Sie weiß, was sie zu tun hat, um ihn zu befriedigen; weiß, welchen Preis sie für welche Technik verlangen kann; weiß (hoffentlich) Bescheid um Aids und die anderen gesundheitlichen Risiken ihres Jobs. Trotzdem – so ist zu befürchten – wissen viele Prostituierte zumindest am Anfang ihrer »Karriere« nicht, worauf sie sich eigentlich einlassen. Die Vorstellungen einer Möchtegern-Prostituierten schauen wahrscheinlich so aus: »Sex hat mir bislang mit meinen Geliebten viel Spaß gemacht; wenn ich in Zukunft dafür sogar Geld verlangen kann, um so besser! Ich suche mir die Freier, mit denen ich schlafen möchte, einzeln aus und werde dabei noch reich.« Wenn's wirklich so wäre, würde Sex in ihrem Interesse liegen, und es gäbe keinen Grund, von ihrer Seite aus am Erfülltsein des *informed consent* zu zweifeln. Die reale, alltägliche Prostitution auf dem Straßenstrich oder im Rotlichtmilieu dürfte jedoch ganz anders ausschauen. Erstens kann sich – von wenigen exklusiven Callgirls abgesehen – die Prostituierte ihre Freier keineswegs frei aussuchen. Normalerweise sorgt bereits der Zuhälter, der an maximalen Umsätzen interessiert ist, dafür,

daß die Prostituierte jedem zu Diensten ist, der daher-
kommt und zahlt, egal wie unsympathisch er ihr auch sein
mag. Von freiwilligem Sex oder gar solchem, der der Prostituierten Spaß macht, kann deshalb kaum die Rede sein.
Zweitens sorgt die Bindung an den Zuhälter dafür, daß es
mit dem erhofften Reichtum meistens auch nichts wird.
Drittens wird die Prostituierte über kurz oder lang feststellen, daß vieles von dem, was sie mit den Freiern machen
muß, widerlich, ekelerregend und *erniedrigend* ist. Auf diesem Hintergrund muß es als bloße Augenwischerei erscheinen, wenn die früher zitierte *Emma*-Recherche einen
»Vorzug« der Prostitution gegenüber der Mitarbeit bei pornographischen Produkten darin erkennen will, daß Prostituierte noch ein Minimum an Kommunikation mit dem
Kunden hätten und zudem selber aushandeln können, zu
welchen Praktiken sie bereit sind. In gleicher Weise kann
natürlich auch eine Pornodarstellerin aushandeln, zu welchen – vor der Kamera *simulierten* – Praktiken sie bereit ist;
und sie hat darüber hinaus hinreichend Kommunikation
mit dem Kamerateam, dem Produzenten und, last but not
least, mit dem *simulierten* Kunden, d. h. dem Schauspielkol-
legen!
   Die Tatsache, daß das Tun und Treiben einer Hure für sie
selber im Normalfall ziemlich erniedrigend ist, bedeutet
freilich nicht, daß die Prostituierte im eigentlichen Sinne
unmoralisch handelt. Prostitution ist – nüchtern betrachtet – schlicht und einfach *dumm*, d. h. gegen das wahre,
längerfristige Interesse der Hure gerichtet. Dies impliziert
jedoch umgekehrt, daß jeder Freier, der das scheinbar freiwillige Geschäft mit der Prostituierten abschließt, in gewisser Weise gegen *deren* wahres Interesse verstößt und somit
bereits in dieser Hinsicht moralisch bedenklich handelt.
Hinzu kommt, daß viele Bordellbesucher vermutlich verheiratet sind, also Ehebruch begehen. Und dies wirft umgekehrt ein negatives Licht auch auf das Handeln der Prostituierten, die sich – wie Rodes (1983) bemerkt hat – damit

der Förderung des Ehebruchs schuldig macht. Den moralisch schlimmsten Part dürften jedoch bei weitem die Zuhälter spielen, die als Schmarotzer im Geschäft mit der käuflichen Liebe die Prostituierten finanziell ausbeuten, indem sie für angebliche Schutzleistungen unverhältnismäßig hohe Beteiligungen verlangen, und die vor allem die Prostituierten oft wie Leibeigene oder Sklavinnen behandeln und zur Fortsetzung ihrer erniedrigenden Tätigkeit zwingen.

Anmerkungen

1 Schopenhauer (*Metaphysik*: 519 f.); meine Hervorhebung.
2 Singer (1984: 10). Interessanterweise versucht auch Ruddick (1975: 83) die Behauptung, »daß es keine spezifische Sexualmoral gibt«, durch Parallelisierung von Straßen- und Geschlechtsverkehr zu begründen.
3 *Eine* Begründung liefert z. B. Verene (1975: 107) mit dem Hinweis, daß »sexuelle Handlungen per se so einzigartige und bedeutsame menschliche Aktivitäten darstellen, daß sie bei der allgemeinen Untersuchung des moralischen Verhaltens des Menschen spezielle Probleme erzeugen. [. . .] Es geht darum, intellektuelle Kriterien zu entwickeln, mittels derer man sexuelles Verhalten als moralisch richtig oder gut verstehen kann.«
4 Vgl. Russell (1951), hier zitiert nach Verene (1972: 314).
5 Vgl. Kant (*Vorlesungen*: 1514); ähnlich bemerkt Brown (1987: 30), daß aus der Liebe zu einer Person zwangsläufig der Wunsch folgt, »ihr Gutes zu tun und für ihr Wohlbefinden zu sorgen«.
6 In ähnlichem Sinn expliziert Taylor (1976: 157): »Wenn x y liebt, dann will x dem y Gutes tun und mit ihm zusammen sein.«
7 Dieses und die folgenden, nicht näher ausgewiesenen Zitate stammen aus dem *Spiegel*, Heft 52 (1990), 122–134.
8 Vgl. Kant (*Metaphysik*: A 76 ff.). Kants Bedenken richten sich in diesem Abschnitt primär gegen Selbstbefriedigung (»wohllüstige Selbstschändung«), sekundär aber auch gegen sonstige Formen von Sex, die nicht dem »Naturzweck« dienen, Nachwuchs zu zeugen.

9 Speziell in Juristenkreisen galt es noch lange Zeit nach Kant als unmoralisch bzw. unschicklich, über Sex zu reden. Stümke (1991: 142) berichtet, daß ein gewisser Karl Heinrich Ulrichs auf dem Deutschen Juristentag 1867 einen Antrag zur Homosexualität begründen wollte: »Obwohl er ihn ordnungsgemäß einbrachte, ging der Text dem Teilnehmern nicht zu. Selbst ein Kompromiß, die Antragsbegründung in Latein, der Gelehrtensprache des Mittelalters, vorzutragen, scheiterte.«

10 Vgl. Kant (*Metaphysik*: A 77): »Der Vernunftbeweis aber der Unzulässigkeit jenes unnatürlichen [...] Gebrauchs seiner Geschlechtseigenschaften [...] ist nicht so leicht geführt.«

11 Obwohl mir dieses Argument wesentlich plausibler erscheint als die anderen Bedenken, wird es in der philosophischen Literatur kaum diskutiert. Vgl. lediglich Hunter (1980: 33 ff.) und Elliston (1975: 227).

12 Zur Unterscheidung zwischen Handlungsutilitarismus, wie er in Kap. 0.4 kurz vorgestellt wurde, und sog. »Regelutilitarismus« vgl. z. B. Kutschera (1981: Kap. 4.7).

13 Vgl. Leviticus, 18, 22 bzw. 20,13: »Du darfst einem Mann nicht beiwohnen, wie man einer Frau beiwohnt; das wäre ein Greuel« bzw. »Wohnt ein Mann seinesgleichen wie einem Weibe bei, so haben beide Abscheuliches getan; sie sollen des Todes sterben; Blutschuld belastet sie.« Am Rande sei angemerkt, daß die Bibel weibliche Homosexualität nicht ausdrücklich verbietet, während ansonsten sexuelle Vergehen, z. B. Sodomie, jeweils für Angehörige beider Geschlechter explizit angeprangert werden.

14 Zitiert nach McCartney (1987). Mit dem gleichen Bannspruch wird dort übrigens auch die noch zu diskutierende Selbstbefriedigung belegt.

15 Vgl. Schopenhauer (*Metaphysik*: 556): »Übrigens ist der wahre, letzte, tief metaphysische Grund der Verwerflichkeit der Päderastie dieser, daß, während der Wille zum Leben sich darin bejaht, die Folge solcher Bejahung, [...] also die Erneuerung des Lebens, gänzlich abgeschnitten ist.«

16 Tatsächlich erörtert Kant in der *Tugendlehre* (*Metaphysik*: A 78 f.) die »kasuistische Frage«, ob es »z. B. zur Zeit der Schwangerschaft« oder »bei der Sterilität des Weibes [...] nicht dem Naturzweck und hiemit auch der Pflicht gegen sich selbst [...] zuwider [sei], von seinen Geschlechtseigenschaften Gebrauch zu machen«. Er tendiert zu der wenig befriedigen-

den, schon von Paulus vertretenen Ansicht, solcher Sex sei bestenfalls als kleineres von zwei Übeln akzeptierbar bzw. »etwas, an sich zwar Unerlaubtes, doch zur Verhütung einer noch größeren Übertretung (gleichsam nachsichtlich) erlaubt«. Ein solches Urteil beruht auf der falschen Prämisse SEX 2, sexuelle Lust sei an und für sich unmoralisch.

17 So ist laut Ard (1989) Selbstbefriedigung deshalb moralisch unbedenklich, weil man sie »bei den meisten Kindern in unserem Kulturkreis als eine *normale* Folge ihrer Neugier und Experimentierfreude im Zusammenhang mit ihrer *normalen* sexuellen Natur« beobachten kann. Auf die Problematik des hier kritisierten Fehlschlusses hat auch Baker (1987: 101 f.) aufmerksam gemacht. Hunter (1980: 137) kritisiert NAT mit der sehr vorsichtigen Bemerkung, es sei »nicht klar, daß alles Unnatürliche unmoralisch ist«. Daß das »Natürliche« per se wenig mit dem Moralischen zu tun hat, betont auch Harris (1995: 260 ff.)

18 Die gefühlsmäßige Akzeptanz in der Bevölkerung hält da leider nicht Schritt. ›Schwul‹ ist immer noch ein Schimpfwort, und Schwule werden nicht nur in rechtsradikalen, sondern auch in bürgerlichen Kreisen der Gesellschaft oft diskriminiert, verachtet oder gar wie Verbrecher verfolgt.

19 Ähnlich hat sich der deutsche Theologe H. Thielicke zu der in Wiedemann (1991: 166) zitierten Erkenntnis durchgerungen, daß homosexuell orientierte Menschen keine Wahlmöglichkeit haben, »so oder anders zu lieben, ebensowenig wie manifest heterosexuell Orientierte. Sie haben aber grundsätzlich die gleiche Liebesfähigkeit, die gleichen Empfindungen, Wünsche, Sehnsüchte. [. . .] ›Auch zwischen Homosexuellen gibt es tiefe, Körper, Geist und Seele umfassende Liebe‹.«

20 Tatsächlich ist in den entsprechenden Paragraphen des Strafgesetzbuchs wiederholt von sexuellem Mißbrauch die Rede.

21 Sofern es sich nämlich um eine »Verführung« handelte; zur Präzisierung dieses Begriffs vgl. weiter unten.

22 Man denke z. B. daran, wie früher Hunde als Arbeitstiere geschunden wurden, oder an die leider immer noch gängige intensive Käfighaltung von Hühnern, an das »Stopfen« von Gänsen und andere Tierquälereien. Etwas mehr dazu in Abschnitt 3.4!

23 Man denke etwa an den in der Presse breitgetretenen Fall von Woody Allen!

24 Vgl. Dreher / Tröndle (1993: 1025). In der Fortsetzung wird übrigens Straffreiheit auch eingeräumt »bei einer nur sexuell moti-
vierten Initiative vor allem des Schutzbefohlenen, die für beide
Teile ersichtlich keinen Zusammenhang mit der Abhängigkeit
hat«.

25 Der Inzest wird auch von strafrechtlicher Seite aus in einem separaten § 173 behandelt.

26 Diese Formulierung stammt aus § 149 StGB der ehemaligen
DDR; vgl. Dreher / Tröndle (1993: 1073), wo der Mißbrauch näher als ein »Willfährigmachen einer Widerstrebenden oder mindestens Unentschlossenen durch Mittel wie Geschenke, Alko-
hol, sexuelle Berührungen« präzisiert wird.

27 Neuere Erkenntnisse für eine biologische Komponente der geschlechtlichen Neigung finden sich in LeVay (1994).

28 Um Mißverständnissen vorzubeugen sei betont, daß eine These
der Art ›Homosexuelle führen – ceteris paribus – ein weniger
befriedigendes Leben als Heterosexuelle‹ natürlich nicht als All-
behauptung derart zu verstehen ist, daß jeder Homosexuelle
unglücklicher wäre als irgendein Heterosexueller, sondern als
Behauptung, daß *in der Regel* ein Heterosexueller, weil er die
genannten Möglichkeiten hat, glücklicher und zufriedener lebt
als ein Homosexueller in ansonsten gleicher Lebenssituation.

29 Jedenfalls macht es sich Baumrin etwas zu einfach, wenn er in
(1975: 123 f.) ausführt, inzestuöser Geschlechtsverkehr wäre nur
dann unmoralisch, wenn er entweder einen Fall von Ehebruch
oder eine Form von Vergewaltigung darstellt.

30 Andererseits besteht bei dieser Alterskonstellation kaum noch
die Gefahr der Inzucht!

31 Man beachte z. B., mit welchen Worten Kant (*Metaphysik*: A
108 f.) die moralischen Konsequenzen des Ehebruchs umreißt,
daß nämlich »wenn eines der Eheleute sich verlaufen, oder sich
in eines anderen Besitz gegeben hat, das andere es jederzeit und
unweigerlich, gleich als eine Sache, in seine Gewalt zurückzu-
bringen berechtigt sei«.

32 Im angelsächsischen Sprachraum bezeichnet ›Polygamie‹ speziell
die Untreue eines Mannes, während die einer Frau als Polyandrie bezeichnet wird. Im Deutschen spricht man unabhängig
vom Geschlecht des Partners B meistens einfach von Polygamie.
Promiskuität bedeutet laut *Brockhaus* einen »regellosen Geschlechtsverkehr ohne feste Partnerbindung«. Hier sollen unter

den Begriff der Promiskuität im weiteren Sinn sexuelle Beziehungen mit gelegentlichem oder häufigem Partnerwechsel subsumiert werden.

33 Die Zeilen »Plaisirs d'amour / Ne durent qu'un moment // Chagrin d'amour / Dure toute la vie« galten vielleicht in Zeiten ineffektiver Empfängnisverhütung für Mädchen, die sich auf flüchtige Liebesabenteuer eingelassen hatten, schwanger wurden und daraufhin von ihrem Geliebten im Stich gelassen wurden.

34 Ähnlich meint Wasserstrom (1975: 213), man könne »die Gefühle der Zuneigung, die jeden sexuellen Verkehr begleiten sollten, zu einem bestimmten Zeitpunkt [...] nur für *eine* Person empfinden«.

35 Zitiert nach Gründel (1984: 1150). Vgl. auch die detaillierte Darstellung der kirchlichen Einstellung zum »Konkubinat« in Schenk (1987: 50 ff.).

36 Vgl. die berühmte, u. a. auch von Hume (*Moral*: 276) zitierte Maxime des welterfahrenen La Fontaine: »Quand on le sçait, c'est peu de chose: Quand on l'ignore, ce n'est rien.«

37 Zitiert nach Verene (1972: 314).

38 Dies waren, laut einer Meldung der *Neuen Osnabrücker Zeitung* vom 18. 8. 1992, die Worte der Geschäftsführerin der »Grünen«, Heide Rühle. Vgl. diverse Beiträge ähnlichen Tenors in Laabs (1991).

39 Die im hier ausgelassenen Text geforderte »Besteuerung nach den Regeln für verheiratete Bürger« erscheint hingegen aus den oben angeführten Gründen unbillig.

40 Weitere Traktate sind in Ussel (1970: 234 ff.) aufgelistet.

41 Vgl. die verwandte Erläuterung im Kommentar zu § 184 StGB, wo Darstellungen als pornographisch bezeichnet werden, wenn sie »ausschließlich oder überwiegend auf die Erregung eines sexuellen Reizes beim Betrachter abzielen und dabei die [...] Grenzen des sexuellen Anstands eindeutig überschreiten«.

42 Daß in den USA der Konsum von Pornographie nicht zu erhöhter Vergewaltigungsbereitschaft geführt hat, wird statistisch durch eine Studie von Kant und Goldstein belegt, die Berger (1991: 146 f.) zitiert.

43 Bei einer Ausstrahlung im Fernsehen würde hingegen nicht der Zuschauer, sondern der Intendant die Verantwortung tragen.

44 Nuttall (1993: 93) glaubt, ein moralisches Problem des Konsums pornographischer Filme allein darin zu erblicken, daß der »Zu-

schauer mit der Person, durch die er oder sie [sexuell] erregt
wird, keine persönliche Beziehung hat« und sie somit »nur als
Objekt« behandelt. Aber in gleicher Weise dienen mir auch die
Schauspieler eines nichtpornographischen Films »nur als Objekt« meiner Vergnügung.

2 Leben

2.1 Der Sinn des Lebens

Fragen nach dem Sinn des Lebens zielen auf zum Teil sehr Unterschiedliches ab. Die *große*, transzendentale Sinnfrage läßt sich ungefähr so stellen, daß man nach dem Sinn von *Leben überhaupt* sucht oder, etwas weniger groß, nach dem Sinn des *menschlichen Daseins*: »Warum gibt es überhaupt Leben im Universum?«, »Warum gibt es den Menschen?« etc. Solche Fragen sind für dieses Buch zu groß.[1] Hier soll nur das bescheidenere Thema behandelt werden, worin der Sinn eines *individuellen* Menschenlebens besteht: »Was macht das Leben des einzelnen Menschen sinnvoll?« Im folgenden werden zwei weitverbreitete, scheinbar unverträgliche Ansichten diskutiert: Die christliche Auffassung, derzufolge der Sinn des Lebens darin besteht, sittlich gut zu leben, um sich postum die Aufnahme ins Paradies zu sichern; und die heidnische Auffassung, die nicht an ein Leben nach dem Tode glaubt und deshalb jedem Individuum rät, das Paradies für sich schon auf Erden zu realisieren. Trotz aller inhaltlichen Unterschiede lassen sich beide Auffassungen in ein und dieselbe Kurzformel pressen: »Der Sinn des Lebens ist es, gut zu leben.« Dabei versteht die religiöse Variante ›gut‹ im Sinne von ›gut *für andere*‹:

(SINN 1)   Der Sinn des Lebens ist es, moralisch gut zu leben.

Die profane Version hat dagegen das im Auge, was *für die betreffende Person* gut ist, also zu ihrem eigenen Wohlergehen oder Glück beiträgt:

(SINN 2)   Der Sinn des Lebens ist es, glücklich zu leben.

Dieses Prinzip läßt sich als eine Spielart des Hedonismus ansehen, denn unter ›Hedonismus‹ – vom griechischen *hedoné*: ›Lust‹, ›Genuß‹, ›Vergnügen‹ – versteht man laut Rawls (1975: 601) »entweder die Behauptung, das einzige an sich Gute sei angenehmes Empfinden, oder die psychologische Behauptung, die Menschen strebten allein nach Annehmlichkeit«. Ähnlich charakterisiert Hoffmeisters *Wörterbuch der philosophischen Begriffe* (1955: 292) den Hedonismus als jene Lehre oder Lebenseinstellung, »für die das Glück und Ziel des einzelnen Menschen [. . .] allein im Gefühl der Lust besteht«. Speziell propagiert z. B. *Der Feinschmecker* – »Das Magazin, das sich dem Lebensgenuß in allen seinen Formen widmet« – das Motto: »Der Sinn des Lebens ist, es zu leben. Je sinnlicher, um so sinnvoller. Je intensiver, um so besser.« So eine oberflächliche Variante des Hedonismus läßt sich auf die Kurzformel bringen:

(SINN3)   Der Sinn des Lebens ist es, sich so gut wie möglich zu *vergnügen*.

Hiergegen hat Singer (1984: 294 ff.) zu Recht eingewendet:

»Die meisten von uns [Menschen] wären nicht in der Lage, glücklich zu sein, wenn sie mit voller Absicht daran gingen, sich allein zu vergnügen, ohne sich um jemand anderen oder sonst etwas zu kümmern. Die Vergnügungen, die wir uns damit verschaffen würden, erschienen uns bald leer und schal. Wir suchen einen Sinn für unser Leben jenseits unserer Vergnügungen und finden darin Erfüllung und Glück, daß wir tun, was wir für sinnvoll halten. Falls unser Leben keinen anderen Sinn hat als unser eigenes Glück, werden wir wahrscheinlich bemerken, daß uns, sobald wir erlangt haben, was wir zum Glücklichsein zu brauchen meinten, das Glück selbst immer wieder entwischt. Daß diejenigen, die um des Glücks willen nach Glück stre-

ben, es oft verfehlen, während andere bei der Beschäftigung mit gänzlich anderen Zielen es finden, das hat
man als das ›Paradoxon des Hedonismus‹ bezeichnet.
[...] Es paßt zu unseren Alltagsbeobachtungen und
steht im Einklang mit unserer Natur als entwickelte,
zielbewußte Menschen. [...] Wir erlangen Glück und
Erfüllung, indem wir auf unsere Ziele hinarbeiten und
sie erreichen. [...] Unser eigenes Glück ist [...] ein
Nebenprodukt des Strebens nach etwas anderem und
nicht dadurch zu erlangen, daß wir unsere Blicke allein
auf das Glück richten.«[2]

Das »Paradoxon des Hedonismus« macht deutlich, daß
der Genuß von guten Speisen und Getränken, das Vergnügen beim Besuch von Tanzveranstaltungen, Feiern oder
Filmvorführungen ebenso wie andere Formen der Suche
nach sinnlicher Lust auf Dauer als unbefriedigend bzw.
nicht wirklich glücklich machend empfunden werden. Damit läßt sich jedoch nur ein *oberflächlicher* Hedonismus à la
SINN 3 ad absurdum führen, der – in Hoffmeisters Worten
– ein »Genießertum in gröberer oder feinerer Form« propagiert. Die im folgenden als Prinzip des *aufgeklärten Hedonismus* bezeichnete Variante SINN 2 wird hingegen durch
Singers kritische Bemerkungen nicht getroffen. Denn ihr
zufolge besteht der Sinn des Lebens ja nicht einfach darin,
sich möglichst viel zu *amüsieren*, sondern komplexer und
umfassender darin, *glücklich* zu werden. Zur weiteren Erläuterung und Verteidigung dieser These muß freilich der
zentrale Begriff des Glücks erst näher präzisiert werden.
   Hoffmeister (1955: 276) definiert *Glück* als »das Gefühl
der Harmonie, der Zustand des inneren Einklangs von
Wunsch und Befriedigung«. Diese Beschreibung trifft
ebenso auf den Zustand der *Zufriedenheit* zu, der mit dem
Glück eng verwandt, aber offenbar nicht ganz identisch ist.
Bei genauerer Analyse erweist es sich zwar einerseits als begrifflich ausgeschlossen, daß jemand glücklich und trotz-

dem unzufrieden ist; andererseits kann man mit seinem Leben durchaus *zufrieden* sein, ohne für sich gleich in Anspruch nehmen zu wollen, *glücklich* zu sein. Glück bzw. Glücklichsein ist offenbar etwas mehr als bloße Zufriedenheit. Speziell wäre Glück als ein eher kurzes und intensives Gefühl zu charakterisieren, als eine Hochstimmung, die sich einstellt, wenn einem etwas sehr Angenehmes widerfährt; wenn ein lang gehegter Wunsch endlich in Erfüllung geht; wenn man z. B. erfährt, daß man geliebt wird; wenn man gelobt oder beschenkt wird; wenn man ein lange angestrebtes Ziel im beruflichen, im zwischenmenschlichen oder im sportlichen Bereich erreicht und sich darüber von Herzen freut. *Zufriedenheit* ist demgegenüber ein schwächeres und dauerhafteres Gefühl; quasi eine milde, chronische Form von Glück; ein harmonischer Zustand, in den sich das akute Glückserleben allmählich verwandelt. Zufriedenheit als innerer Einklang zwischen Wunsch und Befriedigung hält auch dann noch an, wenn die intensive Freude des Glücks längst gewichen ist. Im folgenden spielen freilich diese eher graduellen Unterschiede zwischen Zufriedenheit und Glück keine große Rolle. Wichtiger ist es, sich die gemeinsamen Quellen für Glück und Zufriedenheit vor Augen zu führen und zu überlegen, welche Rolle hierbei die sog. Glücksgüter spielen. Frey (1983: 109 f.) listet die folgenden Tätigkeiten auf, die dem menschlichen Leben insbesondere im Vergleich zum Leben von Tieren besonderen Wert verleihen:

»Zum Beispiel, sich verlieben, heiraten, mit jemand anderem ausprobieren, was das Leben zu bieten hat; Kinder bekommen, sie beim Heranwachsen beobachten und fördern; arbeiten und im Beruf Befriedigung erfahren; Musik hören, Bilder anschauen, Bücher lesen; [. . .] Pläne schmieden und sie in die Tat umsetzen; sich bemühen, etwas aus seinem Leben gemäß den eigenen Absichten und Zielen zu machen; durch jahrelange Übung und Fleiß sportliche, künstlerische oder akade-

mische Erfolge anstreben; dieses sind die Dinge, die –
bei dem einen Menschen mehr oder weniger als beim
anderen – dem Leben Struktur und Erfüllung geben.«

Ich möchte hier nicht im Detail erörtern, ob tatsächlich
all diese Aktivitäten Glück garantieren können, und es
möge auch offen bleiben, ob Freys Liste vollständig ist oder
ob ihr weitere Quellen für Glückserfahrungen fehlen. Nur
einige zentrale Momente seien hervorgehoben. Wie Singer
es formuliert hatte, erreichen wir Glück, Erfüllung und Zufriedenheit, indem wir auf unsere Ziele hinarbeiten und sie
erreichen. Solche Ziele können materieller oder geistiger
Natur sein, hoch oder niedrig gesteckt, wichtig oder banal.
Allgemein anerkannte Ziele wie der Erwerb von Eigentum,
der Aufbau befriedigender zwischenmenschlicher Beziehungen, Erfolg im Beruf oder bei künstlerischer und wissenschaftlicher Tätigkeit gehören ebenso dazu wie partiku-
läre Ziele, die aus esoterischen Interessen und Hobbys des
Individuums hervorgehen: Einmal im Leben den Ärmelka-
nal durchschwimmen; eine Sammlung der Briefmarken der
Fidschi-Inseln komplettieren; durch den Verzehr von 32 ge-
kochten Eiern innerhalb von drei Minuten ins Guinness-
Buch der Rekorde eingetragen werden; und dergleichen vieles mehr. *Glück* stellt sich scheinbar automatisch ein, wenn
irgendein derartiges selbstgewähltes Ziel erreicht wird. Dabei wird die Frage, was im Einzelfall als Erfolg zählt, nicht
durch objektive Maßstäbe bestimmt, sondern einzig durch
die Kriterien des betroffenen Subjekts selber. Außerdem
spielt es für das Maß von Glück und Zufriedenheit offenbar
keine Rolle, wie hoch das jeweilige Ziel gesetzt war. So
kann z. B. jemand, der es nach langjährigem Training ge-
schafft hat, einen Marathon unter vier Stunden zu laufen,
darüber genau so glücklich sein wie sein talentierterer Trai-
ningspartner, der auf Anhieb eine Zeit unter drei Stunden
schaffte. Allerdings steigt das Glück, die Freude und der
Stolz über den Erfolg normalerweise in dem Maße an, wie

auch andere das Ziel als erstrebenswert bzw. seine Erreichung als Leistung anerkennen. Ferner ist in der Regel
Glück und Zufriedenheit über einen Erfolg um so beständi-
ger, je wichtiger das erreichte Ziel für die langfristige Le-
bensplanung des Menschen war. Ungeachtet solcher Einschränkungen und Modifikationen kann man jedenfalls
knapp und pauschal sagen: *Erfolg macht glücklich*. Vor dem
Erfolg ist freilich eine Menge Arbeit nötig, die keineswegs
immer platt-hedonistisches Vergnügen bereitet. Dennoch
trägt auch das Hinarbeiten auf das Ziel oft schon zur *Zufriedenheit* der Person bei. Das Bewußtsein, dem Ziel einen
Schritt näher gekommen zu sein, und die damit verbundene
Vorfreude auf den späteren Erfolg wiegen jedenfalls die negativen Aspekte der Anstrengung meistens auf und führen
insgesamt zu einer positiven Glücksbilanz. Dies setzt freilich voraus, daß man *realistische* Lebenspläne macht und
sich nur solche Ziele setzt, die im persönlichen Leistungs-
vermögen liegen, d. h., die man bei entsprechenden Anstrengungen erreichen kann. Andernfalls wird man durch
permanente Mißerfolge frustriert und gibt das Ziel über
kurz oder lang auf.

Das Hinarbeiten auf und das Erreichen von selbstgesetz-
ten Zielen stellt also eine *hinreichende Bedingung* für Glück
und Zufriedenheit dar. Daß umgekehrt Anstrengung und
Erfolg zum Glücklichsein *nicht* in jedem Fall *notwendig*
sind, ließe sich durch zahlreiche Beispiele belegen. Irgendwann stoßen den meisten Menschen unerwartet und unge-
plant beglückende Ereignisse zumindest kleineren Kalibers
zu; und die großen Glücksfälle materieller und immaterieller Natur – die sprichwörtlichen Sechs Richtigen im Lotto,
die Traumfrau oder der Traummann – gehen jedenfalls dann
und wann für einige wenige in Erfüllung. Hier ist nun nicht
der Ort, eine möglichst umfangreiche Liste solcher glück-
bringenden Güter zu erstellen. Ich möchte statt dessen auf
ein paar wenige allgemeine Faktoren hinweisen, die anscheinend für jedes Leben in Glück und Zufriedenheit er-

füllt sein müssen: ein Mindestmaß an Geld und Besitztum, ausreichende Gesundheit sowie intakte soziale Beziehungen zumindest im Freundes- und Familienkreis. Man beachte, daß dies jeweils nur notwendige, nicht aber hinreichende Bedingungen für Glück darstellen. Ich will also nicht dem Volksmund widersprechen, wenn er behauptet, daß Geld (allein) nicht glücklich macht, sondern nur umgekehrt festhalten, daß, wer über gar kein Geld verfügt bzw. sein Leben mit Almosen oder Zuschüssen unterhalb der Armutsgrenze bestreiten muß, wohl kaum glücklich werden kann. Ebenso kann wohl kaum glücklich werden, wer ernsthaft krank ist, wer von chronischen Schmerzen geplagt wird und auf keine Linderung oder Heilung hoffen darf (Tumorpatienten und Aidskranke fallen par excellence in diese Kategorie). Schließlich wird auch jemand, der zwar gesund und wohlhabend ist, der aber z. B. wegen gravierender charakterlicher Mängel von seiner Frau, seinen Kindern und von Kollegen und Nachbarn verachtet wird, kaum ein glückliches Leben führen können.

Mit diesen Erläuterungen zu ›Glück‹ und ›Zufriedenheit‹ ist die Bedeutung oder der Inhalt des aufgeklärten Hedonismus hoffentlich verständlich geworden. Im folgenden gilt es, ihn gegen alternative Auffassungen zu verteidigen, denen zufolge der Sinn des menschlichen Lebens nicht bzw. nicht allein darin besteht, glücklich zu werden. Der fundamentalste Einwand lautet, daß das menschliche Leben *überhaupt keinen Sinn* hat. So führt z. B. Nagel (1984: 25 f.) aus:

»Die meisten Menschen beschleicht hin und wieder ein Gefühl, das Leben sei absurd, und einige Menschen haben das Gefühl ständig und mit großer Intensität. [. . .] Man lernt und arbeitet, um Geld zu verdienen, um sich damit Kleidung, Essen, Wohnung, Vergnügen zu finanzieren, um sich so Jahr für Jahr am Leben zu halten, vielleicht um eine Familie zu ernähren, Karriere zu machen – aber dann? All das, um dann letztendlich

welchen Zweck zu erreichen? Das ganze ist eine kunst-
voll gestaltete, komplizierte Reise – und führt doch
nirgendwohin.«

Diese Beobachtung kann jedoch, wie Nagel (1984: 25)
selber zugibt, in Wirklichkeit nicht begründen, daß das Leben absurd ist. Sie zeigt bestenfalls, daß das individuelle
menschliche Leben keinen über sich selbst hinaus reichenden Sinn, kein *transzendentes* Ziel hat. Dies widerspricht
aber nicht der hedonistischen Auffassung, der zufolge jedes
einzelne Leben einen *immanenten* Sinn hat, der gerade
darin besteht, so glücklich und zufrieden wie möglich zu leben. So geht auch Nagel (1984: 27–29) dazu über, die angebliche Absurdität des menschlichen Lebens alternativ wie
folgt zu erklären:

»Wir nehmen uns ernst, [...] unabhängig davon,
worum es uns in erster Linie geht, ob um Ruhm, Vergnügen, Tugendhaftigkeit, Luxus, Erfolg, Schönheit,
Gerechtigkeit, Wissen, unser Seelenheil oder ums
bloße Überleben. [...] Das menschliche Leben steckt
voll von Anstrengungen, Plänen und Überlegungen,
von Erfolg und Mißerfolg. [...] Doch die Menschen
verfügen über die besondere Gabe, einen Schritt beiseite zu treten und aus dieser Distanz sich selbst und
ihren Lebensweg mit dem gleichen Staunen zu betrachten, mit dem sie auch den hindernisreichen Weg
einer Ameise durch den Sand verfolgen [...], und das
ist ernüchternd und belustigend zugleich. [...] Wir betrachten uns von außen, und mit einem Mal wird uns
die ganze Zufälligkeit und Beschränktheit unseres Sin-
nens und Trachtens klar.«

Die Absurdität oder Sinnlosigkeit des menschlichen Daseins ergibt sich also, wie Nagel (1992) ausführlicher zu zeigen versucht, nur aus der *Außen*perspektive, mit der ein Be-
sucher aus dem Weltall das individuelle menschliche Leben

betrachten würde. Eine solche externe Perspektive scheint jedoch für die *praktischen* Belange des Lebens schlicht irrelevant zu sein. Oben wurde betont, daß die selbstgewählten Ziele, die der Einzelne zu erreichen versucht, in gewisser Weise willkürlich sind, daß sie nicht unbedingt intersubjektiver Zustimmung bedürfen und daß sie noch weniger eine objektive Geltung oder Wichtigkeit für sich beanspruchen müssen. Die bloße Tatsache, daß es *meine* Ziele sind, daß ich dieses und jenes erreichen *will*, garantiert schon, daß das Hinarbeiten auf diese Ziele insofern sinnvoll ist, als es mir Glück und Zufriedenheit schenken wird, vorausgesetzt, die Ziele waren realistisch geplant und versprechen mir voraussichtlich Erfolg bzw. lassen mir zumindest auf Dauer die Hoffnung, sie irgendwann einmal zu erreichen. Meine Überzeugung, daß es richtig oder sinnvoll ist, dies und jenes zu tun, weil ich damit dieses und jenes Ziel erreichen will, gerät im Alltag dadurch, daß ich mich sub specie aeternitatis immer fragen könnte ›Wozu dies alles?‹, überhaupt nicht ins Schwanken. Andererseits geraten viele Menschen dann und wann in eine existentielle Krise, in der sich eben diese Frage nicht hypothetisch-philosophisch, sondern ganz praktisch stellt. Das konkrete Gefühl, ihr Leben und Streben sei sinnlos gewesen, bekommen Leute typischerweise dann, wenn alle bisherigen intensiven Bemühungen erfolglos waren und die Hoffnung auf Erreichen des Ziels schwindet; oder wenn das erstrebte Ziel zwar erreicht wurde, Glück und Zufriedenheit jedoch aus- bzw. hinter den Erwartungen zurückbleiben. Letzteres ist insbesondere dann zu beobachten, wenn das Ziel im nachhinein als banal oder nichtig erkannt wird (wie vermutlich bei mancherlei absurden Rekorden fürs Guinness-Buch der Rekorde). Dies zeigt aber nur, daß die Betroffenen sich die falschen Ziele gesetzt haben. Solange jemand die richtigen Ziele anstrebt und dabei glücklich und zufrieden ist, solange wird er sein Leben kaum als absurd oder sinnlos empfinden.[3] Insgesamt vermag ich in der Tatsache, daß mein Leben aus der Innenperspektive einen Wert hat, während dasselbe Leben aus der Außenperspektive unerheblich ist, entgegen Nagels Ansicht (1992: 373) kein wesentlich größeres Problem zu erblicken als z. B. darin, daß »ein Gegenstand aus einer Perspektive rund aussehen kann und aus einer anderen oval«. Die Position des aufgeklärten Hedonismus versucht jedenfalls nur, den immanenten Sinn des einzelnen Lebens zu bestimmen, während die große, transzendentale Sinnfrage hier gar nicht zur Debatte steht.

Als nächstes ist auf den Konflikt zurückzukommen, der schon anläßlich der Gegenüberstellung der religiösen These SINN 1 mit der Position des aufgeklärten Hedonismus, SINN 2, thematisiert wurde. So sehr sich beide Ansichten auf den ersten Blick auch zu widersprechen scheinen, so entdeckt man bei näherem Hinschauen doch einen wichtigen gemeinsamen Gesichtspunkt. Wie einst Pascal mit seiner berühmten »Wette«[4] klarzumachen versucht hat, ist es unter gewissen Prämissen *vernünftig*, die hinter SINN 1 stehende Handlungsmaxime »Lebe in Einklang mit Gottes Gesetzen« zu befolgen, wenn man das gemäß SINN 2 postulierte Ziel »Werde glücklich« erreichen will. Genauer soll Pascals Gedankenexperiment folgendes zeigen. Wenn man es in irgendeinem, sei es noch so kleinen Grad für *möglich* bzw. *wahrscheinlich* hält, daß das irdische Leben nur ein Übergangsstadium zu einem zweiten, ewigen Leben darstellt; wenn man ferner annimmt, daß nur derjenige ein glückerfülltes Leben nach dem Tode führen darf, der sich im irdischen Leben moralisch untadelig verhalten hat; und wenn man drittens davon ausgeht, daß jedes irdische Leben, wie glücklich man dort auch immer sein mag, wegen seiner Endlichkeit insgesamt nur einen *endlichen* positiven Wert haben kann, während ein mögliches ewiges Leben im Himmel einen *unendlich* großen Wert hätte; wenn diese Prämissen alle erfüllt sind, dann ist es im Sinne der Entscheidungstheorie *rational*, moralisch gut zu leben; denn nur so maximiert man den

Wert des gesamten, das irdische ebenso wie das mögliche postirdische Dasein umfassenden Lebens. Ich kann hier nicht auf die Probleme eingehen, die man bei der einen oder anderen Prämisse dieser Argumentation entdeckt hat,[5] sondern will nur darauf hinweisen, daß durch Pascals Überlegung jedenfalls ein gemeinsamer Grundgedanke der beiden Prinzipien SINN 1 und SINN 2 aufgedeckt wird. In beiden Fällen wird nämlich angenommen, daß der Sinn des Lebens darin besteht, *insgesamt* so glücklich und zufrieden wie möglich zu werden, egal ob das Leben allein das irdische oder zusätzlich ein zweites, postirdisches Dasein umfaßt. Der Unterschied zwischen SINN 1 und SINN 2 reduziert sich also auf den reinen Glaubensartikel, ob man ein Leben nach dem Tode für möglich hält, und er betrifft somit gar nicht die Sinn- oder Wertfrage, die hier ausschließlich zur Debatte steht.

Die Frage, ob man das in SINN 2 beschriebene Ziel ›Werde glücklich‹ erreichen kann, ohne zugleich die hinter SINN 1 stehende Maxime ›Handle moralisch‹ zu befolgen, stellt sich natürlich auch unabhängig von der religiösen Gretchen-Frage nach einem Leben nach dem Tod. Viele prominente Philosophen haben hier den Standpunkt vertreten, daß ein unmoralischer Mensch in seinem Leben nicht wirklich glücklich werden könne und daß es deshalb im wohlverstandenen Interesse der Person selber läge, moralisch zu handeln. So stellt für Hume (*Moral*: 208 ff.) insbesondere die »Liebe zum Ruhm« ein wichtiges Motiv für moralisches Handeln dar:

»In unserem unablässigen [...] Streben nach Ansehen, Namen und Ruf vor der Mitwelt unterwerfen wir oft unser [...] Verhalten einer Nachprüfung und erwägen, wie es sich in den Augen derer ausnehmen möge, die uns nahe sind. [...] Diese ständige Gewohnheit, uns selbst sozusagen im Spiegel zu mustern, hält alle Gefühle für Recht und Unrecht lebendig [...]. Rein ani-

malische Annehmlichkeiten [...] sinken allmählich im
Wert, während alles innerlich Schöne und moralisch
Gewinnende« bevorzugt wird.

Auf diese Art und Weise erreichen wir nach Hume allmählich den Zustand der »vollendetsten Sittlichkeit«. Erforderlich hierfür sei lediglich »die richtige Ermittlung und
dauernde Bevorzugung des größeren Glücks«. Hume versucht insbesondere zu begründen, daß die sozialen Tugenden der Menschlichkeit, der Großzügigkeit und der Wohltätigkeit aus richtig verstandenem Eigeninteresse anzustre-
ben seien. Dazu bedient er sich der Fiktion, »ein Mensch
besitze unbeschränkte Macht, seine Veranlagung zu formen,
und wir lassen ihn erwägen, welches Begehren oder Verlangen er zur Grundlage seines Glücks oder Genusses wählen
würde«. Die Entscheidung soll eindeutig zu Gunsten der
Moral ausfallen, denn während »alle Menschen auf unsern
Erfolg eifersüchtig sind, wenn wir der Habgier und dem
Ehrgeiz frönen, sind wir ihres Wohlwollens und ihrer guten
Wünsche nahezu gewiß, solange wir auf dem Pfad der Tu-
gend verharren. [...] Der innere Friede der Seele, das Bewußtsein der eigenen Unantastbarkeit, eine befriedigende
Rückschau auf das eigene Verhalten, das alles sind dringend
notwendige Voraussetzungen für das Glück.«
  Die These, daß moralisches Handeln eine notwendige
Bedingung für Glück darstellt, daß also, wer unmoralisch
handelt, nicht glücklich werden kann, läßt sich in zwei Teil-
behauptungen aufspalten: (a) Wer unmoralisch handelt, bekommt ein schlechtes Gewissen; (b) Wer ein schlechtes Gewissen hat, kann nicht glücklich werden. Bei (a) wäre
weiterhin zwischen zwei Formen moralischen bzw. unmo-
ralischen Handelns zu unterscheiden, die Hume selber nicht
genügend auseinanderhält. Im eigentlichen Sinn unmoralisch, d. h. moralisch verwerflich oder verbrecherisch handelt, wer die Maxime *Neminem laedere* ignoriert und aus
egoistischen Erwägungen gegen die berechtigten Interessen

anderer verstößt. Im schwächeren Sinn handelt jemand bereits dann unmoralisch, wenn er die sozialen Tugenden der Menschlichkeit, der Großzügigkeit und der Wohltätigkeit vermissen läßt. Daß ein derartiges, egoistisches Verhalten automatisch ein schlechtes Gewissen nach sich ziehen muß, kann man jedoch kaum behaupten. Viele Menschen sind materiell so schlechtgestellt, daß sie sich Großzügigkeit oder Wohltätigkeit einfach nicht leisten können. Aber selbst in der Beschränkung auf echt unmoralisches Verhalten bleibt die These (a) problematisch, weil manchen Menschen, die keine angemessene Moralerziehung genossen haben, jedes Unrechtsbewußtsein und damit jede Fähigkeit fehlt, ein schlechtes Gewissen zu entwickeln. Die These (b) scheint hingegen zumindest in der abgeschwächten Form gültig zu sein, derzufolge, wer ein schlechtes Gewissen hat, nicht *völlig* glücklich werden kann. Doch dieses Prinzip stellt nur eine schwache Motivation für moralisches Handeln dar. Neben dem guten Gewissen gibt es nämlich eine Reihe weiterer notwendiger Bedingungen fürs Glück, insbesondere das oben erwähnte Mindestmaß an Geld und Besitz. Und wenn die konkrete Alternative lautet, entweder in Armut und Hunger dahinzuvegetieren oder sich durch kleine Diebereien und Gaunereien Nahrung und Geld zu verschaffen, dann dürfte das eventuelle schlechte Gewissen weniger wiegen als der knurrende Magen. Bei wirklich Armen dürfte jedenfalls die folgende Moralpredigt (Hume, *Moral*: 213 f.) auf taube Ohren stoßen:

»[...] bei allen edleren Naturen ist die Abneigung gegen Verrat und Betrug zu stark, um durch Aussichten auf Nutzen oder pekuniären Vorteil aufgewogen werden zu können. [... Und mögen manche Gauner] auch unentdeckt bleiben und noch so erfolgreich sein, der ehrliche Mensch wird, wenn er überhaupt eine Ahnung von Philosophie [...] besitzt, bemerken, daß sie letzten Endes doch die Meistbetrogenen sind und den

unschätzbaren Genuß, einen Charakter, wenigstens
vor sich selbst, zu besitzen, darangegeben haben, um
wertlosen Tand und Plunder einzutauschen.«

Humes These, daß moralisches Handeln im wohlverstandenen Interesse eines *jeden* Menschen läge, muß insgesamt
wohl drastisch eingeschränkt werden. Tatsächlich findet
man die sozialen Tugenden der Menschenliebe, der Großzügigkeit und der Wohltätigkeit vorwiegend bei Leuten, die
meinen, daß für ihr eigenes Leben und das ihrer Angehörigen längst hinreichend gesorgt ist. Speziell im Alter wird es
für viele gutsituierte Menschen zu einem Herzensanliegen,
sich altruistisch für die Interessen anderer zu engagieren. So
weist z. B. Singer (1984: 296–298) darauf hin:

»Der Ruhestand ist für viele ein Problem, weil sie sich
ohne ein Ziel im Leben nicht freuen können. Die emp-
fohlene Lösung besteht natürlich darin, ein neues Ziel
zu finden – sei es Briefmarkensammeln oder freiwillige
Arbeit für eine Wohlfahrtseinrichtung. [...] Manche
Menschen sehen im Briefmarkensammeln ihren völlig
angemessenen Lebenssinn [...;] andere aber entwach-
sen dem Briefmarkensammeln, sobald sie sich ihrer Situation in der Welt bewußt werden und über ihre Ziele
mehr nachdenken. Dieser [...] Gruppe bietet der ethische Standpunkt einen Sinn und Zweck im Leben, dem
man nicht entwächst.«

Diese Beobachtung steht durchaus im Einklang mit dem
Prinzip des aufgeklärten Hedonismus. Wer freiwillig den
ethischen Standpunkt einnimmt, wer sich also zum Ziel
setzt, anderen zu helfen, wer sich entscheidet, die sozialen
Tugenden der Menschlichkeit, der Großzügigkeit und der
Wohltätigkeit auszuüben, der verleiht seinem Leben einen
immanenten Sinn und wird dadurch Erfüllung, Glück und
Zufriedenheit finden. Die Annahme, man könne durch Einnahme des ethischen Standpunkts seinem Leben darüber

hinaus sogar einen *transzendenten* Sinn verleihen, erweist
sich hingegen als unhaltbar. Wie Nagel (1992: 374 f.) ausführt, gibt es zugegebenermaßen

»[. . .] viel Elend auf der Welt, und viele von uns könnten
mit Leichtigkeit ihr ganzes Leben mit dem Bemühen
ausfüllen, diesen Übeln ein Ende zu setzen – Hunger,
Krankheiten, Folter und dergleichen von der Erde zu
verbannen. Diese Ziele scheinen dem Leben tatsächlich
einen Sinn zu geben, einen Sinn, der offenbar nicht mehr
so leicht skeptischen Zweifeln ausgesetzt ist. Und dennoch: so billig und vielleicht auch zwingend diese Ziele
sein mögen, sind sie nicht geeignet, das Problem [der
Absurdität] aus der Welt zu schaffen. [Denn] wie könnte
der eigentliche Wert des menschlichen Lebens darin liegen, Übel zu beseitigen? [. . .] Wenn niemandes Leben
immer schon an sich selbst einen Sinn haben kann, wie
kann es dann infolge einer Beschäftigung mit dem sinn-
losen Leben anderer einen Sinn erhalten?«

Geht man von Nagels externer Perspektive eines Besu-
chers aus dem Weltall zu der immanenten Betrachtungs-
weise des aufgeklärten Hedonismus über, so läßt sich die
letzte Bemerkung wie folgt ins Positive wenden. Da der
Sinn des Lebens darin besteht, so glücklich und zufrieden
wie möglich zu werden, ist jeder Versuch, *anderen* dabei zu
helfen, dieses Ziel zu erreichen, ipso facto objektiv bzw. intersubjektiv, d. h. nach allgemein übereinstimmendem Urteil, sinnvoll. Deshalb trägt ein freiwilliges soziales Engagement zum Glück und zur Zufriedenheit des Handelnden
selber in besonderem Maße bei und ist in diesem Sinn auch
subjektiv sinnvoll. Darüber hinaus mag es sogar Menschen
geben, die unglücklich wären und ihr eigenes Leben als
sinnlos betrachten würden, wenn sie es nicht für das Wohlergehen anderer einsetzen könnten. Trotzdem folgt keineswegs, daß diejenigen, die den ethischen Standpunkt à la
Singer (noch) nicht eingenommen haben, zwangsläufig ein

sinnloses oder unglückliches Leben führen müßten. Der intrinsische Wert jedes einzelnen Lebens wird letztendlich durch das Ausmaß von Vergnügen, Glück und Zufriedenheit auf der Haben-Seite und entsprechend durch die Summe von Leid, Unglück und Unzufriedenheit auf der Soll-Seite bestimmt, unabhängig davon, wie und in der Verfolgung welcher Ziele sich Glück und Leid ergeben haben. Der folgende Abschnitt liefert eine Skizze dafür, wie man eine derartige Glücksbilanz in quasi numerischer und intersubjektiv gültiger Weise aufstellen könnte.

2.2 Der Wert des Lebens

Die Existenz oder das Leben einer Pflanze, eines Tieres und eines Menschen kann für *andere* Lebewesen nützlich und wertvoll sein; dieser *extrinsische* Wert des Lebens steht hier nicht zur Debatte. *Intrinsisch* wertvoll wird Leben erst dort, wo es mit Erleben, mit Empfinden bzw. mit Bewußtsein einhergeht. Pflanzen und anderen niedrigen Lebensformen fehlt, nach allem, was wir wissen, ein derartiges Empfindungsvermögen; ihr Leben ist deshalb intrinsisch wertlos.[6] Dem Leben der meisten Tiere wird man hingegen einen positiven, von Spezies zu Spezies wahrscheinlich divergierenden Wert zuschreiben müssen, der in der Regel um so größer sein dürfte, je reichhaltiger und höher entwickelt das bewußte (Er-)Leben des Tieres ausfällt. Auf den Wert tierischen Lebens wird anläßlich des Themas ›Vegetarismus‹ im nächsten Kapitel eingegangen. Hier soll zunächst eine Theorie des Wertes *menschlichen* Lebens skizziert werden, bei der zwar manche Detailprobleme ausgeklammert oder bestenfalls in einer Fußnote andiskutiert werden, die aber dennoch geeignet erscheint, dem in der Vergangenheit in Mißkredit geratenen Begriff des Wertes des Lebens einen neuen, emotional neutralen und für gewisse praktische Zwecke hinreichend präzisen Sinn zu verleihen.

Das Leben einer Person P wird normalerweise in Jahre, Monate, Tage etc. unterteilt. Fürs folgende bietet es sich an, das Leben statt dessen in die Menge aller *Erlebnisse* zu zergliedern, die P im Laufe ihrer Existenz gehabt hat, angefangen von den ersten Empfindungen im Mutterleib bis hin zu den letzten Ängsten auf dem Sterbebett. Der alltägliche Begriff des Erlebnisses ist nicht sonderlich klar. Oft versteht man darunter ein *Ereignis*, bei dem man irgendwie beteiligt war, das man z. B. als Augenzeuge beobachtet oder von dem man auf andere Weise erfahren hat: Die (im Fernsehen verfolgte) Landung der Apollo-Raumstation auf dem Mond; das (live beobachtete) Wimbledon-Endspiel 1989; die Hochzeit des Bruders (bei der man als Trauzeuge assistierte); usw. Im folgenden werden stets die persönlichen Erlebnisse oder Empfindungen zugrunde gelegt, die mit den jeweiligen Ereignissen verknüpft sind.

Jedes einzelne Ereignis bzw. Erlebnis E hat nun für P einen gewissen subjektiven Wert, den man mit dem in Abschnitt 0.4 erläuterten Instrumentarium utilitaristischer Nutzensfunktionen numerisch bestimmen kann. Setzt man für P eine entsprechend definierte, normierte und intersubjektiv vergleichbare Nutzensfunktion u (E,P) voraus, so läßt sich der *Wert des* (gesamten) *Lebens von P* in naheliegender Weise als die Summe der Werte aller ihrer Erlebnisse bestimmen. Entsprechend ist der Wert des bis zu einem gewissen Zeitpunkt *t* gelebten Lebensabschnitts gleich der Summe der Werte der bis dahin erlebten Ereignisse; und auch die Werte eines einzelnen Tages, eines Monats oder eines Jahres im Leben von P könnten durch entsprechende Summen von Werten der jeweiligen Erlebnisse ausgedrückt werden. Für ethische Untersuchungen, insbesondere für die Frage der (A-)Moralität des Tötens, spielt jedoch im allgemeinen nicht der Wert des bereits *gelebten*, sondern der Wert des bevorstehenden, in Zukunft *noch zu lebenden Lebens* eine Rolle. Dieser Wert läßt sich nicht einfach analog durch die Summe der künftig von P zu erlebenden Erlebnisse definieren, denn es steht ja überhaupt nicht fest, was P in Zukunft alles erleben wird. Ich weiß z. B. nicht, was mir morgen alles passiert. Ich könnte bei einem Verkehrsunfall sterben oder so sehr verletzt werden, daß ich für den Rest meines Lebens jede sportliche Betätigung aufgeben müßte. Ich könnte aber auch die schöne Nachricht erhalten, daß mir ein Sponsor 40 000 DM zur Teilnahme an einer Mount-Everest-Expedition zur Verfügung stellt. Welche dieser und anderer denkbarer Alternativen sollte man für die Kalkulation des Wertes, den der morgige Tag für mich haben wird, zugrunde legen? Nun, wenngleich mir jedes strenge Wissen um zukünftige Ereignisse fehlt, so habe ich doch eine Reihe von einigermaßen zuverlässigen Vermutungen. Der zuerst erwähnten Möglichkeit eines schweren Verkehrsunfalls messe ich z. B. eine ziemlich geringe Wahrscheinlichkeit zu; der freudigen finanziellen Überraschung leider keine größere. Viel wahrscheinlicher ist dagegen ein alltäglicher Tagesverlauf der folgenden Art. Zunächst werde ich bis etwa 9 Uhr schlafen, nach dem Frühstück in die Uni fahren und an einem Buch zur Philosophie des Geistes arbeiten, mittags in die Mensa gehen, nachmittags Korrespondenz erledigen, gegen 17.30 Uhr heim zur Familie fahren, vor dem Abendessen noch 15 km Lauftraining absolvieren, später wieder am Computer arbeiten und zum Tagesabschluß ein wenig Fernsehen, das war's dann: Ein nicht sonderlich aufregender Tag mit einem Wert, der sich vom Wert des Tages zuvor nur unwesentlich unterscheidet.

Theoretisch könnte man bei vollständiger Kenntnis der subjektiven Nutzensfunktion einerseits und der entsprechenden subjektiven Wahrscheinlichkeitsfunktion andererseits den *Erwartungswert* z. B. des morgigen Tags oder eines anderen künftigen Lebensabschnittes von P »*berechnen*«, nämlich als die mit den jeweiligen Wahrscheinlichkeiten gemittelte Summe der Werte der einzelnen Ereignisse, die P in dem fraglichen Zeitraum erleben kann. Eine solche, in Lenzen (1991) favorisierte Berechnung dürfte freilich *praktisch* überaus schwierig oder gar unmöglich sein. Die Schwierigkeiten rühren nicht primär daher, daß das Leben immer wieder Überraschungen zu bieten hat und oft einen ganz anderen Verlauf nimmt, als man rationalerweise erwarten durfte. Sondern das Hauptproblem besteht darin, daß die Menge aller möglichen zukünftigen Erlebnisse einer Person P so umfangreich ist, daß man für sie realistischerweise weder eine vollständig definierte Wahrscheinlichkeitsfunktion noch eine vollständig definierte Nutzensfunktion voraussetzen kann. Allerdings sind andere Methoden denkbar, um den Erwartungswert des noch zu lebenden Lebens von P wenigstens mit einem gewissen Grad von Verläßlichkeit innerhalb gewisser numerischer Grenzen *abzuschätzen*.

Eine erste, für die Planung und Finanzierung von Gesundheitsprogrammen vorgeschlagene Methode basiert nach Perrett (1992: 195) zunächst auf einer Ermittlung jenes Geldbetrages, den die Person P zu zahlen bereit wäre, um ihr Sterberisiko um einen gewissen Prozentsatz zu senken. Wenn P etwa bereit ist, für die Reduktion des Sterberisikos um 1 % eine Prämie von 1000 DM zu bezahlen, dann soll der Wert, den P ihrem zukünftigen Leben beimißt, dem 100fachen dieses Betrags, also DM 100 000, entsprechen. Dieser Ansatz ist jedoch ziemlich inadäquat, weil die Prämie, die P für eine erhoffte Lebensverlängerung aufwenden würde, in allzu starkem Maß von ihren finanziellen Verhältnissen abhängt. Insbesondere würde ein im großen und ganzen zufriedener Armer, dessen minimale Mittel nur zur Befriedigung der elementarsten Bedürfnisse ausreichen, für den Luxus einer Lebensverlängerungsversicherung vermutlich keine einzige Mark aufwenden wollen oder können. Das hieße aber nicht, daß er seinem Leben keinerlei Wert beimessen würde.

Dieses Problem ließe sich durch eine Variante des beschriebenen Verfahrens lösen, bei der statt der zu zahlenden Prämie für die mutmaßliche Lebensverlängerung eine Entschädigung für eine voraussichtliche Lebensverkürzung zugrunde gelegt wird. Genauer müßte man von dem Minimalbetrag M ausgehen, den P als Kompensation für die Erhöhung des Sterberisikos z. B. um 1 % fordern würde, und der Wert, den P ihrem noch zu lebenden Leben zumißt, wäre dann entsprechend mit dem 100fachen von M gleichzusetzen. Auch diese Methode hängt jedoch stark von den Besitzverhältnissen der jeweiligen Person ab. Insbesondere würde ein Millionär, der genügend Geld für die Deckung all seiner Bedürfnisse und Wünsche zu haben glaubt, vermutlich für keine noch so hohe Abfindung irgendein Risiko eines vorzeitigen Todes eingehen wollen. Dies bedeutet aber nicht, daß sein Leben für ihn einen »unendlichen«, unbegrenzt hohen Wert hätte, sondern nur, daß ihm zusätzliches Geld nicht helfen würde, die Qualität bzw. den Wert seines Lebens zu verbessern. Wie es um diese Lebensqualität bestellt ist, hängt jedoch keineswegs nur von seinen Besitzverhältnissen ab – Geld allein macht nicht glücklich –, sondern u. a. vom Gesundheitszustand, von persönlichen und familiären Beziehungen, etc.

Ein weiteres, nicht nur Millionäre und Arme, sondern auch Leute in mittleren Besitzverhältnissen betreffendes Problem besteht darin, die Vergütung für eine bestimmte Erhöhung des Sterberisikos in rationaler, fairer bzw. sozial gerechter Weise zu kalkulieren. Bergleute, die ihr Leben unter Tag aufs Spiel setzen, müssen sich einfach mit der Gefahrenzulage begnügen, die ihnen der Arbeitgeber anbietet, und auch Motorradrennfahrer können im allgemeinen die Höhe der finanziellen Kompensation für das deutlich erhöhte Unfall- bzw. Sterberisiko nicht selber frei bestimmen. Die Gewerkschaften bzw. die Arbeit- und Geldgeber würden vermutlich Überlegungen folgender Art anstellen. Die gefährdete Person ist u Jahre alt, kann deshalb normalerweise noch weitere v Jahre arbeiten, also bei einem derzeitigen Jahreslohn von w DM und einer angenommenen Lohnsteigerungsrate von x % im Laufe des Arbeitslebens insgesamt ein Gesamteinkommen von *y* DM erwirtschaften. Die Gefahrenzulage muß dann versicherungsmathematisch so kalkuliert werden, daß bei einem um *z* % erhöhten Sterberisiko gleichfalls ein Gesamteinkommen von *y* DM erwartet werden kann. Solche Kalkulationen laufen im Effekt also auf das von Wirtschaftswissenschaftlern vorgeschlagene Modell hinaus, den Wert des Lebens einer Person P mit dem gesamten *Lebenseinkommen* von P gleichzusetzen.[7] Auch dieser Ansatz ist jedoch inadäquat, da die Lebensqualitäten zweier Personen mit gleichem Einkommen radikal differieren können. Man kontrastiere etwa das Klischee des gesunden Vaters begabter und wohlerzogener Kinder, der mit einer hübschen und liebevollen Frau verheiratet ist, mit dem Klischee eines dicken, infarktgefährdeten Alkoholikers, dessen Kinder rauschgiftsüchtig sind und der mit einer untreuen, tyrannischen Schlampe zusammenleben muß.

Deshalb möchte ich hier eine alternative, in ihren Grundzügen wesentlich vernünftigere Methode vorschlagen, um die Größe des Verlusts einzuschätzen, den die Person P durch ein erhöhtes Sterberisiko erwarten müßte. Die Grundidee besteht darin, den bisherigen Durchschnittswert z. B. eines Tages im Leben von P gemäß dem oben beschriebenen Verfahren mittels normierter und intersubjektiv vergleichbarer Nutzensfunktionen zu bestimmen und dann mit der Anzahl der Tage zu multiplizieren, die P durch die angenommene Erhöhung des Sterberisikos mutmaßlich verlieren würde. Der Erwartungswert des gesamten zukünftigen Lebens von P wäre entsprechend durch das Produkt der mutmaßlichen Lebensdauer mit dem Mittelwert der zukünftigen, am bisherigen Lebensstandard orientierten Lebensqualität zu bestimmen. Dabei müßte die Schätzung der Lebensdauer auf statistische Daten rekurrieren und insbesondere den Gesundheitszustand der Person mit berücksichtigen, und für den Wert eines zukünftigen Lebensabschnittes wären außerdem die subjektiven Wahrscheinlichkeiten für relevante Änderungen der späteren Lebens-

bedingungen speziell in puncto Beruf und Familie als
Korrekturfaktoren mit zu berücksichtigen. Wenngleich auf
diese Art und Weise der subjektive Wert eines noch nicht gelebten Tages nicht mit Sicherheit und Eindeutigkeit festgelegt wäre und obgleich natürlich die Unsicherheiten und Un-
genauigkeiten exponentiell zunehmen, je weiter in die Zukunft hinein man den Wert des noch zu lebenden Lebens von
P zu prognostizieren versucht, so läßt sich mit einer derartigen Abschätzung jedenfalls nicht nur das Pauschalurteil
rechtfertigen, daß das Leben der meisten Menschen zu fast
jedem Zeitpunkt ihrer Existenz einen positiven Erwartungswert hat und in diesem Sinne *lebenswert* ist; sondern darüber
hinaus erscheint das folgende, approximativ geltende Mono-
tonieprinzip als begründet: Da die meisten Erlebnisse im Leben einer »normalen«, physisch und psychisch einigermaßen
gesunden, materiell ausreichend versorgten und in relativer
Freiheit und Selbstbestimmung lebenden Person durchaus
positiv sind, ist der Erwartungswert des noch zu lebenden
Lebens in der Regel um so kleiner, je älter P ist, d. h., je weniger Zeit P voraussichtlich noch zu leben und je weniger (Positives) P deshalb noch zu erleben hat.[8]

Daraus folgt insbesondere, daß – prima facie und ceteris
paribus – der vorzeitige Verlust des Lebens für die Person
P um so größer ist, je jünger P ist. Zur Kritik dieses Prinzips hat P. Singer die folgende Metapher vorgebracht:

»Man kann das Leben eines selbstbewußten Wesens als
mühsame und ungewisse Reise ansehen, bei der in verschiedenen Stadien unterschiedliche Hoffnungen und
Wünsche, Zeit und Anstrengungen investiert werden,
um besondere Ziele oder Orte zu erreichen. Angenommen, ich spiele mit dem Gedanken einer Reise
nach Nepal, speziell einer Trekking-Tour zum Thy-
angboche Kloster am Fuße des Mt. Everest. [. . .] Wenn
während der ersten Träumereien und Planungen einer
solchen Tour ein unüberwindliches Hindernis auf-

tauch [. . .], werde ich natürlich ein wenig enttäuscht
sein, aber meine Enttäuschung wäre nichts im Vergleich dazu, wenn ich bereits feste Arrangements getroffen, Urlaub genommen, vielleicht ein nicht um-
tauschbares Flugticket nach Kathmandu gelöst hätte
oder gar schon ein gutes Stück in Richtung Thyang-
boche Kloster gewandert wäre, um dann am Erreichen
meines Ziels gehindert zu werden. Ähnlich kann man
die Entscheidung, ein Kind [per Abtreibung] nicht in
die Welt zu bringen, so ansehen, als würde eine Reise
gar nicht begonnen, aber dies wäre an und für sich
nicht ernsthaft schlimm, weil der Reisende noch keine
Pläne gemacht und sich keine Ziele gesetzt hat. Im
Laufe der Zeit, wenn allmählich Ziele gesetzt werden
[. . .], wird es immer schlimmer, eine Reise vorzeitig zu
beenden. Gegen Ende des Lebens, wenn die meisten
Dinge erreicht sind, mag der Verlust des Lebens wiederum weniger schlimm sein, als er es in einem früheren Lebensstadium gewesen wäre.«⁹

Läßt man einmal den von Singer hier zwar nur beiläufig
vorgebrachten, aber inhaltlich sehr fragwürdigen Versuch
der Rechtfertigung von Abtreibung außer acht, so kann man
seinen Ausführungen zumindest dahingehend zustimmen,
daß der Verlust des Lebens von einem Menschen, der weiß,
daß er bald sterben muß, als um so schlimmer *empfunden*
würde, je mehr Pläne er noch hätte und je mehr Ziele er eigentlich noch erreichen wollte. Speziell ist das psychische
Leiden, die Verzweiflung und die Furcht vor dem nahenden
Tod bei einem Erwachsenen viel ausgeprägter als bei einem
Kind, und wer im Alter zufrieden auf ein langes, erfülltes Leben zurückblicken kann, dem wird der bevorstehende Tod
möglicherweise weniger Schrecken einjagen als einem Jüngling. In diesem Sinne mag das subjektive *Leid des Sterbens*
tatsächlich vom Lebensanfang zur Lebensmitte ansteigen
und zum (natürlichen) Lebensende wieder absinken.

Aber der *Schaden*, den jemand durch vorzeitigen Tod erleidet, ist mit diesem Komplex von Befürchtungen, Ängsten und Frustrationen überhaupt nicht identisch. Wenn ein Erwachsener in der Mitte seiner Jahre, voll von ehrgeizigen Plänen und Hoffnungen und auf dem Höhepunkt seiner Schaffenskraft z. B. urplötzlich schmerzlos im Schlaf getötet würde, dann bliebe ihm das *subjektive* Leid des Sterbens völlig erspart. Trotzdem würde ihm der gravierende *objektive* Schaden des Verlusts von zahlreichen glücklichen Lebensjahren zugefügt. Dieser objektive Verlust ist jedoch ganz allgemein proportional zur voraussichtlichen Länge des ansonsten noch zu lebenden Lebens, also am Lebensanfang keineswegs kleiner, sondern größer als zur Lebensmitte. So gesteht z. B. McMahan zu, daß es ceteris paribus »schlimmer ist, mit 30 zu sterben als mit 60, und ebenfalls schlimmer, mit 15 zu sterben als mit 30«.[10] Insbesondere würde es wohl jeder Mensch *rationalerweise vorziehen*, mit 60 statt mit 30 Jahren zu sterben, bzw. mit 30 Jahren statt mit 15. Doch im gleichen Sinn ist es auch rational, lieber »erst« mit 15 Jahren zu sterben als unmittelbar nach der Geburt. Wenn McMahan es für unplausibel erklärt, »daß der Tod eines Neugeborenen für das Kind schlimmer sei als der Tod eines 15jährigen für den 15jährigen«, so widerlegt er damit nicht das Monotoniegesetz über den mit dem Lebensalter abnehmenden Wert des noch zu lebenden Lebens, sondern verwechselt an dieser Stelle einfach den objektiven Verlust des Lebens mit dem subjektiv erfahrenen Leid des Sterbens.

2.3 Recht auf Leben

Das Reden vom sog. »Recht auf Leben« hat in der philosophischen Diskussion der vergangenen Jahrzehnte mehr Mißverständnisse provoziert als zur Lösung von bioethischen Problemen beigetragen. Charakteristischerweise wurde versucht, *zunächst* zu ermitteln, ob und wann ein

Lebewesen L ein Recht auf Leben hat, um *anschließend* – via der Tatsache, daß es im allgemeinen unmoralisch ist, gegen die Rechte von Individuen zu verstoßen – bestimmen zu können, ob und wann es unmoralisch sei, L zu töten. So hat z. B. Tooley, um die wichtige Frage nach der Moralität von *Abtreibung und Kindestötung*[11] zu beantworten, das Recht auf Leben in Analogie zu anderen bürgerlichen Rechten wie folgt interpretiert. Ähnlich wie im Mensch das Wahlrecht erst dann erlangt, wenn er geistig reif geworden ist, dieses Recht sinnvoll auszuüben, soll ein Lebewesen das Recht auf Leben erst dann erhalten, wenn es geistig so weit entwickelt ist, daß es »über den Begriff des Selbst als eines fortdauernden Subjekts von Erfahrungen verfügt«. Unter der Voraussetzung, »daß ein Individuum nur dann über Begriffe verfügt, wenn es diese Begriffe sprachlich ausdrücken kann«, würde dann einerseits folgen, daß *Tiere* überhaupt kein Recht auf Leben haben – mehr zu *diesem* Thema gegen Schluß des nächsten Kapitels. Andererseits erhielte man in bezug auf den Menschen mit Tooley (1990: 187) die Schlußfolgerung:

> »Da so gut wie gewiß ist, daß ein Säugling auf dieser Entwicklungsstufe [innerhalb kurzer Zeit nach der Geburt] nicht über den Begriff des fortdauernden Selbst verfügt und deshalb kein gewichtiges Lebensrecht hat, gibt es gute Gründe zu glauben, daß Kindstötung in den meisten Fällen moralisch erlaubt ist.«

Moralphilosophie ist kein leichtes Geschäft. Es gibt keine weitreichende Übereinkunft hinsichtlich der allgemeinen ethischen Prinzipien und Maximen, und die moralische Intuition des Common sense ist leider auch keine allzeit verläßliche Prüfinstanz. Wie bereits im Vorwort betont wurde, besteht die Kunst der angewandten Ethik darin, einen permanenten wechselseitigen Abgleich zwischen Theorie und Anwendung herzustellen, d. h. einerseits vorgängige, »naive« moralische Intuitionen im Lichte allgemeiner theoretischer Grundsätze kritisch zu prüfen und unter Umstän-

den als unfundiert zurückzuweisen; andererseits auch umgekehrt die theoretische Basis im Lichte konkreter praktischer Folgerungen zu hinterfragen und gegebenenfalls zu
korrigieren. Ungeachtet dieser methodologischen Schwierigkeiten muß es verwundern, wenn professionelle Philosophen
skandalöse moralische Urteile der oben zitierten Art nicht
zum Anlaß nehmen, die eigenen theoretischen Annahmen in
Frage zu stellen. Speziell hätte Tooley das intuitiv außer Frage
stehende Faktum, daß es in der Regel zutiefst unmoralisch ist,
ein Neugeborenes zu töten, zum Anlaß nehmen müssen, die
fraglichen Spekulationen, worin das Recht auf Leben besteht
und wodurch ein Lebewesen sich ein solches Recht erwirbt,
zu revidieren oder gänzlich preiszugeben. Wenn man eine
philosophisch befriedigende Ethik entwickeln will, bietet
sich die Alternative an, auf den problematischen Begriff des
Rechts auf Leben einfach zu verzichten und statt dessen
grundsätzlich und unmittelbar zu untersuchen, warum bzw.
unter welchen Bedingungen das Töten eines Lebewesens
moralisch verwerflich ist.[12] Angesichts des fundamentalen
Prinzips *Neminem laedere* bedeutet dies, näher zu überlegen, ob und in welchem Umfang man einem Lebewesen dadurch, daß man es tötet, einen *Schaden* zufügt. Dies ist keine
triviale Aufgabe. Im berühmten »Brief an Menoikeus«
versuchte einst Epikur, seine Mitmenschen davon zu überzeugen, daß der Tod überhaupt nichts Schlimmes sei:

> »Gewöhne dich an den Gedanken, daß der Tod uns
> nichts angehe; denn alles Gute und Schlimme beruht
> auf Empfindung; der Tod aber besteht eben in der
> Aufhebung der Empfindung [. . .]. Das schauerlichste
> Übel, der Tod, geht uns somit nichts an, weil solange
> wir sind, der Tod nicht da ist; ist er aber da, so sind wir
> nicht mehr.«[13]

Diese Überlegung macht zwar deutlich, daß – trivialer-
weise – ein Toter den Verlust seines Lebens nicht mehr als
Verlust *empfinden* kann. Oder, wie Singer (1984: 119; meine

Hervorhebung) es formuliert hat: »Haben wir [. . . erst] einmal aufgehört zu existieren, dann werden wir die Lust, die wir [andernfalls noch] empfunden hätten, nicht *vermissen*.« Doch daraus folgt keineswegs, daß der Verstorbene durch seinen Tod keinen wirklichen Verlust erlitten hätte! Dies soll das folgende Gedankenexperiment verdeutlichen. Es waren einmal zwei Brüder, Reinhold und Günther, die seit ihrer Geburt alles gemeinsam unternahmen. Sie hatten die gleichen Vorlieben, erlebten die gleichen Freuden, hatten die gleichen Schmerzen, so daß jeder Außenstehende auf die Frage ›Wessen Leben möchtest du lieber führen: das von Reinhold oder das von Günther?‹ geantwortet hätte ›Das ist doch völlig egal!‹ Ihr gemeinsames Ziel bestand darin, alle Achttausender zu besteigen. Nach der Bezwingung des Nanga Parbat gerieten sie in Schwierigkeiten. Am Fuße der Westwand wurde Günther von einer Lawine begraben. Reinhold kam wie durch ein Wunder heil nach Gilgit zurück. Zum Glück war die Lawine so überraschend gekommen, daß Günther weder Angst noch Schmerzen empfand; er starb im Hochgefühl des Gipfelsiegs; er starb – wie man wohl sagen könnte – einen »schönen Tod«. Reinholds weiteres Leben wurde durch den Unfall überschattet. Anfangs machte er sich heftige Vorwürfe, nicht vorsichtiger gewesen zu sein; er wünschte sich immer wieder, die Lawine möge ihn statt seinen Bruder getroffen haben. Doch die Zeit heilt alle Wunden. Ein Jahr später schmiedete er neue Pläne; bald darauf machte er neue Touren, und er lebte noch viele erfüllte Jahre hinweg. *Wenn* Günther dem Lawinentod entgangen wäre, hätte ihm ein ebensolches Leben offengestanden. Der Unfall hat es ihm geraubt. Sollte dies kein *Verlust* sein? Jeder Außenstehende würde jedenfalls die Frage ›Welches Schicksal hättest du lieber gehabt, das von Reinhold oder das von Günther?‹ eindeutig zugunsten des Überlebenden beantworten. Und ebenso klar, wie man sagen würde, daß Reinhold einen großen Verlust erlitten hätte, wenn *er* durch die Lawine umgekommen wäre, darf bzw.

muß man auch sagen, daß Günther dadurch, daß die Lawine *ihn* tötete, einen großen Verlust erlitten hat.

Entgegen Epikurs Ansicht ist also der Tod bzw. das Nicht-mehr-Leben durchaus »schlimm« für den Toten, auch wenn der Tod vom Toten nicht mehr als schlimm empfunden wird. Und zwar ist der Verlust des Lebens um so »schlimmer«, je glücklicher und erfüllter das Leben des Betroffenen ohne den vorzeitigen Tod ausgefallen wäre. Der Schaden, den man jemandem durch Töten zufügt, entspricht dem Wert des zukünftigen Lebens, das der Betroffene andernfalls noch erlebt hätte, oder, wie es Lamb (1988: 43) prägnant formuliert hat: »Der Grund, wieso Töten falsch ist, besteht darin, daß das Leben lebenswert ist. Dies gilt für Menschen ebenso wie für andere Lebewesen, und dies entspricht der alltäglichen Intuition der meisten anständigen Leute.«[14] Durch diese Erklärung, warum und in welchem Maße Töten gegen das Interesse von Lebewesen verstößt, wird der oft sehr schwammig verwendete Begriff des Rechts auf Leben für die moralische Beurteilung des Tötens im Prinzip entbehrlich. Wer freilich meint, auf diesen Begriff partout nicht verzichten zu können, dem würde ich folgendes Prinzip ans Herz legen:

(RECHT)   Ein Lebewesen L hat genau dann ein (moralisches) Recht auf Leben, wenn es moralisch unzulässig ist, L zu töten.[15]

2.4 Empfängnisverhütung

Die heute üblichen Methoden der Empfängnisverhütung lassen sich in zwei Klassen unterteilen. Die einen unterbinden die Befruchtung der Eizelle, die anderen verhindern die Einnistung des bereits befruchteten Eis in der Gebärmutter und können somit eher als Formen einer ganz frühen Abtreibung angesehen werden. Über sie wird im nächsten Kapitel zu reden sein; hier wollen wir uns auf Empfängnisverhütung der ersten Art beschränken. Gemäß dem ethischen Minimalprinzip *Neminem laedere* wären die Benutzung von Kondomen, die Einnahme der Pille und andere äquivalente Maßnahmen nur dann moralisch bedenklich, wenn dadurch jemand anderem ein Schaden zugefügt würde. Aber *wem* sollte solche Empfängnisverhütung wohl schaden – dem unbefruchteten Ei, dem Spermium oder der potentiellen Person, die sich aus der Vereinigung beider ergeben könnte? Die potentielle Person, die *nach* der Befruchtung entstehen würde, gelangt durch eben die Verhütung der Empfängnis überhaupt nicht zur Existenz. Also kann man »ihr« auch dadurch, daß sie nicht gezeugt wird, nicht schaden. Dem unbefruchteten Ei bzw. dem Spermium wird aber durch Empfängnisverhütung ebenfalls kein Schaden zugefügt. Anders als ein Embryo, der sich im Normalfall zu einem Lebewesen entwickelt, das später in der Lage sein wird, ein glückliches, lebenswertes Leben zu führen, hat das unbefruchtete Ei qua seiner Natur kein solches Leben vor sich, das man ihm durch die unterbundene Befruchtung rauben würde. Das »Leben« einer unbefruchteten Eizelle endet normalerweise mit der Menstruation und ist deshalb intrinsisch ebenso wertlos wie das »Leben« eines Blinddarms. Ähnliches gilt natürlich für das »Leben« männlicher Samenzellen. Empfängnisverhütung läßt das »Leben« dieser Entitäten einfach seine normale Entwicklung nehmen und ist in dieser Hinsicht moralisch gleichwertig mit sexueller Enthaltsamkeit bzw. mit jeder anderen Form eines Tuns oder Nichttuns, welches zur Folge hat, daß die Natur ihren normalen Verlauf nimmt.

Angesichts dieser einfachen Erklärung muß es verwundern, wenn nicht nur die erzkonservative katholische Kirche, sondern auch renommierte Philosophen Empfängnisverhütung für moralisch *verwerflich* erklärt haben. Die Bedenken der katholischen Kirche beruhen auf dem Dogma, daß Geschlechtsverkehr einzig und allein innerhalb einer

Ehe moralisch zulässig ist und dort auch nur zu dem
Zweck, Nachkommen zu zeugen. So bezeichnete es Papst
Pius XI. in seiner Enzyklika *Casti connubii* aus dem Jahre
1930 als »unwandelbare Forderung des göttlichen Gesetzes«[16], daß der erste Ehezweck in der Zeugung von Nachkommen bestehe. Folgerichtig verdammte er »künstliche«
Empfängnisverhütung mit der Begründung als unmoralisch: »Wenn die Möglichkeit, ein Kind zu empfangen, im
Akt der Vereinigung künstlich ausgeschaltet wird, dann
schließt sich ein Paar selbst von Gott und seinem göttlichen
Willen ab.« Diese Position bekräftigte Papst Paul VI. 1968
in der Enzyklika *Humanae vitae*, wo katholischen Ehepaaren jede Handlung untersagt wurde, die »sich entweder in
Voraussicht oder während des Vollzugs des ehelichen Aktes
oder darauf folgend [...] die Verhinderung der Fortpflanzung zum Ziel oder Mittel zum Ziel setzt«. Das Verbot
»künstlicher« Empfängnisverhütung wurde von Paul VI.
damit begründet, daß die natürliche Empfängnis »von der
Schöpferhand Gottes in die Natur des Menschen einge-
schrieben und von Gott in der Schöpfung bestätigt worden«
sei. Diese Ansicht ist jedoch in sich widerspruchsvoll und
sachlich unbegründet. Die Inkonsistenz beruht darin, daß
nur die sogenannt künstliche, nicht aber die natürliche
Form der Empfängnisverhütung unmoralisch sein soll. Und
die mangelnde Begründung läßt sich so auf den Punkt bringen: Aus dem in der Schöpfung bestätigten *biologischen*
Faktum, daß Sexualität normalerweise der Fortpflanzung
dient, folgt absolut nichts über die *moralische* Qualität von
sexuellen Handlungen, die nicht der Fortpflanzung dienen.
  Wesentlich drastischer hat die »Pillen-Kommission«
Pauls VI. sogar behauptet, Empfängnisverhütung sei »ein
verdammenswertes Laster, ein vorweggenommener Mord«.
Auf einem Kongreß der Moraltheologen des Caffara-Insti-
tuts im November 1988 hatte man diese These durch die
folgende groteske Argumentation zu stützen versucht:
»Wer Verhütungsmittel benutzt, will nicht, daß neues Le-

ben entsteht, weil er ein solches Leben als Übel betrachtet.
Dies ist dieselbe Einstellung wie die eines Mörders, der es
als Übel betrachtet, daß sein Opfer existiert.« Nur die gröbsten non sequiturs seien hervorgehoben. Wer zu einem gewissen Zeitpunkt Verhütungsmittel benutzt, der will *zu
diesem Zeitpunkt* keine Kinder bekommen; das heißt aber
nicht, daß er *nie* Kinder haben will. Und selbst wenn er
(wie, beiläufig bemerkt, jeder katholische Priester) zeit seines Lebens keine Kinder zeugt, bedeutet dies immer noch
nicht, daß er Kinder generell als »Übel« betrachten würde,
geschweige denn, daß er wünschen würde, daß niemand
sonst Kinder kriegt. Das zitierte Argument steckt so voller
Fehlschlüsse und Unterstellungen, daß es nur als übelste
Polemik bezeichnet werden kann.[17]

Ein solcher Vorwurf läßt sich gegen diverse *philosophische* Versuche, Empfängnisverhütung als genau so verwerflich wie Abtreibung zu erweisen, nicht unbedingt erheben.
Dennoch stecken auch sie voller Fehler und Ungereimtheiten. So interpretiert z. B. Hoerster (1989: 176 f.) »positive
Maßnahmen der Empfängnisverhütung bei häufigem [!?]
Geschlechtsverkehr« wie folgt: »Hier jedenfalls wird nicht
selten eine ganz konkrete, befruchtungsfähige Eizelle aktiv
daran gehindert, den ersten Schritt auf dem Wege zur Entstehung einer menschlichen Person zu tun.« Als ob Eizellen
in der Lage wären, einen solchen ersten Schritt, d. h. ihre eigene Befruchtung, selbständig durchzuführen! Noch absurder ist der anschließende Parallelisierungsversuch, demzufolge die »künftige Existenz eines personalen Wesens [. . .]
durch die Tötung [!] der unbefruchteten [!] Eizelle ebenso
verhindert [wird] wie durch die Tötung des Nasciturus«,
d. h. des Fötus. Etwas seriöser sind die einschlägigen Überlegungen von Hare, der sich in mehreren Aufsätzen bemüht
hat, jegliche Form von Empfängnisverhütung – inklusive
sexueller Enthaltsamkeit – als moralisch gleichwertig mit
Abtreibung zu erweisen.[18] Für diese befremdliche Position
argumentierte Hare (1990: 143) wie folgt:

»[. . .] wenn ich froh bin, geboren worden zu sein [. . .],
beschränkt sich diese Einstellung nicht darauf, froh zu
sein, daß man mich nicht abtrieb. Ich bin auch froh,
daß meine Eltern überhaupt Geschlechtsverkehr hatten, ohne Verhütungsmittel zu benutzen. Aus meiner
Freude hierüber gewinne ich also, in Verbindung mit
der [. . .] Goldenen Regel, nicht nur eine Pflicht, nicht
abzutreiben, sondern auch eine Pflicht, mich nicht des
Zeugens zu enthalten.«

Aus der Beobachtung, daß Menschen im allgemeinen froh
darüber sind, gezeugt worden zu sein, soll also erstens abgelei-
tet werden, daß es eine potentielle Person gibt, die froh darüber wäre bzw. in deren Interesse es läge, wenn sie gezeugt
würde. Und aus diesem Wunsch der noch gar nicht existierenden Person soll sich zweitens mit einer speziellen Variante der
Goldenen Regel die moralische Pflicht der Zeugung (von beliebig vielen Nachfahren!?) ergeben. Dieser Gedankengang
beruht aber offenbar auf einer begrifflich unhaltbaren Kon-
zeption der Interessen oder Wünsche von bloß potentiellen
Personen. Eine noch gar nicht gezeugte Person, d. h. ein unbe-
fruchtetes Ei bzw. ein Spermium, hat doch keinerlei Wünsche,
auch nicht den Wunsch, befruchtet zu werden. Erst *nachdem*
das Ei befruchtet wurde und sich in der Gebärmutter eingeni-
stet hat, beginnt das Leben eines neuen Lebewesens, dem man
sinnvollerweise Interessen, Wünsche oder Präferenzen zuschreiben kann. So betont auch Ketchum (1987: 20) zu Recht:

»Wenn ich kein Kind bekomme, dann ist es nicht so,
als ob es ein Kind gäbe, das zu empfangen bzw. zu gebären ich unterlassen würde – es gibt kein solches
Kind. Weil es kein solches Kind gibt, war es auch nicht
möglich, daß ich sein Recht, zur Existenz zu gelangen,
verletzt hätte oder daß ich irgendeines seiner Interessen fälschlicherweise ignoriert hätte – als nicht existie-
rendes Wesen besitzt eine irreale Person genau so wenig Interessen, wie sie Rechte hat.«[19]

Während Singer in früheren Jahren noch die Common-sense-Auffassung geteilt hatte, »es sei absurd, so zu reden, als würde man einem Wesen eine Gunst erweisen, indem man es in die Welt setzt, weil zu dem Zeitpunkt, da man diese Gunst erweist, überhaupt kein Wesen existiert«, kam er (1984: 139 f.) nach neuerlicher Überlegung zu dem Schluß, daß »wir offenbar etwas Schlechtes tun, wenn wir wissentlich ein unglückliches Wesen in die Welt setzen; und wenn das so ist, dann ist es schwierig zu erklären, weshalb wir nicht etwas Gutes tun, wenn wir wissentlich ein glückliches Wesen in die Welt setzen.« Dieses Argument wäre näher wie folgt zu analysieren. Aus der Prämisse (i) ›Es ist moralisch schlecht, ein unglückliches Wesen (d. h. ein Wesen, dessen Leben voraussichtlich einen negativen Erwartungswert hätte) in die Welt zu setzen‹ wird zunächst geschlossen (ii) ›Es ist moralisch gut, ein glückliches Wesen (d. h. ein Wesen, dessen Leben voraussichtlich einen positiven Erwartungswert hätte) in die Welt zu setzen‹. Und hieraus soll weiterhin folgen (iii) ›Es ist moralisch schlecht, ein glückliches Wesen *nicht* in die Welt zu setzen‹.

Zur Widerlegung dieses Arguments sei noch einmal an die in Kapitel 0 entwickelten theoretischen Grundlagen der Ethik erinnert. Die moralische Qualität einer beliebigen Handlung H hängt davon ab, ob H direkt oder indirekt (d. h. via mittel- oder langfristiger Auswirkungen) gegen die Interessen gewisser Lebewesen verstößt. Dabei sind unter Umständen auch Wesen zu berücksichtigen, die zum Zeitpunkt der Ausführung von H noch gar nicht existieren. Die Schwierigkeiten bei der ethischen Beurteilung der *Zeugung* eines Lebewesens rühren nun daher, daß nicht klar ist, ob die Interessen des zu Zeugenden bereits zählen oder nicht. Beide Ansichten ließen sich mit einem gewissen Anspruch auf Plausibilität vertreten. Zum einen könnte man dafürhalten, daß das Zeugen im strengen Sinn nur die *Vorbedingung* dafür herstellt, daß ein Individuum zur Existenz gelangt, dessen zukünftige Interessen bei der Beurteilung *späterer*

Handlungen zu berücksichtigen wären. In diesem Fall wäre die Singersche Prämisse (i), sofern man dort ›in die Welt setzen‹ als ›zeugen‹ interpretiert, falsch. Denn das *bloße Zeugen* eines in seiner späteren Entwicklung voraussichtlich unglücklichen Wesens U wäre an und für sich nicht (bzw. noch nicht) gegen das Interesse von U gerichtet. Für die Erzeuger oder Eltern entstünde ein moralisches Problem frühestens dann, wenn das Wesen sich so weit entwickelt hat, daß es unerträglich zu leiden beginnt. Moralisch falsch wäre somit allerhöchstens die spätere »Handlung« (bzw. genauer Unterlassung), U nicht von seinem Leiden zu erlösen. Daraus kann man jedoch weder auf (ii) noch auf (iii) schließen.

Andererseits könnte man mit Purdy (1982) dafürhalten, daß das vorhersehbare spätere Leiden von U für die moralische Bewertung des Zeugungsakts selber berücksichtigt werden sollte und daß es deshalb »moralisch ernsthaft schlecht wäre, ein krankes oder behindertes Kind in die Welt zu setzen«. Dann wäre Prämisse (i) insofern richtig, als die Zeugung eines »unglücklichen Wesens« U gegen die zukünftigen Interessen von U verstoßen würde, also schlecht *für U* wäre. Man könnte es dann weiterhin in einem abgeleiteten Sinn als »moralisch gut« bezeichnen, die Zeugung von U zu unterlassen. Doch das hieße natürlich nicht, daß die unterlassene Zeugung gut *für U* wäre bzw. *im Interesse von U* geschähe, denn wenn die bloß potentielle Person U nicht gezeugt wird, dann gibt es »sie« als Träger zukünftiger Interessen ja gar nicht. Moralisch »gut« ist unterlassene Zeugung nur insofern, als das Gegenstück dieser Unterlassung moralisch schlecht ist.

Man betrachte nun die Situation der Zeugung eines »glücklichen Wesens« G. Hier ließe sich (ii) in dem starken Sinne aufrechterhalten, daß die Zeugung im Interesse von G bzw. *gut für G* und deshalb moralisch gut ist. Doch daraus folgt nicht, daß die unterlassene Zeugung schlecht für G bzw. gegen das Interesse von G gerichtet wäre, denn – um es zu wiederholen – wenn G nicht gezeugt wird, dann gibt es »sie« bzw. »ihn« auch nicht als Träger zukünftiger Interessen. Die Aussage (iii) wird also im üblichen Verständnis falsch. Das Unterlassen der Zeugung von G könnte man höchstens in einem indirekten und ziemlich irreführenden Sinn als »nicht moralisch gut« bezeichnen, insofern nämlich das Gegenstück dieser Unterlassung moralisch gut ist. Aber daß etwas in diesem Sinne »nicht moralisch gut« ist, bedeutet keineswegs, daß es moralisch *schlecht* wäre. Man mag es insgesamt drehen und wenden, wie man will. Gemäß dem Grundsatz *Neminem laedere* ist und bleibt normale Empfängnisverhütung moralisch unbedenklich, da es begrifflich unmöglich ist, gegen das Interesse eines bloß potentiellen Wesens zu verstoßen, das in Wirklichkeit gar nicht gezeugt wurde und das a fortiori überhaupt keine Interessen oder Wünsche haben kann.

2.5 Postume Geburt (Das »Erlanger Baby«)

Im Herbst 1992 löste der Versuch der Universitätsklinik Erlangen, einem Fötus im vierten Monat dadurch das Überleben zu sichern, daß man die hirntote Schwangere Marion Ploch durch intensivmedizinische Maßnahmen am »Leben« erhielt, heftigste Diskussionen aus. So berichtete die *Neue Osnabrücker Zeitung* am 15. Oktober folgende Fakten:

> »Erstmals soll in Deutschland eine hirntote Frau eine Schwangerschaft austragen. An der Universitätsklinik Erlangen wird seit einer Woche eine 18jährige, die Opfer eines schweren Verkehrsunfalls war, künstlich am Leben erhalten, da sie im vierten Monat schwanger ist. [...] Das Baby soll im März 1993 auf die Welt kommen.«

Am nächsten Tag erfuhr man genauer, daß es sich bei dem »Erlanger Baby« nicht um den ersten derartigen Fall in Deutschland handelte: »Bereits 1991 wurde nach Auskunft des Erlanger Rechtsmediziners Hans-Bernhard Wuermeling [...] ein gesundes Kind entbunden, nachdem der Körper der Mutter drei Monate lang künstlich funktionstüchtig erhalten worden war.« Außerdem wurden nun die ersten ethischen Stellungnahmen veröffentlicht:

> »Für führende Moraltheologen ist der Erlanger Fall im Prinzip vertretbar. ›Unter den gegebenen Umständen‹ sei dieses Vorgehen zu verantworten, sagte Prof. Franz Furger (Münster). Jedenfalls sei es ›ethisch nicht fahrlässig‹, werdendes Leben im Körper einer hirntoten Frau dadurch zu erhalten, daß ›man die Apparaturen einfach nicht abschaltet‹. Vor einem ›Experiment mit völlig ungewissem Ausgang‹ hat dagegen ein Ethikexperte der evangelischen Kirche gewarnt: Oberkirchenrat Hermann Barth (Hannover) sagte, er habe jedoch ›keine gravierenden Bedenken‹, wenn die Eltern der Mutter und der Kindsvater das Leben des Embryos ausdrücklich erhalten wollen. Die FDP-Bundestagsabgeordnete Cornelia Schmalz-Jacobsen hat den Bundestag aufgefordert, sich mit den Problemen der posthumanen [!] Mutterschaft zu beschäftigen. [...] Alice Schwarzer, prominente Feministin und Herausgeberin der Zeitschrift ›Emma‹ sagte: ›Ich finde es pervers. Ich denke, Kinder haben ein Recht auf lebendige Mütter, die sie gern haben, und Frauen haben ein Recht auf ihren eigenen Körper.‹«

Noch einen Tag später zeigten sich *Politikerinnen* entrüstet: »›Zutiefst erschrocken‹ und ablehnend äußerten sich unterdessen in Bonn Politikerinnen von CDU/CSU, SPD und FDP über die künstliche Aufrechterhaltung der Schwangerschaft der hirntoten Frau in Erlangen. Der Fall zeige, ›wie wenig die Menschenwürde einer toten Frau wert ist, wenn ihr Körper zwecks Austragung einer Schwangerschaft gebraucht wird [...]‹. Die frauenpolitische Sprecherin der SPD-Bundestagsfraktion, Hanna Wolf, kritisierte das

Verhalten der Mediziner als eine Degradierung der Mutter zur ›Nährlösung‹. Das Lebensrecht des Ungeborenen rechtfertige nicht, die gestorbene Frau mit Hilfe der Apparatemedizin technisch weiter in Funktion zu halten.«

Heftige Kritik herrschte auch in einem Dossier der *Ärzte-Zeitung* vom 30. Oktober 1992 vor. So polemisierte der als Protagonist aktiver Sterbehilfe bekannt gewordene Chirurg J. Hackethal:

> »Die Patientin hat [. . .] zu keiner Zeit ihr Einverständnis [. . .] zur Intensivtherapie gegeben. Ihr Menschenrecht auf Würde [. . .] und auf Selbstbestimmung über Leben und körperliche Unversehrheit [. . .] wird schwer verletzt. Das, was unter Verantwortung von Professor Scheele geschieht, ist rechtswidrige Körperverletzung und Vergiftung sowie Mißhandlung Schutzbefohlener.«

Alice Schwarzer verschärfte ihre früheren Beschimpfungen wie folgt:

> »Die Benutzung des toten Körpers einer Frau für das Experiment, einen drei Monate alten Feten zum lebensfähigen Kind heranwachsen zu lassen, erscheint mir als schwerer Verstoß gegen die Menschenwürde. Das grenzt an Leichenfledderei. Der Körper der Toten wird [. . .] zur Gebärmaschine degradiert. [. . .] Die Götter in Weiß werden noch mächtiger: Sie bedienen sich des wehrlosen weiblichen Körpers, um selbst zu gebären.«

Nachdem sich die Wogen der Empörung längst geglättet haben, fällt es leicht, ein nüchternes Urteil über die Moralität derartiger Maßnahmen zu fällen. Als erstes ist zu überlegen, inwiefern einer »Toten«, die in gewisser Weise eben doch (noch) nicht tot ist,[20] überhaupt ein »Sterberecht« bzw. andere proklamierte Rechte zukommen können. Dies ist kein einfaches Thema. In Abschnitt 2.3 wurde zugunsten der Strategie plädiert, ethische Fragen um Leben und Tod nicht durch Rekurs auf ein vermeintlich primitives und fundamentales Recht auf Leben zu beantworten, sondern indem man allgemein erklärt, wann und warum einem Lebewesen L durch Töten geschadet wird. Anschließend konnte man gemäß dem Prinzip RECHT dem Wesen L in abgeleiteter Weise ein Recht auf Leben zusprechen, nämlich genau dann, wenn es unmoralisch ist, L zu töten. Diese Strategie läßt sich verallgemeinern. Für die hier anstehende Problematik untersuche man zunächst, ob und warum L geschadet wird, wenn man L nicht (in Würde) sterben läßt, und man benutze dieses Kriterium anschließend dazu, um L ein Sterberecht zuzubilligen, nämlich genau dann, wenn es unmoralisch ist, L nicht sterben zu lassen. In welcher Hinsicht kann man aber überhaupt einer *Toten* schaden?

Ganz allgemein gesprochen *schadet* die Handlung H dem Individuum L, wenn H aufgrund direkter Auswirkung oder aufgrund späterer Folgen gegen die Interessen oder Wünsche von L verstößt. Diese weite Definition umfaßt nicht nur Fälle, wo H sich gegen die Interessen von Individuen richtet, die zum Zeitpunkt der Handlungsausführung *noch nicht* existieren. Sondern es sind auch Fälle denkbar, wo H gegen die Interessen von Individuen gerichtet ist, die zum Zeitpunkt der Handlungsausführung *nicht mehr* existieren.[21] Verstöße gegen den testamentarisch festgelegten letzten Willen des Verstorbenen wären ein paradigmatisches Beispiel. Wenn deshalb jemand wünscht, daß seine sterblichen Überreste nach einem eventuellen Hirntod baldmöglichst bestattet und nicht zu medizinischen Zwecken künstlich am Leben erhalten werden, dann zählt dieser Wunsch des Toten, und entgegengesetzte medizinische Aktionen – wie z. B. auch die in neuerer Zeit bekanntgewordenen »Crash-Tests« mit Leichen – wären (zumindest prima facie) moralisch bedenklich. Die Forderung der postumen Rücksichtnahme auf die mutmaßlichen Wünsche des Verstorbenen stellt jedenfalls eine wesentlich plausiblere Erklärung des Sterberechts dar als die bloße Behauptung einer Verletzung der Menschenwürde, mit der ansonsten gerne operiert wird. So kann man es zwar mit Merkel (1992: 20) »einigermaßen rätselhaft« finden, wieso »es der Würde der toten Frau widersprechen soll, ihren Leichnam nicht sofort dem biologischen Verwesungsprozeß zu überlassen, sondern zunächst als Existenzgrundlage ihres eigenen Kindes zu erhalten«. Trotzdem wird man vernünftigerweise annehmen dürfen, daß die Hirntote prima facie ein Interesse an körperlicher Unversehrtheit besitzt. Unter dieser Voraussetzung wäre dann, wie W. Eckart im bereits zitierten Dossier der *Ärzte-Zeitung* ausführte, »eine Güterabwägung vor[zu]nehmen – und zwar hinsichtlich des Sterberechts der Patientin, die jetzt künstlich am Leben erhalten wird, und hinsichtlich des Lebensrechts des ungeborenen Kindes«. Dabei spricht vieles für Eckarts Ansicht, daß bei einem utilitaristischen Nutzenvergleich der »Lebenswert des Fötus [...] auf jeden Fall vorrangig, das Sterberecht der Patientin [...] nachgeordnet« ist bzw. daß – wie es der verantwortliche Arzt der chirurgischen Klinik in Erlangen formulierte – unter dem Gesichtspunkt der Verhältnismäßigkeit »der verstorbenen Mutter die Benutzung ihres Körpers zugunsten des Kindes sicherlich zumutbar« ist.

In Wirklichkeit werden die meisten Fälle einer postumen Geburt moralisch sogar noch unproblematischer sein. Denn das mutmaßliche Interesse der Hirntoten an körperlicher Unversehrtheit wird in aller Regel nicht erst durch das – von manchen Leuten in Frage gestellte – Lebensinteresse des Fötus ausgeglichen, über das im nächsten Kapitel anläßlich des Themas Abtreibung zu diskutieren bleibt. Sondern die Schwangere dürfte normalerweise *selber* daran interessiert sein, daß ihr zukünftiges Baby überlebt. Der Versuch der Ärzte, den Fötus zu retten, liegt somit oft im *Gesamtinteresse* der »Toten«, so daß ihr durch die intensivmedizinische Behandlung überhaupt nicht geschadet wird. Deshalb läßt das ethische Grundprinzip *Neminem laedere* nur den *einen* Schluß zu: Versuche einer postumen Geburt sind im Normalfall moralisch unbedenklich bzw. moralisch *erlaubt*.

Daraus folgt freilich nicht, daß sie in jedem Einzelfall moralisch *geboten* wären. Dieses Problem steht in engem Zusammenhang mit der Frage, welche medizinische Betreuung man extremen Frühgeburten zukommen lassen sollte. Auf der einen Seite sind die hierfür erforderlichen Maßnahmen mit hohem finanziellen und personellen Aufwand verbunden, der vielleicht nutzbringender für die Heilung oder Pflege anderer Patienten eingesetzt werden könnte. Auf der anderen Seite ist der zu erwartende Nutzen für das nach einer postumen Schwangerschaft zur Welt gebrachte Kind deutlich geringer als bei einer normalen Schwangerschaft. Zum einen erniedrigt sich die Qualität bzw. der Wert des zukünftigen Lebens allein aufgrund der Tatsache, daß das Kind ohne die leibliche Mutter aufwachsen müßte.[22] Zum anderen ist die Überlebenswahrscheinlichkeit in frühen Schwangerschaftsstadien ohnehin recht niedrig, und bei einer postumen Schwangerschaft wird mit zusätzlichen psychischen und gesundheitlichen Komplikationen für den Embryo zu rechnen sein. So wies der Internist G. Schettler darauf hin:

»Es [...] ist höchst unsicher, ob es mit künstlicher Ernährung gelingt, den Aufbau des Embryos in physiologischer Weise zu garantieren. [...] Mit der normalen Ausreifung im mütterlichen Organismus sind jedenfalls parenterale Infusionen nicht zu vergleichen. [...] Wer weiß im übrigen, ob der Embryo durch den Unfall Schaden erlitten hat? Es ist doch wohl anzunehmen, daß die Unfallfolgen mit Schock usw., die letzten Endes zum Tod führten, nicht ohne Risiko für das werdende Leben waren. Gerade das frühe Stadium der Schwangerschaft ist es, das mich zu einer Ablehnung des Experimentes bewegt. In Spätstadien der Schwangerschaft mag es von Fall zu Fall gerechtfertigt sein, einen hirntoten Organismus zum Austragen des Kindes zu benutzen. [. . .] Je früher der Hirntod eingesetzt hat, das heißt je früher das Schwangerschaftsstadium liegt, um so problematischer wird die Situation.«[23]

Sein Pessimismus war berechtigt. Das medizinische Experiment mißlang. Am 17. November 1992 meldete die Zeitung lakonisch:

> »*Erlanger Baby* tot. Das als ›Erlanger Baby‹ bekanntgewordene ungeborene Kind einer hirntoten Schwangeren ist in der Nacht zum Montag gestorben. Die 18jährige Mutter erlitt in der Erlanger Universitätsklinik eine Fehlgeburt. Fünfeinhalb Wochen hatten die Ärzte des Krankenhauses die Mutter künstlich am Leben erhalten. Geplant war, das Kind in der 32. Schwangerschaftswoche als überlebensfähige Frühgeburt zur Welt zu bringen. Nach der Totgeburt wurde die künstliche Beatmung der Hirntoten eingestellt.«

2.6 Organtransplantation

Im vorigen Abschnitt wurde die künstliche Aufrechterhaltung der vitalen Funktionen einer Schwangeren mit dem Ziel einer postumen Geburt diskutiert. Die hierfür entscheidenden ethischen Gesichtspunkte waren das mutmaßliche Interesse der Toten (bzw. eventuell auch der Angehörigen) an körperlicher Unversehrtheit auf der einen und der Nutzen für das Leben des noch ungeborenen Kindes auf der anderen Seite. Ähnlich reduziert sich die ethische Problematik der Entnahme von transplantierbaren Organen hirntoter Unfallopfer weitgehend auf eine Abwägung zwischen dem Interesse an körperlicher Unversehrtheit einerseits und dem Nutzen für die Wiederherstellung der Gesundheit eines schwerkranken Menschen andererseits. Der ethisch relevante Hauptunterschied zwischen postumer Geburt und postumer Organentnahme besteht darin, daß die hirntote Schwangere normalerweise selber wünschte, daß ihr heranwachsendes Kind weiterleben würde, während wohl kaum generell davon ausgegangen werden kann, daß das Unfallopfer ein intrinsisches Interesse an der Wiederherstellung der Gesundheit eines Fremden hat. Im folgenden sollen – in etwas schematisierter Form – die Bedingungen diskutiert werden, unter denen eine postmortale Organentnahme moralisch vertretbar erscheint. Auf die speziellen Probleme der Organspende zu Lebzeiten wird anschließend eingegangen.

Wenn das Unfallopfer sich zu Lebzeiten definitiv *für* eine Organentnahme ausgesprochen hatte, dann liegt überhaupt kein Interessenkonflikt vor, und das *Neminem laedere* gibt die einzig mögliche Auskunft: Moralisch ohne Bedenken! Wenn der Verstorbene sich hingegen nicht für eine Explantation ausgesprochen hat, sind die beiden Unterfälle zu unterscheiden, daß er sich explizit *dagegen* bzw. daß er sich überhaupt nicht geäußert hat. Im ersteren Fall wäre eine Organentnahme prima facie natürlich abzulehnen. Im letzteren Fall erscheint es sinnvoll, das mutmaßliche Interesse des Verstorbenen stellvertretend durch Dritte, vorzugsweise durch nahe Angehörige, in Erfahrung zu bringen. Dabei sind entsprechend die Unterfälle zu betrachten, daß die Angehörigen (i) der Organentnahme zustimmen oder (ii) sie ablehnen oder (iii) keine Meinung äußern. Obwohl es immer möglich ist, daß Außenstehende sich hinsichtlich der Präferenzen des Verstorbenen irren, dürfte eine Organentnahme im Falle (i) wiederum unbedenklich sein, während sie im Falle (ii) zumindest prima facie als moralisch verwerflich abzulehnen wäre. Trotzdem wird über eine denkbare utilitaristische Rechtfertigung der Organentnahme selbst gegen den expliziten Wunsch des Verstorbenen bzw. der Angehörigen später noch zu reden sein.

Betrachten wir nun den offenen Fall (iii)! Man könnte

hier entweder der vorsichtigen Devise folgend nur das tun, was ausdrücklich erlaubt wurde, oder aber einem riskanteren Grundsatz gemäß alles für erlaubt halten, was nicht ausdrücklich verboten wurde.[24] Die erste Vorgehensweise wäre durch das mutmaßliche Interesse des Verstorbenen an körperlicher Unversehrtheit motiviert, die zweite durch die Interessen bzw. Hoffnungen jener, die dringend auf Spenderorgane warten. Aus utilitaristischer Perspektive wird man versuchen, beide Interessen gegeneinander abzuwägen. Dabei tauchen einige philosophisch interessante Detailprobleme auf.

Einerseits ist zu überlegen, inwiefern ein – dem Verstorbenen unterstelltes oder von ihm zu Lebzeiten bekundetes – Interesse an körperlicher Unversehrtheit überhaupt ein echtes bzw. *rationales* Interesse darstellt. Eigentlich könnte es jedem Menschen doch egal sein, ob seine Leiche mit oder ohne die fraglichen Organe der Verwesung preisgegeben wird. In der Tat scheint die Annahme plausibel, daß viele Leute eine postmortale Organspende nicht deshalb ablehnen, weil es ihnen wichtig wäre, daß ihr Leichnam möglichst »schön« unter die Erde kommt, sondern einzig, weil sie befürchten, daß sie andernfalls nach einem Unfall vorzeitig für tot erklärt werden könnten. So begründete der Justizminister von Rheinland-Pfalz laut einem Zeitungsbericht vom 4. 8. 94 den Rückzug eines Gesetzentwurfes, demzufolge Organentnahmen gemäß der »modifizierten Widerspruchslösung« erlaubt werden sollten, damit, daß »Urängste des Menschen vor einer Ausschlachtung« unterschätzt worden seien. Setzt man jedoch einmal voraus, daß solche Ängste vollständig ausgeräumt werden könnten, so bliebe die Frage, ob ein trotzdem geltend gemachter Wunsch nach körperlicher Unversehrtheit überhaupt rational verstehbar wäre bzw. *wie stark* ein derartiges Interesse wohl sein könnte.

Nun, *wie viel* es der Person P wirklich wert ist, daß ihr Leichnam nach einem Unfall unversehrt bzw. ohne medizi-

nische Eingriffe oder Organentnahmen bestattet wird,
könnte man im Prinzip mit der gleichen Methode zu messen versuchen, die in Abschnitt 2.2 zur Bestimmung des
Wertes des Lebens skizziert wurden. So könnte man P auf-
fordern, die Größe des subjektiven »Schadens«, der ihr
durch die postmortale Explantation z. B. einer Niere entstehen würde, durch Angabe jenes Geldbetrages zu präzisieren, den sie als angemessene Entschädigung hierfür betrachten würde. Um dabei zu einer realistischen Bewertung zu
gelangen, sollte sie diesen »Schaden« insbesondere mit dem
Schaden vergleichen, der ihr entstünde, wenn sie *zu Lebzeiten* durch Unfall oder Krankheit eine Niere verlieren
würde. Ohne irgendwelche konkreten Zahlen ins Spiel
bringen zu wollen, erscheint es ziemlich sicher, daß derartige – aufrichtig benannte – Geldbeträge weit hinter den Be-
trägen zurückbleiben würden, die z. B. Nierenkranke für
die Wiederherstellung ihrer Gesundheit durch eine Transplantation zu zahlen bereit wären. Deshalb läßt sich aus utilitaristischer Sichtweise scheinbar sogar eine Organentnahme *gegen* den ausdrücklichen Wunsch des Verstorbenen
rechtfertigen, denn die postmortale Verletzung des Interesses an körperlicher Unversehrtheit wird in der Regel wesentlich weniger wiegen als der Nutzen für den Organempf-
änger.

Andererseits ist aber zu erwägen, ob und wie weit die
Wünsche jener, die auf ein Spenderorgan warten, überhaupt
legitime Interessen darstellen, die als solche ins utilitaristische Kalkül einfließen dürfen. In einem Kommentar der
Neuen Osnabrücker Zeitung vom 4. August 1994 wurde behauptet, daß es sich bei der Organentnahme »um eine moralische, auch religiöse Güterabwägung zwischen dem Recht
des Toten auf seinen Körper und dem Recht [!] des Todge-
weihten auf Überleben durch Organverpflanzung« handele.
Dies ist aber, wörtlich verstanden, unhaltbar. Kein Mensch
hat ein *Recht* auf Glück, Wohlergehen oder Gesundheit.
Speziell sollte ein Nierenkranker die mögliche Wiederher-

stellung seiner Gesundheit durch eine Organtransplantation nicht als ein Recht, sondern als ein *Geschenk* betrachten, auf das er juristisch und moralisch ebensowenig Anspruch hat wie z. B. ein Armer auf die Million, die ihm ein Reicher schenken könnte. Wenn der Arme dem Reichen das Geld *stiehlt*, handelt er gegen dessen legitime Interessen; hingegen verstößt der Reiche normalerweise weder gegen Gesetz noch gegen Moral, wenn er dem Armen das Geld *nicht schenkt*. Entsprechend handelt auch der, der seine Einwilligung zur Organentnahme nach einem eventuellen Unfalltod verweigert, nicht im eigentlichen Sinne unmoralisch, d. h., er verletzt nicht die legitimen Interessen des Kranken, der auf das Transplantat wartet; hingegen würde ein Kranker offenkundig die legitimen Interessen des »Spenders« verletzen, wenn er ihm gegen dessen Willen ein Organ – und sei es auch nur postum – stiehlt.

Was sich auf den ersten Blick als einfacher Konflikt zwischen zwei scheinbar gleichberechtigten Interessen präsentierte, erweist sich also letztendlich als eine asymmetrische Situation, bei der ein relativ schwaches und zudem ziemlich irrationales, aber dennoch legitimes postumes Interesse an körperlicher Unversehrtheit abgewogen werden muß gegen ein starkes und nachvollziehbares, aber moralisch nicht einklagbares Interesse an Wiederherstellung der Gesundheit von Schwerstkranken. Auf welche Seite sich die utilitaristische Waage im Einzelfall neigen würde, vermag ich nicht allgemein zu prognostizieren. Zusammen mit Elsässer (1992: 26) würde ich jedoch auf jeden Fall die politisch umstrittene »modifizierte Widerspruchslösung« tolerieren, »die eine Organentnahme dann als zulässig erklärt, wenn die Angehörigen eines Verstorbenen, der sich zu Lebzeiten nicht geäußert hat, über die geplante Explantation informiert worden sind und diesem Eingriff innerhalb einer angemessenen Frist nicht widersprochen haben«.[25]

Nun zum Problem der nicht-postumen Organentnahme, der Lebendspende! Bis noch vor wenigen Jahren hatte die katholische Kirche jegliche Organspende, selbst zur Rettung des Lebens der eigenen Tochter, als moralisch unzulässige Verstümmelung abgelehnt mit der Begründung: »Durch die unbestritten gut gemeinte Tat hatte die Mutter nicht nur die Integrität ihres Organismus verletzt, sondern überdies auch in die Hoheitsrechte Gottes als des ›alleinigen Herrn‹ über Leben und Tod‹ eingegriffen; sie hatte sich ein ›Verfügungs‹-Recht über ihren Körper und dessen Organe angemaßt, obgleich dem Menschen lediglich ein bloßes ›Nutzungs‹-Recht zusteht.«[26] Wie der Autor ganz ohne Ironie weiter berichtet, gelang es einem Münchener Moraltheologen erst nach zehnjähriger Fachdiskussion, seine Glaubensbrüder davon zu überzeugen, daß Organspenden im Einklang mit christlicher Lebensführung stehen können. Dazu war angeblich die spitzfindige Argumentation nötig, »daß die natürliche Lebenssolidarität zwischen den Menschen und Christus in einer so unüberbietbaren Weise intensiviert und damit zu einer übernatürlichen Seinskommunikation zwischen Christus, dem eigenen Ich und dem Mitmenschen verdichtet wird, daß [...] es auch berechtigt und sogar geboten [ist], im Mitvollzug der ›Liebe Christi bis zum Äußersten‹ das Ich des Nächsten wie das eigene Ich zu betrachten – das heißt: letztlich also auch ein Organ unseres Leibes zu opfern, wenn es das Wohl der Mitmenschen erfordert«.

Die gegenwärtige Position der Kirche wurde in einer Erklärung der Deutschen Bischofskonferenz und des Rates der Evangelischen Kirche in Deutschland zum Thema Organtransplantation vom 1. September 1990 formuliert. Dort heißt es u. a., daß es

»[...] aus christlicher Sicht keinen grundsätzlichen Einwand mehr gegen eine freiwillige Organspende gibt [...]. Das Leben und damit der Leib ist ein Geschenk des Schöpfers, über das der Mensch zwar nicht nach Belieben verfügen kann, das er aber nach sorgfältiger Gewissensprüfung aus Liebe zum Nächsten einsetzen darf.« Mit diesem Grundsatz wird jedoch nur »die Spendung von regenerierbaren Geweben und von paarigen bzw. nicht-lebenswichtigen Organen [erlaubt], keinesfalls aber [...] die Spendung von lebenswichtigen Organen. [...] Nach wie vor nämlich gilt das Axiom: ›Gott allein ist Herr über Leben und Tod‹. Und deshalb hat der Mensch auch nur ein eingeschränktes Verfügungsrecht hinsichtlich einzelner Organe, keinesfalls aber eine totale Verfügungsmacht über die Existenz als ganze. Darum bleibt es ihm auch weiterhin untersagt, direkt und bewußt sein eigenes [...] Leben zu töten.«

Ohne den Ausführungen im nächsten Kapitel zum Thema Selbstmord vorgreifen zu wollen, sei nur angemerkt, daß die Leugnung der »totalen Verfügungsmacht über die Existenz als ganze« äußerst merkwürdig klingt aus dem Munde einer Religion, die in jeder heiligen Messe lobpreist, daß der Mensch gewordene Jesus Christus *sein eigenes Leben* für das Wohl von anderen geopfert hat. Deshalb soll der Einwand, durch eine Organspende dürfe niemals das Leben des Spenders gefährdet werden, hier nicht weiter diskutiert werden; zur Debatte stehen ohnehin nur die tatsächlich praktizierten Organspenden, bei denen der Spender in aller Regel keineswegs »die Existenz als ganze« aufs Spiel zu setzen gedenkt.

Nach Auffassung von Elsässer (1992) müssen eine Reihe von Bedingungen erfüllt sein, damit die Lebendspende z. B. einer Niere »sittlich einwandfrei« geschehen kann. So müssen etwa »das Akut- oder Langzeitrisiko für den Spender, die Gewebeverträglichkeit zwischen Spender und Empfänger, die Erfolgsprognose der Transplantation, der Ausschluß von Zwang und Verpflichtung sowie von Gewinnstreben und Geschäftsgebaren berücksichtigt werden«. Bei jeder Organtransplantation lassen sich, schematisch be-

trachtet, drei Parteien unterscheiden: Spender, Empfänger
und Arzt. Im Prinzip ist es denkbar, daß all ihr Tun moralische Dimensionen aufweist. Die *ethische* Relevanz der meisten von Elsässer genannten Faktoren ist jedoch nur schwer
einzusehen. Daß es *medizinisch* wichtig ist, das Akut- und
Langzeitrisiko der Organspende für den Spender ebenso
wie die Gebeweverträglichkeit zwischen Spender und Empfänger zu untersuchen und den voraussichtlichen Erfolg der
Transplantation zu bestimmen, das alles versteht sich von
selbst. Doch was sind die *ethischen* Implikationen dieser
Untersuchungen? Vielleicht will der Autor nur darauf aufmerksam machen, daß eine umfassende *Information* sowohl
des Spenders als auch des Empfängers über die Risiken der
Operation moralisch geboten ist. Dem kann man leicht zustimmen, doch hier liegt kein spezifisches Problem von Organtransplantationen vor, da (zumindest in Deutschland)
eine generelle Aufklärungspflicht über die Risiken *aller* einschlägigen Operationen ohnehin juristisch verankert ist.
Die speziellen moralischen Probleme der Organtransplantation konzentrieren sich somit wohl einzig auf den Bereich
der Kommerzialisierung der Organspende bzw. des Organ*handels*. Nach Elsässer ist hier zu befürchten, »daß
aus einer zumeist finanziellen Zwangslage heraus ein medizinisches Risiko eingegangen, der Mensch versklavt und
der menschliche Leib instrumentalisiert wird. Außerdem
könnte die Verteilung der Transplantate nicht mehr oder
nicht mehr ausschließlich nach medizinischen, sondern nach
markt-orientierten Kriterien erfolgen. Dadurch aber würden [...] wohlhabende Patienten gegenüber mittellosen
eindeutig bevorzugt [...]. Auf jeden Fall wäre damit der
Grundsatz der Gleichbehandlung in der Medizin preisgegeben.«

Der erste Komplex von Vorwürfen besagt, daß ein Organhandel zur Versklavung des Menschen, zur Instrumentalisierung ihrer Körper und dazu führen soll, daß die Spender aus finanzieller Not zu große medizinische Risiken

eingehen. Diese Behauptungen müssen jedoch relativiert werden. Daß zunächst jemand sich selber versklavt, bedeutet im eigentlichen Sinn, daß er seine Freiheit bzw. Selbstbestimmung verliert und daß andere ein Verfügungsrecht über ihn bzw. über seinen Körper erlangen. Davon kann aber bei einer Organspende gegen Bezahlung keine Rede sein. Im übertragenen Sinn spricht man freilich davon, daß Leute durch Arbeiten bzw. Dienstleistungen versklavt werden, wenn die Tätigkeiten so unangenehm und schlimm sind, daß sie nur widerwillig als Ultima ratio für das nackte Überleben ausgeübt werden. Vielleicht lag dem folgenden Fall, über den die *Neue Osnabrücker Zeitung* am 28. Oktober 1993 berichtete, eine solche Versklavung zugrunde:

> »*Kein Geld für Spenderniere aus Indien.* [...] Wer im Ausland die Niere eines noch lebenden Spenders kauft und sich einpflanzen läßt, kann nicht mit der Kostenerstattung durch seine Ersatzkasse rechnen. Der Kaufmann, der über drei Jahre wegen einer Nierenerkrankung dreimal wöchentlich zur Dialyse mußte, hatte sich in einem Krankenhaus in Bombay die Niere eines noch lebenden 28jährigen Inders einpflanzen lassen. Für die Operation und alle ärztlichen Leistungen zahlte der Lüneburger pauschal 35 000 Dollar.«

Auch wenn es bei diesem Fall anders gewesen sein sollte, so wäre es nicht nur möglich, sondern aufgrund neuerer Entwicklungen sogar recht wahrscheinlich, daß bei der Einrichtung eines freien Markts für Spenderorgane viele Leute sich aus finanzieller Not zu einer Organspende überreden ließen, die sie eigentlich als Versklavung empfinden müßten. Insbesondere würde der Spender einer Niere das Risiko eingehen, bei eventueller späterer Erkrankung seiner Restniere in die gleiche Situation zu geraten wie der Empfänger. Es fragt sich allerdings, ob diese drohende Gefahr allein schon ein hinreichender Grund ist, jeden Organhandel als unmoralisch zu verdammen bzw. gesetzlich zu verbieten.

Natürlich ist es *schlecht*, daß weite Teile der Weltbevöl-
kerung unter Bedingungen dahinvegetieren, die sie dazu
zwingen, ihren Lebensunterhalt auf eine Art und Weise zu
verdienen, die die meisten Wohlstandsbürger als Erniedrigung oder Versklavung empfinden würden. Natürlich wäre
es gut, wenn die Industriestaaten mehr als bislang dazu beitragen würden, Hunger und Not in den Ländern der Dritten Welt zu lindern. Die Förderung eines Transplantations-
Tourismus in Verallgemeinerung des obigen Beispiels wäre
hierfür sicher kein adäquates Mittel. Andererseits wäre es
aber auch falsch zu behaupten, daß durch Zulassung oder
Ausdehnung des Organhandels den einzelnen Spendern generell *geschadet* würde. Davon kann nur dann die Rede
sein, wenn es sich um *Ausbeutung* handelt, d. h., wenn unter
Ausnutzung der finanziellen Notsituation der Organspender kein angemessenes Entgelt bezahlt wird. Wie Elsässer
(1992: 25) zugestand, muß einfach ernsthaft »nicht nur über
eine ›angemessene Entschädigung‹ von Aufwendungen im
Zusammenhang mit der Gewebe- und Organspende nach-
gedacht werden, sondern darüber hinaus auch über ein entsprechendes ›Schmerzensgeld‹ [...] und u.U. vielleicht sogar
über eine gewisse ›Anerkennung für die Hilfsbereitschaft‹.«
In diesem Zusammenhang sei daran erinnert, daß eine materielle Vergütung für Blutspenden seit eh und je als moralisch unbedenklich angesehen wird.

Nun ist die genaue Festlegung eines gerechten Gebühren-
tarifs für die Spende einzelner Organe sicher nicht Aufgabe
der Bioethik, aber ein paar Anmerkungen zur ungefähren
finanziellen Größenordnung sind wohl angebracht. Aus der
zitierten Meldung geht leider nicht hervor, welcher Anteil
der 35 000 $ vom vermutlich privat geleiteten Krankenhaus
in Bombay bzw. vom transplantierenden Arzt eingesteckt
wurde und welcher Anteil dem Spender zugute kam. Falls
man von einer ungefähren 50/50 Verteilung ausgehen
dürfte, wäre ein entsprechendes Entgelt von 17 500 $ für die
Spende einer Niere (nicht zuletzt angesichts der niedrigen

Lebenshaltungskosten in Indien) sicher kein ausbeuterischer, sondern ein durchaus fairer Preis. Zeitungs- und Fernsehberichte der jüngsten Vergangenheit haben jedoch gezeigt, daß die indische Transplantationslobby alles andere als sozial gesinnt ist und den überwiegenden Löwenanteil des Geldes selber einsteckt, während manche Obdachlose in Bombay angeblich bereit sind, eine Niere für den lächerlichen Betrag von 1000 Rupien zu verkaufen. Dies ist natürlich ein absolut untragbarer Skandal, der ein gesetzliches Einschreiten gegen *solchen* Organhandel notwendig macht und jeden noch so Kranken davon abhalten sollte, *unter derartigen Bedingungen* eine Niere zu kaufen! Es sei jedoch angemerkt, daß das eigentliche moralische Problem das der *Ausbeutung* und nicht das der Organspende bzw. des Organhandels an sich ist.[27]

Der zweite Komplex von Elsässers Bedenken bezog sich darauf, daß die Verteilung von Spenderorganen nicht ausschließlich nach medizinischen, sondern auch nach marktwirtschaftlichen Kriterien erfolgen und daß deshalb ein reicher Patient gegenüber einem armen bevorzugt würde. Gesundheit würde kaufbar, und damit wäre das Prinzip der Gleichbehandlung in der Medizin verletzt. Nun führt aber erstens ein *geregelter* Organhandel nicht zwangsläufig dazu, daß nur der vorwiegend Reiche mit Transplantationsorganen versorgt werden. Im Prinzip ist es denkbar, daß die Krankenkassen sämtliche mit einer Nierentransplantation verbundenen Unkosten inklusive einer fixen Spendervergütung ebenso übernehmen wie bislang die Kosten für die Dialyse bzw. die Operationskosten bei der altruistischen Spende eines Unfallopfers. Allerdings ist angesichts des Mißverhältnisses von Nachfrage und Angebot zu befürchten, daß die Fixpreisregelung sich nicht durchsetzen ließe und daß ein grau-schwarzer Markt für Transplantationsorgane entstehen würde, der vorwiegend Wohlhabenden offen stünde. Es muß jedoch ernsthaft weiter gefragt werden, ob eine Verletzung des (angeblichen) Gleichheitsprinzips in der Medizin tatsächlich ethisch verwerflich ist. In gewisser Weise ist und war Gesundheit immer schon käuflich. Wer reich war, konnte immer schon in gesünderen Wohngegenden leben, gesündere Nahrung kaufen und sich bessere Ärzte leisten als ein Armer. Um sich klarzumachen, daß Reiche auch auf dem Sektor Gesundheit besser dastehen als Arme, muß man nicht unbedingt an Luxusartikel wie Goldzähne, Kuraufenthalte, eigene Fitness-Studios oder private Krankenschwestern denken, sondern man sollte sich nur vor Augen führen, daß die Armut speziell in der Dritten Welt Menschen bereits im Kindesalter dazu zwingt, unter gesundheits- oder gar lebensgefährdenden Bedingungen zu schuften, im Krankheitsfall auf keinerlei ärztliche Hilfe rechnen zu können und insgesamt ein Leben zu fristen, das sowohl von der Dauer als auch von der Qualität her nur einen Bruchteil des Lebens eines Durchschnittseuropäers wert ist. Angesichts von Not, Hunger und dadurch bedingten Krankheiten kann von einem globalen Prinzip der medizinischen Gleichbehandlung wirklich nicht die Rede sein. Und wenn hier ethisch etwas zu kritisieren ist, dann die z. T. extreme Ungleichverteilung von Besitz an sich, nicht aber die Tatsache, daß man mit mehr Geld außer vielen anderen Annehmlichkeiten auch bessere Gesundheit und längere Lebenserwartung kaufen kann.

Mit der Liberalisierung bzw. Ausweitung des Organhandels ist jedoch eine weitere, von Elsässer gar nicht thematisierte Gefahr verbunden, die Gefahr einer »Slippery slope«, einer schiefen Bahn. Wie Erfahrungen aus jüngster Zeit drastisch belegen, hat die Kommerzialisierung speziell des Handels mit Hornhäuten und mit Nieren zu verschiedenen kriminellen Praktiken, ja angeblich bereits zur Bildung einer »Organ-Mafia« geführt, die laut einem Bericht der *Hör zu* vom 7. Januar 1994 »Jagd auf Kinder und Erwachsene« macht: »Der kleine Jenson ist blind. Man hat ihm die Augäpfel geraubt. In Kolumbien kein Einzelfall. Die französische Fernseh-Journalistin Marie-Monique Robin stieß bei

Recherchen über illegalen Organhandel in Lateinamerika auf unfaßbare Grausamkeiten.« Die unfreiwillige Explantation der Hornhäute des Jungen soll so abgelaufen sein, daß Jenson wegen »einer Darmerkrankung ins staatliche Hospital von Villeta in Kolumbien gebracht [wurde]. Sie behielten ihn dort. Am nächsten Tag waren Jensons Augen bandagiert. Er blutete stark. Seine Mutter war fassungslos. Sie protestierte. Aber man fertigte sie ab: ›Ihr Kind stirbt sowieso.‹ Doch Jenson überlebte, er hatte ›nur‹ sein Augenlicht verloren.« Weiterhin skizziert *Hör zu* im typischen Stil der Boulevardpresse, wie in Mexiko verschiedene Kindernieren geraubt bzw. wider Willen explantiert worden sein sollen:

> »Am 15. September 1992 verschwindet die sechsjährige Diana Carrizales. Ein Zeuge berichtet der verzweifelten Mutter, ein Mann hätte das Mädchen ins Auto gezerrt. [...] Das Schicksal der kleinen Diana teilen jährlich Hunderte von Kindern. Sie werden gekidnapt, bekommen falsche Papiere und werden dann in Grenzorte zur USA geschafft. Es gibt drei mögliche Gründe: illegale Adoption, Kinderprostitution oder eben Organhandel. Ein neunjähriger Junge tauchte ein paar Wochen nach seinem Verschwinden wieder auf. Mit einer Narbe auf dem Rücken und 2000 Dollar in der Tasche. Eine Röntgenuntersuchung ergab, daß dem Kind eine Niere fehlte.«

Wenn diese und ähnliche Meldungen der Wahrheit entsprechen, sind Menschen also ihrer transplantierbaren Organe wegen bereits beraubt, ja regelrecht ausgeschlachtet und getötet worden. Und selbst wenn vieles übertrieben oder erdichtet sein sollte, so stellt doch die bloße Möglichkeit solcher Verbrechen einen überaus ernst zu nehmenden Einwand gegen den freien Handel mit Organen dar. Andererseits sind aber wirksame Mittel denkbar, den Bereich der Organtransplantationen so zu kontrollieren, daß Verbrechen der oben geschilderten Art weitestgehend ausgeschlossen werden. Dazu wäre es u. a. erforderlich, daß Transplantationen ausschließlich in staatlich anerkannten Kliniken durch speziell approbierte Ärzte durchgeführt werden; daß strenge Prüf- und Kontrollmechanismen für die Herkunft der Spenderorgane dazwischengeschaltet werden; und daß schließlich der gesamte Handel, d. h. die Besorgung von Transplantationsorganen inklusive der Spendervergütung (am besten gemäß festen Tarifen), in die Hände einer wohltätigen Organisation gelegt wird, wie dies für den Bereich der Blutspenden z. B. vom Roten Kreuz übernommen wird.

2.7 Künstliche Befruchtung (IVF)

In der Humanmedizin wird die homologe, d. h. mit dem genetischen Material von Ehepartnern praktizierte, künstliche Befruchtung dann angewendet, wenn das Paar sich ein Kind wünscht, es aber auf dem normalen Weg des sexuellen Verkehrs nicht bekommen könnte. Das Standardvorgehen einer solchen extrakorporalen (außerhalb des Körpers) bzw. in vitro (im Reagenzglas) erfolgenden Fertilisation, kurz IVF, läßt sich knapp folgendermaßen beschreiben.[28] Der Frau werden nach vorangegangener hormoneller Stimulation reife Eizellen durch Punktion entnommen. Im zeitlichen Zusammenhang hiermit muß der Ehemann Sperma abgeben. Etwa vier bis sechs Stunden nach der Eizellgewinnung wird jede Eizelle inseminiert. Nun beginnt die Kulturphase, die sich über zwei Tage bis zur Kernverschmelzung innerhalb der Eizelle hinzieht. Danach ist der Befruchtungsvorgang abgeschlossen. Die so gezeugten Embryonen, die sich gewöhnlich im Vier- bis Achtzellstadium befinden, werden anschließend in die Gebärmutter übertragen, und die Schwangerschaft kann beginnen.

Ein erster Einwand gegen extrakorporale Befruchtungen wurde von der katholischen Kirche erhoben. In der Enzy-

klika *Humanae vitae* aus dem Jahre 1968 verwies Papst
Paul VI. auf »die unzertrennliche, von Gott gewollte Verbindung [. . .] zwischen den beiden Bedeutungen des ehelichen Aktes: die vereinigende Bedeutung und die zeugende
Bedeutung. Der eheliche Akt, der aufgrund seiner intimen
Struktur Ehemann und Ehefrau auf das Engste vereinigt,
setzt sie in die Lage, neues Leben zu zeugen gemäß den Gesetzen, die dem inneren Sein von Mann und Frau einge-
schrieben sind.«[29] Deswegen soll die Zeugung eines Kindes
moralisch nur in einem Akt ehelichen Geschlechtsverkehrs
erlaubt sein. Ein solches Bedenken dürfte aber selbst von
den wenigen erzkonservativen Katholiken, die die Grund-
züge der päpstlichen Sexualmoral für richtig halten, nur
schwer nachzuvollziehen sein. Denn einerseits ist es ja gerade der Wunsch nach einem Kind, der gemäß katholischer
Lehrmeinung den Sexualverkehr moralisch statthaft werden
läßt; andererseits wird die Zeugung eines Kindes nur dann
moralisch akzeptiert, wenn Mann und Frau in christlicher
Ehe verbunden sind. Wieso ist dann ausgerechnet ein Verhalten unmoralisch, das im Rahmen einer christlichen Ehe
den Wunsch nach einem Kind auf einem Wege zu realisieren
versucht, der sogar auf den ansonsten so verpönten Sexualverkehr verzichtet? Angesichts der inneren Inkonsistenz
der päpstlichen Position mag es erlaubt sein, den zitierten
Einwand im Anschluß an Ducharme (1991) schlicht mit
dem Hinweis zu desavouieren, daß dann ja auch die
»Fleischwerdung« des Sohnes Gottes unmoralisch gewesen
sein müßte, da der Bibel zufolge Jesus nicht durch ehelichen
Sexualverkehr gezeugt wurde!

Der nächste Einwand gegen IVF bezieht sich auf die Tatsache, daß die Rate der dadurch eingeleiteten Schwanger-
schaften relativ niedrig liegt, nämlich in der Größenordnung von 10 %. Aus dieser geringen Überlebenschance für
die Embryonen hat Leist (1990a: 182 f.) einen »direkten Zusammenhang zwischen der Abtreibungsethik und einer ›Re-
produktionsethik‹« hergeleitet, der darin bestehen soll,

»[...] daß die Handlung ›mithilfe von IVF ein Kind zeugen‹ mit hoher Wahrscheinlichkeit das Töten eines Embryos umfaßt und deshalb als eine Form des Tötens betrachtet werden sollte. Zumindest als eine Form des Tötens im weiten Sinn von ›Töten‹, der vorhergesehenes Sterbenlassen als Folge einer eigenen Handlung einschließt. [...] Das Zeugen mithilfe von IVF bedeutet, daß Embryonen vorhersehbar und absichtlich in eine Situation gebracht werden, in der sie mit hoher Wahrscheinlichkeit absterben.«

IVF sei deshalb vergleichbar mit einem »Russischen Roulette«, bei dem ein Erwachsener mit einer 90 %igen Wahrscheinlichkeit getötet wird. Diese Sichtweise, der zufolge das Mißlingen einer künstlichen Befruchtung als *Tötung* eben dieses Embryo aufgefaßt wird, ist jedoch absurd. Anders als bei einer Abtreibung geht es ja bei der IVF nicht darum, einem Lebewesen, das normalerweise ein Leben vor sich hätte, dieses willentlich und wissentlich wieder *wegzunehmen*, sondern es handelt sich darum, einem Wesen, wenngleich nur mit geringer Chance, überhaupt zur Existenz zu verhelfen, d. h., ein Leben zu *schenken*. Wenn man hier mit einem Vergleich operieren will, dann könnte man IVF zwar als Lotterie oder als Roulette bezeichnen, jedoch nicht als *Russisches* Roulette, sondern als ein Spiel, bei dem man, ohne einen Einsatz zahlen zu müssen, mit ca. 10 % Wahrscheinlichkeit den Hauptpreis gewinnt, nämlich das Leben.[30]

Ernster zu nehmen sind Einwände gegen eine besondere Form der IVF, bei der »überzählige« Embryonen entstehen. Um die Wahrscheinlichkeit einer Schwangerschaft nach IVF zu erhöhen, entnimmt man der Frau in der Regel mehr Eier als nach der Befruchtung wieder rückgeführt werden sollen. Deshalb können unter Umständen einige in vitro befruchtete Eizellen übrigbleiben, die entweder für eine denkbare spätere Wiederverwendung tiefgefroren werden oder die sich in einer Nährlösung noch einige Zeit weiterentwickeln dürfen, um z. B. als Objekte für medizinische Forschung zu dienen und danach abzusterben. Auf die Problematik des *Experimentierens* mit Embryonen wird im nächsten Abschnitt eingegangen. Hier soll zunächst die Frage diskutiert werden, ob es überhaupt moralisch zu rechtfertigen ist, in vitro menschliches Leben zu *zeugen*, das von vornherein zum frühzeitigen Absterben verurteilt ist. Das 1990 verabschiedete Embryonenschutzgesetz – kurz ESchG – verbietet nicht nur jedes Experimentieren bzw. »jegliche Verwendung menschlicher Embryonen zu fremdnützigen, d. h. nicht der Erhaltung des Embryos dienenden Zwecken«, sondern es fordert zugleich, daß bei einem IVF-Versuch maximal drei Eizellen befruchtet bzw. weiter kultiviert werden und daß alle dabei entstandenen Embryonen in die Gebärmutter zurückgeführt werden. Falls bei der Insemination dennoch mehr als drei Embryonen entstanden sind, sollen diese kryokonserviert werden, wobei ein solcher Vorgang stets der Zentralen Kommission der Bundesärztekammer gemeldet werden muß. Dunstan (1988: 15) stellt die berechtigte Frage, wie sich solche restriktiven Maßnahmen ethisch begründen lassen bzw. genauer, was man eigentlich beabsichtigt, »wenn man aus Respekt vor dem Leben der Embryonen darauf besteht, daß alle befruchteten Eizellen in den Uterus der Mutter zurückgeführt werden«. Er glaubt, diese Position würde zwangsläufig zu folgendem Dilemma führen:

»Entweder sollen (wie durch klinische Untersuchungen nahegelegt wird) die zwei oder drei zusätzlichen Embryonen die Chancen erhöhen, daß sich überhaupt einer einnistet; In diesem Fall würde man die zwei oder drei menschlichen Embryonen als ein Mittel zum Wohle des einen benutzen; [...] oder man hofft, um die Risiken einer Mehrfachschwangerschaft für die Mutter und für die Babys zu vermeiden, daß die Natur eine Auslese treffen wird, die das eigene Gewissen nicht zu treffen wagt. Diese Position erscheint moralisch bigott.«

Was die erste Alternative betrifft, so haben neuere Untersuchungen gezeigt, daß die Schwangerschaftsrate nach IVF mit der Anzahl der reimplantierten Embryonen tatsächlich anwächst. Nach einer Statistik aus Hinney/Michelmann (1992: 1104) beträgt sie beim Transfer nur eines Embryos lediglich 9 %, während sie bei gleichzeitiger Übertragung von zwei bzw. drei Embryonen auf 14 % bzw. 23 % gesteigert werden kann; hingegen erhöht die Übertragung von vier oder mehr Embryonen die Chance einer Empfängnis nicht weiter signifikant. Um die moralischen Implikationen dieses Befundes zu ermitteln, nehmen wir an, bei einem IVF-Eingriff seien drei befruchtungsfähige Eizellen entnommen worden. Man betrachte nun die verschiedenen möglichen Vorgehensweisen, nur eine einzige bzw. zwei oder alle drei Eizellen in vitro zu befruchten – kurz: B1, B2 und B3. Bei B1 wird der gezeugte Embryo anschließend in den Uterus implantiert; seine Überlebenswahrscheinlichkeit beträgt nach obiger Statistik 9 %. Bei B2 ist näher zu unterscheiden, ob man die Embryonen simultan (B2$_{sim}$) oder sukzessive (B2$_{suk}$) in den Uterus zurückführt. Bei B2$_{sim}$ ist die Überlebenswahrscheinlichkeit der einzelnen Embryonen nur unwesentlich kleiner als bei B1, denn wenn es zu einer einfachen Schwangerschaft kommt, hat jeder der beiden Embryonen die gleiche Chance von 50 %, der glückliche zu sein, der mit der in der Statistik genannten Quote von nunmehr 14 % überleben wird; darüber hinaus besteht aber auch noch die Möglichkeit einer Zwillingsschwangerschaft; deshalb beträgt die Überlebenswahrscheinlichkeit jedes Embryos hier insgesamt ca. 7,5 %. Bei B2$_{suk}$ wird zunächst nur einer der beiden Embryonen implantiert und der andere kryokonserviert. Wenn die gewünschte Schwangerschaft sich schon nach der Implantation des ersten Embryos einstellt (was aufgrund der statisti-

schen Daten allerdings nur mit der geringen Wahrscheinlichkeit von 9% zu erwarten ist), dann überläßt man den
zweiten, tiefgefrorenen Embryo seinem Schicksal, es sei
denn, die Mutter will im Anschluß an die erste Schwangerschaft auch ihn noch austragen. Mit einer Ausgangswahr-
scheinlichkeit von 91% tritt hingegen der Fall ein, daß der
erste Embryo nicht überlebt hat und daß deshalb anschließend der zweite, wieder aufgetaute Embryo implantiert
wird. Mit ein wenig Rechnerei macht man sich klar, daß die
Überlebenswahrscheinlichkeit jedes einzelnen Embryos bei
diesem Vorgehen ca. 8,5% beträgt[31], also wiederum nur unwesentlich vom »Standardwert« bei B1 differiert. Analog erhält man für den Fall der Befruchtung von drei Eizellen bei
anschließender simultaner Rückführung ($B3_{sim}$) für jeden
einzelnen Embryo eine Überlebenswahrscheinlichkeit von
mindestens 1/3 x 23%, d. h. knapp 8%, sowie bei sukzessiver Implantation ($B3_{suk}$) einen Wert von ebenfalls ca. 8%.
Zusammenfassend kann man deshalb feststellen, daß es aus
der Perspektive der betroffenen Embryonen ziemlich egal
ist, ob bei einer IVF-Behandlung eine, zwei oder drei Eizellen befruchtet und dann sukzessive oder simultan in den
Uterus der Frau zurückgeführt werden. Bei jedem Vorgehen
haben alle Embryonen praktisch die gleiche Überlebenswahrscheinlichkeit (zwischen 7,5% und 9%). Deshalb erweist sich der zitierte Vorwurf, bei simultaner Rückführung
mehrerer Embryonen würden zwei oder drei als Mittel zum
Überleben des einen *geopfert*, als unhaltbar. Dieses Vorgehen
erhöht nicht nur in signifikanter Weise die Empfängnischan-
cen der Frau, ohne daß man ihr einen wiederholten gynäkologischen Eingriff zumuten müßte, sondern es wird auch
den fraglichen Embryonen angesichts der fast unveränder-
ten Überlebenswahrscheinlichkeiten *nicht geschadet*. Selbst
wenn nur einer der implantierten Embryonen überlebt, so
hatte doch jeder die gleiche faire Chance, dieser eine zu sein.

Was Dunstans zweiten, im obigen Zitat erhobenen Vorwurf betrifft, so könnte man zwar zugestehen, daß die si-

multane Implantation von bis zu drei Embryonen möglicherweise von der Hoffnung der Mutter in spe begleitet wird, daß keine Mehrfachschwangerschaft folgt, daß also »die Natur eine Auslese treffen wird, die das eigene Gewissen nicht zu treffen wagt«. Doch dies ist genausowenig bigott wie z. B. die Einstellung einer Frau, deren Fertilitätsstörung nicht durch IVF, sondern durch Hormongaben therapiert wird und die, obwohl sie es nie mit ihrem Gewissen vereinbaren könnte, selber durch Abtreibung eine Auswahl zu treffen, sich dennoch von Herzen wünscht, keine Zwillinge oder gar Drillinge zu bekommen. Oder man denke auch nur an die vielen Mädchen und Frauen, die befürchten, »einfach« schwanger geworden zu sein, und die aus Überzeugung niemals abtreiben würden, die aber dennoch sehnsüchtig hoffen, daß die Natur das Problem für sie erledigt, d. h., daß sie doch noch ihre überfälligen »Tage« bekommen. Wer würde hier von moralischer Bigotterie reden? Im übrigen kann ja auch jede IVF-Kandidatin selber entscheiden, ob sie das Risiko einer Mehrfach-Schwangerschaft eingehen will. *Nur dann,* wenn sie die erfolgversprechendere simultane Implantation wählt, verlangt das ESchG von ihr auch die Bereitschaft, gegebenenfalls eine Doppelt- oder Dreifach-Schwangerschaft auszutragen. Wenn ihr dies als zu große Zumutung erscheint, muß sie sich halt mit einem weniger aussichtsreichen Versuch begnügen, bei dem nur ein einziger Embryo implantiert wird. An den durch das ESchG geforderten Methoden der IVF ist jedenfalls moralisch nichts zu bemängeln.

Als nächstes sollen kurz Probleme diskutiert werden, die bei den verschiedenen Formen der nicht-homologen oder *heterologen* IVF auftauchen. Die wichtigsten Varianten bestehen darin, daß (a) die Eizellen der Frau nicht mit dem Sperma des Ehemanns sondern eines anderen, in der Regel anonym bleibenden Samenspenders befruchtet werden; (b) daß umgekehrt Eizellen einer anderen Frau mit dem Samen des Mannes befruchtet werden; (c) daß die IVF zwar mit dem gleichen genetischen Material wie im homologen Fall erfolgt, die Embryonen anschließend jedoch in den Uterus einer anderen Frau, der sog. Leihmutter, implantiert werden. Darüber hinaus kann man noch unterscheiden, ob die IVF (1) im Rahmen einer Ehe bzw. einer eheähnlichen Verbindung von Mann und Frau wegen Infertilität des einen Partners oder (2) außerhalb der Ehe in einer Situation erfolgen soll, wo die Person, die sich ein Kind wünscht, gar keinen Sexualpartner hat, mit dem sie es auf natürlichem Weg zeugen könnte. Laut Hinney/Michelmann (1992: 1099) erlauben die Richtlinien der deutschen Bundesärztekammer einzig den Subtyp (a1) der heterologen IVF innerhalb einer Ehe. Die Typen (b) und (c), d. h., »die Befruchtung menschlicher Eizellen mit dem Ziele einer späteren Embryonenspende oder dem Ziel der Übertragung des Embryos auf eine sogenannte Ersatzmutter« werden durch das ESchG explizit verboten.[32]

Ein erster, von Gründel (1987: 91) geäußerter Einwand gegen die Verfahren (a1) und (b1) besagt: »Mit der heterologen Insemination kommt eben doch ein Fremdelement in die Ehe, wobei für den unfruchtbaren Ehepartner seine Unfruchtbarkeit geradezu ›festgeschrieben‹ wird«. Mit dieser Überlegung müßte man freilich auch die *Adoption* eines Kindes bei Unfruchtbarkeit eines Ehepartners ablehnen. Außerdem übersieht der Einwand den entscheidenden Sachverhalt, daß normalerweise der unfruchtbare Ehepartner der IVF – sei es aus eigenem Wunsch nach einem Kind, sei es aus Liebe zum Ehepartner – *zugestimmt* hat. Der nächste Vorbehalt speziell gegen das Verfahren (a) betrifft die Anonymität des Samenspenders. Laut Birnbacher (1990a: 273) ist es moralisch bedenklich, »dem Kind ein nicht zu vernachlässigendes physisches oder psychisches Risiko aufzubürden. Dies geschieht bereits dann, wenn einem durch heterologe Insemination oder In-vitro-Fertilisation mit Spendersamen gezeugten Kind gezielt die Möglichkeit genommen wird, die Identität oder zumindest ein grobes

qualitatives Profil seines genetischen Vaters zu kennen.«
Ferner ist laut Gründel (1987: 92) zu bedenken, daß sich
durch die Anonymität des Samenspenders »Möglichkeiten
für nicht gerade erstrebenswerte Beziehungen zwischen
Halbgeschwistern« eröffnen. Gegen derlei Bedenken kann
man jedoch einwenden, daß manche normal gezeugte Kinder ihren leiblichen Vater ebenfalls nicht kennen und daß
deshalb eine ungewollte sexuelle Beziehung zwischen Halbgeschwistern auch ohne IVF möglich ist. Außerdem – und
diese Replik läßt sich analog auf fast alle folgenden Einwände übertragen – dürfte die Verletzung des »Rechts auf
genetische Identität« wohl kaum so stark wiegen, daß ein
Kind jemals sagen würde: Ich wäre lieber überhaupt nicht
als in Unkenntnis meines leiblichen Vaters geboren worden.

Ein weiterer, von Lübbe (1988: 23) vorgetragener Einwand besagt, daß ein IVF-gezeugtes Kind ein moralisches
»Recht auf einen seiner genetischen Identität entsprechenden temporalen Ort in der Generationenabfolge« habe. Damit ist anscheinend gemeint, daß der Samen für ein IVF-
Embryo (bzw. der Embryo selber) nur so lange tiefgefroren
werden darf, daß es so ausschauen könnte, als sei das Kind
durch einen normalen Geschlechtsakt gezeugt worden.
Ähnlich meldet Gründel (1987: 85) Bedenken dagegen an,
daß »über Jahre hindurch menschliches Keimmaterial in
einer Tiefkühllagerung gewissermaßen ›auf Abruf‹ aufbewahrt würde oder [daß] man mit den noch tiefkühlgelager-
ten Spermien eines bereits verstorbenen Ehegatten neues
Leben zeugen wollte«. Hier ist zwar zuzugestehen, daß die
potentiellen Gründe einer Frau, die sich erst nach dem Tode
ihres Ehemanns mit tiefgekühltem Sperma in vitro befruchten lassen wollte, im allgemeinen nur schwer nachzuvollziehen wären; aber der dadurch resultierende Schaden für das
Kind wäre wiederum vergleichsweise gering. So hat sich ja
auch der rechtliche Status und die gesellschaftliche Anerkennung von unehelichen Kindern während der vergangenen
Jahrzehnte deutlich verbessert.

Ein weiteres Problem der heterologen IVF vom Typ (a) kann dann auftreten, wenn es der Frau erlaubt bzw. ermöglicht wird, aus einer Samenbank ganz spezielles Sperma auszuwählen, um so nach ihrer Wahl ein Kind mit bestimmten genetischen Merkmalen (Geschlecht, Hautfarbe, Körpergröße, Intelligenz, etc.) auszusuchen. Im besonderen Fall (a2) einer *ledigen* Frau löste dies laut dpa-Meldung vom 11. März 1991 einen »Sturm der Entrüstung« aus:

»Eine ›unbefleckte Empfängnis‹ versetzt die britische Öffentlichkeit in Aufregung. Eine junge Frau, die noch keinerlei sexuelle Beziehungen mit einem Mann hatte und auch in absehbarer Zeit keine haben will, hat sich im Krankenhaus der britischen Industriestadt Birmingham für umgerechnet 550 DM künstlich befruchten lassen und erwartet nun ein Kind. [. . .] Die junge Frau versuchte den Angaben zufolge über die Wahl des Samenspenders Haut, Augen- und Haarfarbe ihres Kindes zu bestimmen. [. . .] Die am Montag veröffentlichten Zeitungsberichte über die ›jungfräuliche Geburt‹ führten sofort zu einem Sturm der Entrüstung. [. . .] Eine Parlamentarierin sagte [. . .]: ›Dies reduziert die Kinder zu Verbraucherware.‹ Sie warnte vor einer Supermarktmentalität bei der Mutterschaft. Mehrere Ärzte warnten, diese Art Mutterschaft könnte zu psychologischen und später auch zu sexuellen Problemen führen. Der britische Pionier der künstlichen Befruchtung, Peter Bromwich, warnte vor einem Konsumverhalten: ›Wenn man eine Konservendose kaufen will, geht man in ein Geschäft und kauft sie sich. Einige glauben, daß man das gleiche mit einem Baby machen kann.‹ Ähnlich äußerte sich der Bischof von Birmingham, Mark Sander. Ein Kind sei ein Geschenk und kein Recht. Ein Kind müsse aus der lebenslangen Liebe zwischen einem Mann und einer Frau entstehen.«

Die hier geäußerten Bedenken werden vermutlich bei vielen Lesern emotional auf Zustimmung stoßen; ihre ethische Stringenz ist jedoch weit weniger evident. Von unten nach oben gescannt:

- (5) Natürlich ist es schön, wenn ein Kind aus einer lebenslangen Liebe zwischen Mann und Frau entsteht. Aber wer die Welt einigermaßen realistisch betrachtet, weiß, daß sich eine lebenslange Liebe nur in den wenigsten Ehen aufrechterhalten läßt und daß nur die wenigsten Kinder das geplante oder gewünschte Produkt einer derartigen Beziehung sind.

- (4) Natürlich ist ein Kind ein Geschenk, auf das niemand einen Rechtsanspruch hat; speziell hat eine x-beliebige Person nicht das Recht, von einem x-beliebigen Angehörigen des anderen Geschlechts zu fordern: »Mach mir ein Kind!« Aber hier steht ja nur zur Debatte, ob es moralisch *unrecht* wäre, wenn einer Frau dank der freiwilligen Assistenz des Samenspenders ein Kind geschenkt würde!

- (3) Natürlich sind Babys keine Konsumartikel, und das monierte Supermarktdenken in bezug auf den eigenen Nachwuchs wäre in der Tat insbesondere dann verwerflich, wenn es dazu führen würde, daß ein Fötus bei Nichtgefallen »umgetauscht« bzw. nach entsprechender pränataler Diagnostik abgetrieben würde. Wenn aber eine Frau die Möglichkeit, zwischen dem Samen verschiedener Spender zu wählen, lediglich dazu benutzt, ihr Kind mit *gewissen* Merkmalen auszustatten (speziell mit der »passenden« Hautfarbe und z. B. mit eugenischen Faktoren, die für die Gesundheit des Kindes wichtig sein können), so ist dies moralisch sicher nicht bedenklicher, als wenn sie bewußt eine Auswahl trifft, mit welchem der Liebhaber, die sie im Laufe der Jahre kennengelernt hat, sie ein Kind zeugen möchte. Letztere Entscheidung *könnte* in Einzelfällen moralisch verwerflich sein, wenn nämlich der Mann *bloß* als Erzeuger mißbraucht würde, wenn er also entgegen seinem Wunsch nicht als künftiger sozialer Vater des Kindes vorgesehen ist. Im Rahmen einer sexuellen Partnerschaft sollte der Wunsch »*Von dir* will ich ein Kind« immer mit der Einstellung einhergehen »*Mit dir* will ich ein Kind«. Bei heterologer IVF entfällt dieses Bedenken aber, da ein Samenspender partout nicht erwartet, daß die Frau das Kind aus Liebe zu ihm bekommt und mit ihm großziehen will.

- (2) Bei den im Zitat geltend gemachten »psychologischen oder sexuellen Problemen« wurde leider nicht präzisiert, ob man sie für die Mutter oder für den Nachwuchs befürchtet. Einschlägige Probleme für die Mutter liegen nicht auf der Hand und müßten näher spezifiziert werden; selbst wenn dies gelänge, wären sie gemäß dem *Neminem laedere* moralisch irrelevant. Eventuelle psychische Probleme für das Kind, die man bei speziellen Formen heterologer IVF erwarten könnte, werden weiter unten diskutiert.

- (1) Die Ansicht, eine Frau dürfe ein Kind höchstens im Zusammenhang mit (oder quasi als »Belohnung« für) einen normalen Geschlechtsverkehr bekommen, deckt sich weder mit der konservativen Sexualmoral, noch läßt sie sich in dieser allgemeinen Form mit den Prinzipien einer aufgeklärten Moral rechtfertigen. In dem in der Zeitung beschriebenen Fall, wo die Frau vermutlich lesbisch veranlagt oder zumindest an heterosexuellem Verkehr desinteressiert war, ist jedenfalls nicht einzusehen, inwiefern gerade die sexuelle Enthaltsamkeit ihren Wunsch nach einem Kinde moralisch diskreditieren sollte. Ganz anders wäre es, wenn die Frau verheiratet wäre bzw. mit ei-

nem zeugungsfähigen und zeugungswilligen Mann
in fester Gemeinschaft zusammenleben würde.
Dann wäre der Versuch einer IVF im Verbund mit
sexueller Abstinenz schon deshalb verwerflich, weil
der Partner sich normalerweise gekränkt bzw. zu-
rückgesetzt fühlen und der Zeugung »seines« Kindes ohne eigenes generatives Zutun kaum zustimmen würde. Derartige Probleme treten bei Lesben
bzw. alleinlebenden Frauen aber nicht auf. Hier –
und damit greifen wir den bereits unter (2) angedeu-
teten Punkt auf – bleibt nur die moralische Relevanz
der familiären und sozialen Umstände zu untersuchen, unter denen das heterolog in vitro gezeugte
Kind heranwächst.

Nach Birnbacher (1990a: 273 f.) ist es unverantwortlich,
»ein Kind künstlich zu zeugen, von dem man weiß oder bil-
ligend in Kauf nimmt, daß es in Verhältnissen aufwachsen
wird, die für seine Entwicklung nachteilig sind. Der fanati-
sche Wunsch nach einem Kind ist nicht unbedingt ein geeig-
netes Kriterium für die Fähigkeit, ihm zu einer gedeihlichen
Entwicklung zu verhelfen.« Obwohl der Autor keine ge-
naueren Aussagen macht, hatte er vermutlich insbesondere
die Situation von alleinerziehenden und/oder lesbischen
Müttern vor Augen. Solche familiären Verhältnisse wären
für die Entwicklung des Kindes sicher nicht optimal. Diese
allgemeine Einschätzung drückt sich auch darin aus, daß homosexuelle Paare bzw. alleinstehende Frauen und Männer
als Kandidaten für die *Adoption* eines Kindes normalerweise ausscheiden. Mit ähnlichen Überlegungen könnte
man auch gewisse weitere Formen heterologer IVF ablehn-
nen, bei denen z. B. – wie jüngst in der Zeitung gemeldet
wurde – einer 57jährigen bzw. sogar 63jährigen Frau in Ita-
lien eine Embryonenspende implantiert wurde. Für die
psychische Entwicklung des Kindes ist es sicher nicht optimal, von einer Mutter aufgezogen zu werden, die vom Alter

her als leibliche Groß- oder gar Urgroßmutter eingeschätzt würde.

Eine philosophisch interessante, aber nicht gerade leicht zu beantwortende Frage besteht nun darin, ob die Parallelisierung zwischen Adoption und Zeugung legitim ist. Bei der Adoption *existiert* bereits ein Kind mit eventuell schon ausgeprägten, zumindest aber extrapolierbaren Interessen. Deshalb kann man die Alternativen, das Kind in die Hände dieser oder jener Familie zu geben, dahingehend bewerten, inwiefern das Aufwachsen in der jeweiligen Familie am besten (oder doch zumindest hinreichend gut) mit den mutmaßlichen Interessen des Kindes konform geht. Bei der extrakorporalen *Zeugung* existiert das zu zeugende Individuum als Träger aktueller oder zukünftiger Interessen jedoch noch gar nicht. Es geht also nicht darum, für ein *wohlbestimmtes* Kind die optimalen Erzeuger und Erzieher auszusuchen, denn sobald man die Eltern bzw. Zeugenden variiert, variiert auch das zu zeugende Kind. Die Frage der Moralität heterologer IVF muß deshalb anscheinend anders beantwortet werden als die Auswahl von Adoptiveltern.

Im Zusammenhang mit der Frage der Empfängnisverhütung wurde bereits das kontroverse Problem diskutiert, ob es moralisch schlecht ist, ein Wesen in die Welt zu setzen, dessen Leben voraussichtlich einen negativem Erwartungswert haben wird. Wie sich zeigte, konnte man dort mit einiger Plausibilität den Standpunkt vertreten, daß der eigentliche Zeugungsakt – zumindest im Hinblick auf die Interessen des zu Zeugenden – *jenseits* von Gut und Böse einzuordnen ist. Doch auch wenn man die entgegengesetzte Auffassung vertritt und die Zeugung eines »unglücklichen Wesens« à la Singer für unmoralisch hält, so ließe sich damit allein wohl kein einziger Fall einer heterologen IVF als unmoralisch diskriminieren. Speziell könnte man, wie Schöne-Seifert (1990: 467) bemerkt, das Verbot, »unverheirateten oder homosexuellen Frauen durch künstliche Befruchtung zu einem Kind zu verhelfen«, nicht mit »der Norm des

›persönlichen‹ Embryonen-Schutzes« begründen: »Die jeweiligen Alternativen heißen hier: dieses Kind so, oder dieses Kind gar nicht. Und all die psychosozialen Nachteile, die hier für dieses Kind vermeintlich entstehen, sind (bei aller Schwierigkeit ihrer empirischen Gewichtung) ohne Zweifel nicht so gravierend, als daß sie ihm das Leben derart qualvoll machten, daß es vorziehen müßte, gar nicht zu existieren.«

Diese Überlegung ließe sich sogar auf den speziellen Fall der Kombination von (b2) und (c) übertragen, wo einem Paar männlicher Homosexueller mittels der Eispende einer Frau plus IVF plus Austragen durch eine Leihmutter zu einem Kind verholfen werden soll. Auch hier könnte man aus der Perspektive des zu zeugenden Kindes sagen, daß es besser wäre, in einer »Schwulenehe« aufzuwachsen, als überhaupt kein Leben zu führen. Dennoch dürften diese und ähnlich problematische Formen heterologer IVF sehr oft aus einem anderen Grunde als dem bislang betrachteten Interesse des zukünftigen Kindes moralisch fragwürdig sein: Sie verstoßen nämlich in der Regel gegen die *Interessen der SpenderIn* der Samen- bzw. Eizelle! Kaum eine »normale« Frau würde wohl freiwillig ihre Eizelle(n) dafür hergeben wollen, daß sie mit dem Samen eines ihr unbekannten Homosexuellen befruchtet, anschließend durch eine ihr unbekannte Leihmutter ausgetragen und schließlich in der »Ehe« zwischen dem Erzeuger und einem anderen Schwulen großgezogen wird. Schließlich und endlich wäre es ja zum Teil *ihr* Kind, dem sie auf diese Weise zumuten würde, unter suboptimalen psychosozialen Umständen aufzuwachsen. Und auch wenn ich mir vorstellen kann, daß Männer (vor allem dann, wenn sie sich eventuell nur aus finanziellen Gründen als Samenspender zur Verfügung stellen) de facto weniger Skrupel darüber entwickeln, was mit ihrem Samen geschieht, so *sollten* auch sie daran interessiert sein, daß »ihre«, d. h. die mit ihrer Hilfe gezeugten Kinder ein glückliches Leben führen. Durch Einbeziehung der Interessen der jeweiligen GametenspenderIn wird es also doch möglich, für die Frage der moralischen Zulässigkeit von heterologer IVF ähnliche Maßstäbe anzulegen wie bei der Adoption. Das am *Neminem laedere* orientierte Urteil müßte dann ungefähr wie folgt ausfallen: Eine heterologe IVF der Typen (a) und (b) kann als moralisch vertretbar gelten, wenn das zu zeugende Kind unter familiären bzw. psychosozialen Umständen aufwachsen wird, die »objektiv« für das Kind zumutbar erscheinen und denen die GametenspenderInnen nach entsprechender Information zugestimmt haben.[33]

Zum Schluß noch ein paar Anmerkungen zur Problematik der Leihmutterschaft, bei der insbesondere zwei Unterfälle zu unterscheiden sind. In der »normalen« Form (c1) wird der Embryo per homologer IVF gezeugt und anschließend in den Uterus der Leihmutter implantiert; bei (c2) hingegen entsteht der Embryo durch heterologe IVF z. B. mittels der Eispende einer anderen Frau, die den Embryo anschließend auch austrägt. Ein erstes Problem erblickt Gründel (1987: 93) in der kommerziellen Seite der Leihmutterschaft, denn »gegen eine hohe Geldsumme wird eine Leistung erbracht; das ersehnte Kind wird von einer anderen Mutter ausgetragen und ihr gewissermaßen ›abgekauft‹. Hier vollzieht sich doch so etwas wie ein Kinderhandel.« Deshalb verstößt das Verfahren der Leihmutterschaft seiner Meinung nach »gegen die Würde der menschlichen Person, und zwar sowohl des gezeugten Kindes wie auch der Eltern«. In diesem Zusammenhang wurde auch der Vorwurf erhoben, daß Leihmutterschaft speziell des Typs (c2) der Prostitution vergleichbar sei und deshalb gegen die Würde der Leihmutter verstößt. Hiergegen hat aber Lockwood (1990: 257 ff.) vorgebracht, daß selbst bei Abwicklung durch eine Leihmutteragentur eigentlich niemand einen Schaden erleidet, denn: »Wenn alles nach Plan verläuft, werden die Agentur und die Leihmutter etwas reicher sein und zusätzlich die Befriedigung teilen, anderen Glück gebracht zu ha-

ben; ein Paar wird etwas ärmer sein, aber im Besitz eines
lange gewünschten Kindes; und ein Kind wird geboren, ge-
hegt von vermutlich hingebungsvollen Eltern.« Was den
Vorwurf der Prostitution betrifft, so ist nach Lockwood folgender Unterschied zu beachten: »Prostitution wird allgemein als für die Prostituierte selbst erniedrigend empfunden, häufig auch als degradierend für ihre Kunden. [...]
Leihmutterschaft, meine ich, ist nicht wesentlich degradierend. Es liegt nicht die geringste Erniedrigung in den
Handlungen einer Frau, die aus Liebe zu ihrer kinderlosen
Schwester einwilligt, mit dem Sperma ihres Ehemanns inseminiert zu werden, so daß sie ihr und ihrem Mann das Baby
verschaffen kann, nach dem sie sich sehnen.«

Mit dieser Replik ist allerdings nur die besondere Form
der altruistischen Leihmutterschaft gerechtfertigt, bei der
eine Frau ihren Körper aus Liebe z. B. zu Angehörigen zur
Verfügung stellt. Im Normalfall wird man aber davon aus-
zugehen haben, daß die Leihmutter dies aus egoistischen, finanziellen Erwägungen heraus tut. Überhaupt scheinen bei
der Leihmutterschaft die jeweiligen *Motive* eine entscheidende Rolle zu spielen. Dies betrifft neben der Leih- auch
die Adoptivmutter. Nach Ansicht der Warnock-Kommis-
sion von 1984 ist eine Leihmutterschaft jedenfalls dann verwerflich, wenn die Adoptivmutter eigentlich selber ein
Kind gebären könnte, davon aber Abstand nimmt, um z. B.
»eine Unterbrechung ihrer Karriere zu vermeiden, die die
Schwangerschaft bedeuten würde, oder (besonders wenn es
sich beispielsweise um ein Modell handelt oder einen Film-
star) um das Risiko zu vermeiden, ihrer Figur zu schaden.«[34] Lockwood nennt es eine interessante philosophische
Übung, genauer darzulegen, warum derartige Praktiken
moralisch unzulässig sind, und er will diese Übung anderen
überlassen. Hier ist ein Versuch: Wenn eine gesunde, emp-
fängnisfähige Möchtegern-Mutter nicht bereit ist, das Kind
auf normalem Wege zur Welt zu bringen, so ist dies ein Indiz dafür, daß ihr Wunsch nach einem Kind nicht sonderlich

stark und ernst ist. Darüber hinaus wird sich ihre Liebe und Zuneigung zu dem Kind wegen der fehlenden biologischen Erfahrung der eigenen Schwangerschaft nicht normal entwickeln. Auf jeden Fall ist zu befürchten, daß sie die späteren Pflichten als Mutter und Erzieherin nicht sonderlich ernst nehmen wird. Dies alles führt zu insgesamt deutlich suboptimalen psychosozialen Umständen, unter denen das Kind aufwachsen wird. Obwohl diese Nachteile natürlich kaum so gravierend sein dürften, daß das Kind sich später wünschen würde, lieber gar nicht, als unter derartigen Umständen geboren worden zu sein, bleibt hier das moralische Bedenken: Wenn die Leihmutter weiß, in welchem psychosozialen Umfeld das Kind, das sie austragen soll, aufwachsen wird, dann *sollte* sie eigentlich ihre Mitwirkung versagen.

Eine weitere Problematik jeder Leihmutterschaft besteht darin, daß durch die biologischen Vorgänge während der Schwangerschaft in der Regel eine enge affektive Beziehung zwischen der Leihmutter und dem heranwachsenden Kind entsteht, die zu Gefühlskonflikten führen kann, wenn das Kind nach der Geburt an die Auftraggeber abgegeben werden soll. So ein Konflikt erscheint insbesondere bei der Form (c2) fast unausweichlich. In diesem Fall ist, wie Gründel (1987: 93) bemerkt, »eine vertraglich festgelegte Verpflichtung zur Abgabe des eigenen Kindes an die Adoptivmutter rechtlich auch nicht einklagbar, da ja ein solcher Vertrag gegen die guten Sitten verstößt«. Auch Lockwood (1990: 257) gesteht hier zu: »Manchmal nehmen die Dinge zweifellos einen schlechten Verlauf. Die Leihmutter ändert ihre Meinung, will das Baby behalten, und es gibt Beschuldigungen und Leid auf beiden Seiten. Natürlich gibt es auch emotionale Wagnisse, sowohl für die Leihmutter selbst, die sich schuldig fühlen kann, wenn sie das Kind aufgibt [...], als auch für das Kind, das an Identitätsproblemen leiden kann, wenn es die Wahrheit erfährt.« Er meint aber, daß diese Bedenken letztendlich nicht entscheidend sind: »Denn ein Kind, das in Folge eines Leihmutterschaftsarrangements geboren wurde, hätte im alternativen Fall überhaupt nicht existiert. Es fällt schwer zu glauben, daß die Probleme, denen es sich gegenüber sieht, so ernsthaft sind, daß es besser gar nicht geboren worden wäre, oder so ernsthaft, daß andere ihm das wünschen würden.« Sicher, aber das ist nur *eine* Seite der Medaille! Die andere schaut so aus. Eine Frau, die vor der Entscheidung steht, einem Paar durch Embryonenspende und/oder Austragen des IVF-gezeugten Embryos zu einem Kind zu verhelfen, *sollte* ihre Zustimmung davon abhängig machen, ob die voraussichtlichen Lebensumstände für das Kind so sind, wie die Frau es sich für ihr eigenes Kind wünschen würde.

2.8 Embryonenforschung

Medizinische Experimente mit menschlichen Embryonen stehen hauptsächlich im Zusammenhang mit IVF, also unter Verwendung von sog. überzähligen Embryonen zur Debatte; gelegentlich aber auch mit Embryonen bzw. Föten, die bei klinischen Abtreibungen anfallen. Im folgenden soll zunächst die *bedingte* Frage diskutiert werden: *Vorausgesetzt*, es stehen irgendwelche Embryonen zur Verfügung, die ohnehin keine Lebenschance haben, darf man dann Experimente mit ihnen anstellen? Anschließend bleibt zu untersuchen, ob die Realisierung der Voraussetzung selber, d. h. die absichtliche Erzeugung von menschlichen Embryonen für Forschungszwecke, moralisch legitimiert werden kann.[35]

Nehmen wir also an, in einem medizinischen Labor existieren Embryonen, die nicht (über-)lebensfähig sind, d. h., die für eine Implantation im Rahmen der IVF nicht (mehr) in Frage kommen und die deshalb früher oder später sterben werden, ohne jemals ein Entwicklungsstadium zu erreichen, in dem sie intrinsisch wertvolle Erfahrungen machen könnten. Manche Autoren meinen, selbst mit solchen Em-

bryonen dürfe man keinerlei medizinische Experimente anstellen, weil diese gegen die Menschenwürde verstoßen. So
ist es z. B. nach Ansicht von Müller (1988: 52) grundsätzlich
moralisch unzulässig, »daß Menschen zu Versuchsobjekten
werden. Auch dies ist schon einmal in unserem Land der
Fall gewesen. Die Würde des Menschen ist unteilbar – sie
gilt entweder für jeden Menschen in jeder Phase seines Seins
oder`sie gilt nicht mehr grundsätzlich und vollständig. Das
wäre aber das Ende der Menschenwürde, die wir als hohes
Gut in unserer Gesellschaft akzeptieren.«

Wie so oft bei schwierigen ethischen Fragestellungen
scheint auch dieser Appell an die Menschenwürde nur ein
Indiz dafür zu sein, daß der Autor seine moralischen Res-
sentiments nicht durch Hinweis auf konkrete Interessenverstöße zu präzisieren vermag. Charakteristisch für eine
solche Vorgehensweise ist z. B. die Argumentation von
Staudinger (1987: 37), der jede IVF mit den Worten »Es ist
wider die Menschenwürde!« kategorisch ablehnt, um anschließend zuzugestehen: »Ich weiß mich bei diesem Pro-
test in einem hoffnungslosen und ausweglosen Beweisnot-
stand. Jedes Argument, das ich für mein ›non licet‹ anführen
könnte, kann mir widerlegt werden.« Was nun die zuvor zitierten Bedenken von Müller gegen Embryonenforschung
betrifft, so beruhen sie offenbar darauf, daß »schon einmal
in unserem Lande«, d. h. im Klartext: während des Dritten
Reichs, medizinische *Experimente mit Menschen* durchgeführt wurden. Dieser Versuch der Parallelisierung ist aber
unstatthaft. Was Naziärzte mit Juden, Zigeunern und anderen angeblich minderwertigen Menschen unter dem Deck-
mantel medizinischer Experimente angestellt haben, sollte
man nicht einfach mit dem schwächlichen Einwand verdammen, daß dabei die Menschenwürde der Opfer verletzt
wurde. Sondern man sollte konkreter darauf hinweisen, daß
damals in krimineller Weise gegen die Interessen und gegen
den Willen der Opfer verstoßen wurde, daß ihnen gewaltige
Schmerzen zugefügt, daß sie oft verstümmelt und gelegent-

lich getötet wurden. Von all dem kann aber bei Experimenten mit Embryonen nicht die Rede sein. Im frühen Entwicklungsstadium haben Embryonen noch keinen Willen, keine Gefühle oder Schmerzempfindungen, und durch die Experimente werden sie auch nicht ihres intrinsisch wertvollen Lebens beraubt, da man nach Voraussetzung nur mit solchen Embryonen arbeitet, die ohnehin dem Tode geweiht sind. Diese entscheidenden Asymmetrien übersieht Staudinger, wenn er (1985: 67; meine Hervorhebung) Experimente mit Embryonen einfach wie folgt zu verdammen versucht: »Klarerweise sind Experimente an Menschen, etwa in Konzentrationslagern, zu verurteilen; klarerweise sind alle Versuche an und mit Menschen, die nicht freiwillig ihr Einverständnis dazu geben konnten, abzulehnen. Das gilt sowohl für debile Patienten als auch für Gefangene, denen ihre Zustimmung mit Zugeständnissen abgekauft wurde. Dies gilt dann *folgerichtig* auch für Versuche mit abgetriebenen Föten [sowie für ...] die Aufzucht von menschlichen Embryonen in vitro zum Zwecke experimenteller Forschung.« Die »Folgerichtigkeit« ist hier etwa vom Typ des Schlusses: ›Es ist unmoralisch, einen Menschen ins Meer zu werfen; also ist es auch unmoralisch, eine Leiche ins Meer zu werfen.‹

Medizinische Experimente mit Embryonen lassen sich jedenfalls nicht durch Hinweis auf einen konkreten *Schaden* disqualifizieren, den man den Embryonen zufügen würde. So betont auch Birnbacher (1990a: 275 f.), daß die fraglichen Experimente nicht gegen die – wie er es nennt – »individuelle Menschenwürde« der Embryonen verstoßen. Er versucht dann jedoch zu zeigen, daß sie gegen »die Würde des Menschen als Gattung« verstoßen. Dieser entscheidende neue Begriff wird folgendermaßen umrissen:

»Charakteristisch für Verhaltensweisen, die Verletzungen der Menschenwürde in diesem überindividuellen Sinn darstellen, ist die Unmittelbarkeit, das fast In-

stinktive des Unbehagens und Widerwillens, mit dem
wir auf sie reagieren. Es ist durch eine rationale Ethik,
die Individualität, Schmerzfähigkeit, Denkfähigkeit
oder Selbstbewußtsein zum Kriterium der Schutzwür-
digkeit macht, nicht angemessen zu erfassen. [...] Daß
unsere moralischen Emotionen anderen Gesetzen folgen als denen einer rationalen Ethik, zeigt sich auch
daran, daß Praktiken wie Leichenschändung oder Kannibalismus generell moralisch abgelehnt werden, auch
wenn beide Male niemand direkt geschädigt wird. Solche Praktiken sind ›widernatürlich‹ in einem Sinne, der
[... zu tun hat] mit der Natur des Menschen im Sinne
unseres Begriffs davon, wie und was der Mensch tun
sollte.«

Birnbacher scheint hier gegen den Rationalismus in der
Ethik und für eine Tabuisierung gewisser Bereiche des
menschlichen Handelns zu plädieren. Experimente mit Embryonen ebenso wie Leichenschändung und Kannibalismus
werden moralisch verdammt, weil sie Abscheu und Widerwillen hervorrufen bzw. weil sie unseren moralischen Gefühlen zuwiderlaufen. Sie werden als moralisch verwerflich
deklariert, obwohl sie (anscheinend) nicht gegen die individuellen Interessen einzelner Menschen verstoßen. Dies ist
ein äußerst wichtiger, sorgfältig im Detail zu überprüfender
Punkt, denn schließlich und endlich steht die Geltung des
Fundamentalprinzips der Ethik, des *Neminem laedere*, auf
dem Prüfstand.
　Als erstes ist zu überlegen, in welchem logischen Verhältnis moralische Gefühle auf der einen und die moralische
Qualität von Handlungen auf der anderen Seite zueinander
stehen. Die Tatsache, daß Menschen auf gewisse Handlungen mit Abscheu reagieren, mag erstens ein *Indikator* für
die moralische Verwerflichkeit dieser Praktiken sein. In diesem Fall ist es aber in der Regel möglich, die Amoralität der
Handlungen in einem rationalen Diskurs unabhängig vom

Vorliegen oder Nichtvorliegen der moralischen Gefühle zu *begründen*. So werden z. B. – hoffentlich – die Greueltaten des Naziregimes nach wie vor jeden Menschen mit Abscheu und Entsetzen erfüllen; aber der Holocaust *ist* nicht deshalb unmoralisch, *weil* wir Menschen emotional so reagieren, sondern wir reagieren umgekehrt so, weil die Taten moralisch abscheulich waren. Die Erklärung oder Begründung der Amoralität folgt dabei streng den Prinzipien der rationalen Ethik, nämlich durch Hinweis auf das millionenfache Leid, das den Menschen zugefügt wurde. Zweitens existieren aber auch Handlungsweisen, die gerade deshalb unmoralisch sind, weil sie die (moralischen, religiösen oder sonstigen) *Gefühle* des Menschen *verletzen*. Exhibitionismus, Blasphemien, persönliche Beleidigungen, Herabsetzungen, ungerechtfertigte Kritik usw. wären typische Beispiele. Die Amoralität auch solcher Handlungen läßt sich jedoch mit den Mitteln einer rationalen Ethik erklären. Gemäß dem *Neminem laedere* in der hier vertretenen Form sind Handlungen moralisch bedenklich, wenn sie anderen einen Schaden zufügen. Der Begriff des Schadens ist dabei so zu verstehen, daß er sowohl physische als auch psychische Beeinträchtigungen umfaßt. Speziell kann man bereits dann von einem Schaden sprechen, wenn *Gefühle* einzelner, von der Handlung Betroffener verletzt werden.

Betrachtet man nun den von Birnbacher zum Vergleich herangezogenen Kannibalismus, so muß man zunächst unterscheiden (a) zwischen dem Schlachten, d. h. dem Töten eines Menschen zum Zwecke des anschließenden Verzehrs, und (b) dem bloßen Verzehr eines anderweitig Verstorbenen. Die Form (a) ist selbstverständlich zutiefst unmoralisch, liefert aber nicht das gesuchte Gegenbeispiel gegen die Geltung des *Neminem laedere*, denn evidentermaßen verstößt das Schlachten massivst gegen die Interessen des Getöteten. Form (b) hingegen scheint nicht (zumindest nicht direkt) gegen die Interessen des Verstorbenen zu verstoßen; sie ist aber auch nicht (zumindest nicht unter allen Umstän-

den) unmoralisch. Wenn, wie vor Jahren nach einem Flug-
zeugabsturz in den Anden passiert, Menschen sich nur dadurch vor dem Verhungern retten konnten, daß sie die Lei-
chenteile anderer Menschen verzehrten, dann mag dies zwar
für die ums nackte Überleben Kämpfenden ebenso wie für
das Publikum, das später hiervon durch einen Film erfuhr,
ekelerregend, abscheulich und widernatürlich gewesen sein,
aber *unmoralisch* war es jedenfalls nicht. Als einziger Kan-
didat für eine unmoralische, obgleich die Interessen des Verstorbenen nicht verletzende Form von Kannibalismus wäre
somit eine Situation zu betrachten, wo jemand ohne echte
Not das Fleisch eines gestorbenen Menschen verzehrt. Eine
solche perverse Handlung wäre vermutlich Resultat einer
psychischen Störung oder Geisteskrankheit und zugleich
ein Indiz für mangelnde Zurechnungsfähigkeit des Kannibalen, so daß man in seinem Fall besser nicht von moralischer *Schuld* reden sollte. Unabhängig hiervon bleibt aber
festzustellen, daß derartige Perversionen durch das *Neminem laedere* keineswegs sanktioniert, d. h. als moralisch unbedenklich ausgewiesen würden. Es stimmt zwar, daß der
Verzehr menschlichen Fleisches nicht in der gleichen *direkten* Weise gegen die Interessen des Verstorbenen verstößt
wie im zuvor diskutierten Fall des Schlachtens. Dennoch
würden auch hier zahlreiche Interessen verletzt: das (mutmaßliche) Interesse des Verstorbenen an körperlicher Unversehrtheit; das entsprechende Interesse der Angehörigen;
sowie ganz allgemein das auf moralischen, religiösen oder
ästhetischen Gefühlen beruhende Interesse fast aller Menschen daran, daß – außer in Situationen äußerster Not – niemand das Fleisch eines Mitmenschen ißt.[36]

Nach diesem Exkurs zurück zum Problem der Embryonenforschung. Auch hier brauchen wir den Boden rationaler Diskussion nicht zu verlassen, sondern sollten statt dessen genau überprüfen, ob solche Experimente wirklich die
moralischen Gefühle vieler Bürger verletzen und ob dies,
wie Birnbacher meint, ein Grund bzw. ein Indiz für die

Amoralität der Embryonenforschung darstellt, obwohl
durch die Experimente angeblich niemand geschädigt wird.
Rein faktisch muß man zunächst feststellen, daß keineswegs
alle Menschen vom gleichen Abscheu und Widerwillen erfüllt werden wie Birnbacher. Zwar mag man vielleicht Warnock (1990: 226 f.) dahingehend zustimmen,

»[. . .] daß die Eigenschaft, menschlichen Geschlechts
zu sein, einen Embryo im Hinblick auf Forschungszwecke in eine ganz andere Kategorie erhebt als irgendein anderes embryonales oder ausgewachsenes
Lebewesen. Alleine aufgrund der Tatsache, daß er
menschlich ist bzw. aus menschlichen Zellen besteht,
ist selbst ein zweizelliger Embryo anders zu betrachten
als ein voll ausgereiftes Wesen irgendeiner anderen
Spezies. Eine solche Präferenz für das Menschliche
wird gelegentlich als irrational oder gar willkürlich bezeichnet; für manche ist die Bevorzugung ebenso unbegründet und ungerechtfertigt wie Rassismus oder
Sexismus, und man spricht dann ja auch von ›Speziesismus‹. Wir alle [die Mitglieder der Warnock-Kommis-
sion] waren im Gegensatz dazu der Auffassung, daß es
einer Rechtfertigung bedürfte, wenn man die eigene
Spezies den anderen nicht bevorzugen würde.«

Es stellt sich jedoch die Frage, *wie weit* die Bevorzugung
der Interessen der eigenen Spezies gehen darf. Auch Singer,
der in Kapitel 3 der *Praktischen Ethik* als erster den Vorwurf
des ›Speziesismus‹ erhoben hatte, würde es sicher für moralisch legitim halten, in dem banalen, von Warnock (1990: 227)
erwähnten Konflikt eher das Leben eines Menschen als das
eines Hundes zu retten. Diese Bevorzugung ließe sich durch
die plausible Annahme rechtfertigen, daß das Leben eines
Menschen in der Regel sehr viel mehr wert ist als das Leben
eines Tieres – mehr dazu im Schlußabschnitt des nächsten
Kapitels. Weiterhin wird wohl breite Übereinstimmung hinsichtlich der Entscheidung bestehen, daß man bei Wahlmög-

lichkeit lieber Experimente mit (schmerzunfähigen) tierischen als mit (ebenfalls schmerzunfähigen) menschlichen Embryonen anstellen sollte. Eine naheliegende Begründung würde darin bestehen, daß Experimente mit menschlichen Embryonen die Gefühle vieler Mitmenschen verletzen würden, während selbst höher entwickelte Tiere durch Experimente an Artgenossen kaum emotional betroffen sein dürften. Bei der folgenden Handlungsalternative gehen die Meinungen jedoch auseinander. Einerseits sollen trotz »der jüngsten Sensibilisierung gegenüber Tierexperimenten [...] die meisten [Menschen] bei der Durchführung eines Experimentes an *schmerzunfähigen* menschlichen Embryonen immer noch mehr Unbehagen finden als bei der Durchführung desselben Experiments an *schmerzfähigen* ausgewachsenen Tieren« (Birnbacher 1990a: 275; meine Hervorhebung). Auf der anderen Seite kann man mit Lockwood (1990: 251) dafürhalten, daß es *schlechter* wäre, für solche Experimente »ausgewachsene Tiere zu benutzen, Tiere, die über Bewußtsein verfügen und über die Fähigkeit, Schmerz zu fühlen [...]. Ich würde denken, daß es von jedem vernünftigen Standpunkt aus bei weitem vorzuziehen ist, mit einem nahezu mikroskopisch kleinen Klümpchen gefühllosen Protoplasmas zu experimentieren als mit einem fühlenden, mit Interessen ausgestatteten Wesen, wenn auch von einer anderen Spezies.«' Welche dieser konträren Positionen die richtige(re) ist, ließe sich nur von einem unparteiischen Standpunkt jenseits aller Speziesgrenzen entscheiden. Nur ein quasi göttliches Wesen vermöchte abzuwägen, ob die Verletzung der Gefühle einzelner Menschen schwerer wiegt als die physischen Schmerzen, die den Tieren zugefügt würden. Aus meiner beschränkten Perspektive kann ich nur etwas näher untersuchen, welche Gründe es wohl sind, die die eine Partei dazu bewegen, Experimente mit menschlichen Embryonen kategorisch abzulehnen.

Die Ablehnung könnte einerseits auf der Furcht vor einem »enthumanisierenden Effekt der Embryonenforschung auf die Einstellung des Wissenschaftlers gegenüber dem menschlichen Leben« (Kass 1985: 58) beruhen. Dieses Bedenken hält jedoch einer kritischen Überprüfung nicht stand. Wie Baylis (1990: 321) bemerkt, wäre allenfalls zuzugestehen, »daß das Töten von *lebensfähigen* Embryonen möglicherweise die Mißachtung für heranwachsendes menschliches Leben nach sich zieht, [aber] es ist schwer vorstellbar, wie eine für lebende Menschen nutzbringende Forschung mit nicht lebensfähigen Embryonen (die kein Potential besitzen, sich über 20–22 Wochen hinaus zu entwikkeln) die Ehrfurcht vor dem menschlichen Leben verringern sollte«. Die gefühlsmäßige Ablehnung von Experimenten mit menschlichen Embryonen scheint andererseits daraus zu resultieren, daß sich die Leute über den Umfang und den Zweck der einschlägigen Untersuchungen nicht im klaren sind. Vielleicht mißtrauen sie den Medizinern, die behaupten, daß »gewisse Experimente mit menschlichen Embryonen notwendig sind, wenn man Fortschritte erzielen will – wir müssen insbesondere viel mehr über die Physiologie des menschlichen Embryos erfahren« (Austin 1989: 111). Vielleicht bezweifeln sie auch, daß die einschlägigen Forschungen tatsächlich »den Unfruchtbaren von Vorteil sind und all jenen, die sich darum bemühen, deformierende genetische Krankheiten zurückzudrängen« (Warnock 1990: 222). Sicher teilen sie nicht den Optimismus von Dr. Edwards, einem der Initiatoren des IVF-Programms, der sich nach Darstellung in Warnock (1990: 223) aus der gegenwärtigen und zukünftigen Forschung mit menschlichen Embryonen »unzählige medizinische und therapeutische Vorteile« erhofft.

Ich bin als Philosoph nicht kompetent, zu beurteilen, ob die fragliche Forschung so notwendig und nutzbringend ist, wie die Mediziner behaupten; jedenfalls drängt sich der Verdacht auf, daß die allgemeinen Bedenken gegen Experimente mit menschlichen Embryonen weitgehend Ausdruck sachlich unbegründeter Vorurteile sind. Dies bedeutet jedoch nicht, daß sämtliche moralischen Skrupel gegenüber

Embryonenforschung haltlos wären. In der philosophischen Diskussion wird oft die Trivialität übersehen, daß Embryonen nicht vom Himmel fallen, sondern »Eltern« bzw. Erzeuger besitzen, die von möglichen Experimenten viel direkter betroffen sind (bzw. sein könnten und sein sollten) als die Allgemeinheit, von der bislang die Rede war. Wenn z. B. eine Frau der Erzeugung eventuell überzähliger Embryonen zugestimmt hat, nach der ersten Schwangerschaft aber nicht mehr bereit oder in der Lage ist, sie auszutragen; wenn diese Frau zudem vom Gefühl oder vom Verstand her die Embryonen als ihre »ganz kleinen Kinder« betrachtet, dann wird sie vermutlich nicht zulassen wollen, daß Mediziner mit ihnen Experimente anstellen. Derartige Bedenken müßten durchaus respektiert werden, wenngleich natürlich die Einstellung solcher Frauen nicht allzu konsistent und konsequent wäre. Denn wenn eine Mutter in spe frühe Embryonen als ganz kleine Kinder betrachtet, dann sollte sie die *Entstehung* überzähliger, zum Absterben verurteilter Kinder *verhindern*, indem sie entweder die simultane IVF mehrerer Eizellen ablehnt oder sich bereit erklärt, alle entstandenen Embryonen auszutragen. Wenn hingegen in den Worten von Baylis (1990: 321) »die freiwillige, auf Information beruhende Zustimmung der Gametenspender [. . .] vorliegt, dann wird den ›Eltern‹ voraussichtlich kein Schaden zugefügt«, und gemäß dem *Neminem laedere* sind medizinische Experimente mit überzähligen Embryonen dann moralisch unbedenklich.

Diese Konklusion beruht auf der Voraussetzung, daß es sich bei den Objekten der medizinischen Forschung um nicht lebensfähige Embryonen handelt, die z. B. im Rahmen einer IVF »abgefallen« sind. Es bleibt nun abschließend zu erörtern, ob auch die durch das ESchG untersagte absichtliche Zeugung von menschlichen Embryonen für Forschungszwecke moralisch legitimiert werden könnte. Nach Ansicht von Schöne-Seifert (1990: 469) läßt sich das Verbot höchstens mittels der »Gefährdung unserer humanen Disposition [begründen . . .] nur dieses Argument kann erklären, wieso ein Unterschied bestehe zwischen Forschung an dazu gezeugten und an ›überzähligen‹ Embryonen. Wäre nämlich – wie in aller Regel argumentiert wird – solche (verbrauchende) Forschung tatsächlich ein ›persönliches‹ Unrecht an den betroffenen Embryonen, hätten wir doch die Pflicht, ›überzählige‹ Embryonen ausnahmslos einzufrieren, solange bis wir sie irgendeiner Frau implantieren könnten. Mit dieser Konsistenz aber wird nur sehr selten argumentiert.«

In der Tat wäre es absurd zu fordern, daß »wir« jeden überzähligen Embryo »irgendeiner Frau« implantieren sollten; ebenso wäre es absurd, von »irgendeiner Frau« zu fordern, sie möge sich beliebige überzählige Embryonen implantieren lassen. Es ist aber keineswegs absurd, von einer Frau zu fordern, daß – wenn zum Zwecke der Steigerung der Erfolgschance einer von ihr ersehnten Schwangerschaft bei einem IVF-Zyklus mehrere Eizellen zugleich befruchtet werden – sie dann auch der simultanen Rückführung aller so erzeugten Embryonen zustimmen und damit das Risiko einer Mehrfachschwangerschaft eingehen muß, um die Entstehung von überzähligen Embryonen zu verhindern. In Abschnitt 2.7 wurde mit statistischen Überlegungen begründet, wieso bei diesem Verfahren der simultanen Implantation den einzelnen Embryonen kein Schaden bzw. kein persönliches Unrecht zugefügt wird: Ihre jeweilige Überlebenswahrscheinlichkeit bleibt gegenüber dem konservativen Standardvorgehen der Befruchtung von jeweils nur einer Eizelle pro IVF-Zyklus praktisch unverändert. Bei *sukzessiver* Implantation hingegen gerät man (wenngleich mit nur geringer Wahrscheinlichkeit) in eine Situation, wo ein zunächst kryokonservierter Embryo letztendlich gar nicht implantiert und damit seiner (allerdings eh nur geringen) Überlebenschance beraubt wird. In genau diesem Sinne kann man die fahrlässige oder geplante Zeugung von überzähligen Embryonen als »persönliches Unrecht« verstehen.

Nun läßt sich natürlich einwenden, daß die frühere Berechnung der Überlebenswahrscheinlichkeit von Embryonen moralisch irrelevant ist. In der philosophischen Literatur wird z. B. häufig behauptet, daß menschliche Embryonen in einem frühen Entwicklungsstadium noch keinerlei moralische Rechte besitzen, weil ihnen die für die Personalität bzw. für das Menschsein entscheidenden Merkmale völlig fehlen. Die wichtige und schwierige Diskussion des moralischen Status von Embryonen würde den Rahmen dieses Abschnitts sprengen und soll deshalb erst im nächsten Kapitel unter dem Stichwort ›Abtreibung‹ weitergeführt werden. Im Moment sei nur festgehalten: Wer als Befürworter der Fristenlösung glaubt, daß Abtreibung bis zu einem gewissen Entwicklungsstadium moralisch gerechtfertigt ist, der wird a fortiori das Absterben von überzähligen Embryonen für moralisch unbedenklich halten. Wer hingegen die Auffassung vertritt, daß die Moralität des Tötens (bzw. Absterbenlassen) eines Lebewesens im wesentlichen durch den Verlust des Lebens bestimmt wird, das das Wesen andernfalls führen würde, dem muß auch das Zeugen von überflüssigen Embryonen insofern und in dem Maße als moralisch problematisch erscheinen, wie ihnen die Chance auf ein Leben, das sie nach Implantation mit einer kleinen Wahrscheinlichkeit führen könnten, gänzlich genommen wird. Die Amoralität der Erzeugung von überzähligen Embryonen ist also sicherlich *nicht größer* als die einer ganz frühen Abtreibung[37].

2.9 Klonen

In diesem Zusammenhang sollte nun etwas näher auf eine besondere Methode der künstlichen Erzeugung von Embryonen eingegangen werden. Jonas (1987: 179 ff.) beschreibt die heftig umstrittene Reproduktionstechnik des *Klonens* wie folgt:

»Klonierung ist eine Form ungeschlechtlicher Vermehrung, die bei vielen Pflanzen neben der geschlechtlichen vorkommt und ungleich dieser genetisch exakte Kopien der Stammpflanze hervorbringt. Sie beruht auf der Keimfähigkeit normaler, diploider Körperzellen, die unter geeigneten Bedingungen zu knospen beginnen. [...] Tieren ist diese alternative Fortpflanzung im allgemeinen versagt. Mit Ausnahme einiger niedriger Ordnungen sind sie auf geschlechtliche Vermehrung durch spezielle, haploide Keimzellen (Gameten) beschränkt, deren halbierter Chromosomenkern sich mit einer entsprechenden Hälfte des anderen Geschlechts zu einem Ganzen (Zygote) vereinigen muß, um den Spaltungsprozeß auf ein neues Individuum hin einzuleiten. Indessen, unter Ausnutzung der Tatsache, daß alle übrigen Zellen des Organismus je einen vollständigen Doppelsatz von Chromosomen besitzen, der die genetische Identität des Individuums definiert, ist ein Laboratoriumsverfahren entwickelt worden, durch das eine passend ausgewählte *Körper*zelle dazu gebracht werden kann, ›aus Eigenem‹ denselben Prozeß zu beginnen, den sonst die befruchtete Keimzelle beginnt – das heißt [...] eine exakte Kopie [...] des Mutter- oder Vaterorganismus hervorzubringen.«

Für das hier umrissene Verfahren der sog. »Zellkern-Transplantation« könnte man *theoretisch* eine beliebige Körperzelle hernehmen, indem man ihren im Zellkern enthaltenen Chromosomensatz in eine »entkernte« Eizelle transplantiert, der das eigene genetische Material zuvor entfernt wurde. Die *praktischen* Versuche mit Fröschen, Mäusen, Rindern und Schafen zeigten jedoch, daß dieses Verfahren nur mit ganz speziellen »Donorzellen« einigermaßen nennenswerte Erfolgsaussichten besitzt, nämlich mit »totipotenten« Zellen aus embryonalem Gewebe. Die Körperzellen eines *erwachsenen* Tieres sind hingegen nach Albrecht (1998a: 35) für Zellkern-Transplantationen in aller Regel untauglich, denn das Erbgut höherer Tiere enthält:

»[. . .] eine Reihe von Schaltern, die auf dem Weg von der befruchteten Eizelle zum vollständigen Organismus einer nach dem anderen betätigt werden. Sind zum Beispiel Nierenzellen erst einmal als Nierenzellen angelegt, bringen sie künftig nur noch Nierengewebe hervor. Das ist unwiderruflich und auch sinnvoll, denn ohne diese strikte Differenzierung könnten hochorganisierte Lebewesen weder entstehen noch längere Zeit am Leben bleiben. [. . .] Totipotenz, also die Fähigkeit, das gesamte Genprogramm abrollen zu lassen, besitzen nur Ei- und Samenzellen. Alle anderen Zellen büßen sie während der Embryonalentwicklung ein. Und zwar, wie es scheint, sehr rasch.«

Ausnahmen wurden bislang nur bei Amphibien beobachtet. Laut Eser [u. a.] (1997: 5 ff.) zeigten Experimente in den späten 60er Jahren, »daß die Transplantation des Zellkerns aus einer Hautzelle eines erwachsenen Frosches zwar nicht zur Bildung eines erwachsenen Tieres, aber immerhin zur Entstehung einer Kaulquappe führen kann. Eine ›Reprogrammierung‹ des Genoms war danach zumindest bei Amphibien in gewissen Grenzen möglich. Bei Säugern [wurden] derartige Versuche seit Mitte der 80er Jahre vorgenommen, wobei der Donorzellkern aber zunächst immer aus totipotenten Embryozellen in allerfrühesten Teilungsstadien stammte.« Im Jahre 1981 behauptete der Genfer Molekularbiologe Karl Illmensee, Mäuse aus den Zellkernen von »relativ weit gediehenen Mäuseembryonen« geklont zu haben. Über die wissenschaftliche Korrektheit seiner Experimente bestehen jedoch gravierende Zweifel. Ebenso ist unter Fachleuten nach wie vor umstritten, ob das berühmte Schaf »Dolly« tatsächlich aus der Euterzelle eines *erwachsenen* Schafes kloniert wurde, oder ob – wie Albrecht (1998a:

35) spekuliert – »Ian Wilmut und seine Kollegen durch Zufall eine undifferenzierte Stammzelle erwischt« hatten. Wie dem auch immer sei, der gesicherte *state of the art* in puncto Klonen kontrastiert jedenfalls aufs krasseste mit den großspurigen Prophezeiungen des amerikanischen Physikers Richard Seed, einem

> »[. . .] unbekannten Exzentriker, der seine Hypothek nicht mehr bezahlen konnte. Doch in der vergangenen Woche tauchte sein graubärtiges Gesicht auf Bildschirmen und in Zeitungen rund um die Welt auf. Der 69jährige Forscher [. . .] hatte in einem Radiointerview ohne Umschweife angekündigt, er wolle Menschen klonen. Moralische Zweifel plagten ihn als Kirchgänger nicht [. . .]. Seed will im Prinzip jene Technik auf Menschen anwenden, mit der der Forscher Ian Wilmut [. . .] im vergangenen Jahr das Klon-Schaf Dolly auf die Welt gebracht haben will.« (Siegele 1998: 34)

Diese leichtfertige, wenn nicht größenwahnsinnige Ankündigung führte laut Albrecht (1998a) dazu, daß trauernde Hinterbliebene Anfragen schickten, »ob es nicht möglich sei, ihren toten Vater ins Leben zurückzurufen; reiche Araber wollten wissen, wann sich das Verfahren auch für Rennkamele eigne. Und natürlich fehlte es nicht an Überlegungen, Marilyn Monroe, Albert Einstein oder Adolf Hitler wiederaufersteheh zu lassen.« Auch wenn beim derzeitigen Stand der Forschung keine verläßlichen Prognosen über die Möglichkeiten und Grenzen des Klonens höher entwickelter Lebewesen möglich sind, so dürfte jedenfalls feststehen, daß derartige Frankenstein-Projekte sich als ebenso unrealisierbar erweisen werden wie die Science-fiction-Utopien eines Jurassic Park.[38]
Eine alternative, wesentlich ausgereiftere Methode des Klonens besteht im sog. *Embryonensplitting*, bei dem in vitro befruchtete Eizellen in einem sehr frühen Entwicklungsstadium mikrochirurgisch geteilt und so zu künstli-

cher Zwillingsbildung gebracht werden. Dieses in der Tiermedizin seit langem erprobte Verfahren wurde erstmals 1993 auf menschliche Embryonen angewandt. Laut einem Bericht von Bräutigam (1995: 69) setzte Jerry Hall bei einer IVF übriggebliebene Eizellen »[. . .] ins Reagenzglas und teilte sie in zwei Teile, umgab sie mit einer Schutzhülle und versorgte sie mit Nährlösung. Als aus den ursprünglich zwei Zellen durch Zellteilung Klümpchen mit 32 Zellen entstanden waren, brach Hall das Experiment ab. In dem Stadium werden die Embryonen normalerweise in die Gebärmutter eingepflanzt. Doch Halls Embryonen waren nicht lebensfähig. Dies war eine der Bedingungen, unter denen die Ethikkommission der George Washington University dem Versuch zugestimmt hatte. Hall selbst wollte [. . .] mit seinem Experiment die ›ethische Diskussion anschieben‹«, und dieses Ziel hat er mit Sicherheit erreicht. So las man in der *Neuen Osnabrücker Zeitung* vom 27. Oktober 93:

»Weltweit ist das erste Klonen menschlicher Embryonen auf heftige Kritik gestoßen. Der Vatikan sprach in seiner Zeitung *L'Osservatore Romano* von einer ›perversen Entscheidung‹ und nannte die möglichen Folgen eine ›Horrorgeschichte‹. Frankreichs Ministerpräsident François Mitterand erklärte im Fernsehen, er könne noch nicht einmal den Gedanken an solche Experimente ertragen. Dies erinnere ihn an Science-fiction-Romane. [. . .] Der stellvertretende Fraktionsvorsitzende der FDP, Bruno Menzel, [nannte die] künstliche Produktion von Menschen [. . .] ›eine Horrorvision, die überall auf der Welt verboten sein sollte‹.«

Mit einer zweiten Welle der Empörung reagierten Politiker, Ärzte und Wissenschaftler Anfang 1998 auf die weiter oben zitierte Ankündigung von Richard Seed. So verurteilte das *Deutsche Ärzteblatt* die (utopischen) »Klonversuche am Menschen« unter Berufung auf Bundesforschungsminister Jürgen Rüttgers wie folgt:

»Hinter der Ankündigung des amerikanischen Wissenschaftlers Seed, Menschen klonen zu wollen, steckt ein ethisch verwirrter Geist. Das Klonieren von Menschen [...] ist ein Frontalangriff auf die Grundlagen unserer freiheitlichen und demokratischen Rechtsordnung‹, betonte der Minister. Er begrüßte den Vorschlag des amerikanischen Präsidenten Bill Clinton, sich für ein Klonverbot in den USA einzusetzen. Als ›puren Wahnsinn und Pervertierung der Natur‹ bezeichnete der Präsident der Bundesärztekammer, [...] Karsten Vilmar, die Pläne von Richard Seed. Es dürfe nicht dazu kommen, daß experimentierwütige Wissenschaftler auf Kosten der Menschenwürde ungehemmt ihren egozentrischen Machenschaften nachgehen. [...] Er forderte deshalb ein internationales Verbot des Klonens.« (Klinkhammer, 1998: 127)

Um zu überprüfen, ob diese Empörung berechtigt ist, sollte man zunächst in Erfahrung bringen, welche möglichen Gründe für das Klonen überhaupt existieren könnten. Da bislang kaum offene Erklärungen von Befürwortern des Klonens abgegeben wurden, ist man weitgehend auf Spekulationen angewiesen, z. B. auf die folgende, teils spaßhafte, teils ernstgemeinte Liste denkbarer Anwendungen aus Jonas (1987: 185):

»1 Replikation von Individuen großen Genies oder großer Schönheit, um die Spezies zu verbessern oder das Leben erfreulicher zu machen.

2 Replikation der Gesunden, um das Risiko von Erbkrankheiten zu vermeiden [...].

3 Lieferung großer Serien erbgleicher Subjekte für wissenschaftliche Studien [...].

4 Einem unfruchtbaren Ehepaar ein Kind zu verschaffen.

5 Jemandem ein Kind mit einem Genotyp eigener Wahl zu verschaffen – von einer bewunderten Be-

rühmtheit, von einem teuren Verschiedenen, vom
Ehepartner oder von sich selbst.

6 Geschlechtskontrolle künftiger Kinder [. . .].

7 Erzeugung eines Teams identischer Subjekte für
spezielle Beschäftigungen in Krieg und Frieden
[. . .].

8 Erzeugung embryonischer Kopien von jeder Person, einzufrieren, bis sie als Organreserve für
Transplantationen in ihren erbgleichen Zwilling
benötigt werden.

9 Die Russen und Chinesen zu schlagen, keine Klo-
nierungslücke aufkommen zu lassen. [. . .]

10 Neugier – laßt uns sehen, wie so etwas ausläuft.«

Die meisten Gründe ließen sich sowohl unter dem
Aspekt der *gesellschaftlichen* als auch dem der *individuellen*
Wünschbarkeit diskutieren. So könnte man bezüglich (2)
überlegen, ob es für eine Gesellschaft wirklich langfristig
von Nutzen wäre, wenn eine bestimmte ausgesuchte
»Rasse« von Gesunden gezüchtet würde; ob nicht der erhoffte Vorteil, das Risiko von Erbkrankheiten zu vermeiden, durch mögliche Nachteile der Art wettgemacht wird,
daß die Zucht per Klonen auch Inzucht im Gefolge haben
oder daß der Schutz vor der einen vielleicht eine Anfällig-
keit gegenüber einer anderen, noch unbekannten Krankheit
implizieren könnte. Derartige Fragen erfordern eine ausführlichere Diskussion z. B. im Kontext der Gen-Ethik[39],
die den Rahmen dieser Studie sprengen würde.

Hier sei statt dessen noch einmal betont, daß viele der
oben aufgelisteten Projekte beim derzeitigen Stand der Wis-
senschaft überhaupt nicht realisiert werden könnten und
wahrscheinlich auch in absehbarer Zukunft bloße Utopien
bleiben. Trotzdem darf bzw. sollte der Ethiker sich auch mit
der Frage der Moralität von solchen bloß *möglichen* Handlungen auseinandersetzen. Dabei ist als erstes darauf aufmerksam zu machen, daß die Klonierung eines Menschen –

sei es durch Embryonen-Splitting, sei es durch Zellkern-transplantation – nicht nur das zu zeugende Individuum K selber betrifft, sondern auch die Interessen anderer Personen tangiert. Jonas' Darstellung suggeriert zwar, man müßte speziell für (1), (2), (3) oder (7) nur eine Art dreidimensionaler Xerox-Maschine bedienen, um per Knopfdruck eine beliebige Anzahl gewünschter Individuen zu klonen. Doch in Wirklichkeit ist immer die Mitwirkung und Zustimmung von mehreren Menschen erforderlich: Erstens der Person X, die eine Eizelle als »Akzeptorzelle« zur Verfügung stellt; zweitens der Person Y, die das genetische Material ihrer »Donorzelle« für den Zellkerntransfer überläßt; und drittens der Leihmutter Z, die bereit ist, die im Labor manipulierte Eizelle auszutragen.[40]

Dieser Hinweis deutet zugleich die Perspektive an, die man vernünftigerweise einnehmen sollte, um die Moralität des Klonens zu beurteilen. In erster Instanz wäre nämlich die zentrale Frage zu stellen »Wem könnte Klonen schaden?«; danach bleibt im einzelnen zu überprüfen, ob bzw. bei welchem der Projekte (1) – (10) eine Verletzung des *Neminem laedere* befürchtet werden müßte. Vorab sei jedoch der grundsätzlichere Einwand diskutiert, demzufolge Klonen gegen die Menschen*würde* oder sogar gegen die Menschen*rechte* verstößt, namentlich gegen das ›Grundrecht des Menschen auf eigene, individuelle genetische Identität‹.[41]

Die Protagonisten dieser Ansicht haben auf unterschiedliche Weise versucht, die Existenz eines derartigen Rechts zu *begründen*. Um seine Bedenken gegen das Klonen plausibel zu machen, erfand z. B. J. Habermas die Metapher der »genetischen Sklavenherrschaft«: Die »Designer« eines Klons würden in ähnlicher Weise über die genetische Ausstattung des Kindes verfügen, wie antike Herren über das Leben des Sklaven verfügt hätten; und der Klon »ähnelt dem Sklaven insofern, als er einen Teil der Verantwortung, die er sonst selbst tragen müßte, auf andere Personen abschieben kann« (Habermas 1998a). Dies ist jedoch alles andere als ein *Argu-*

ment, sondern eben nur eine *Metapher*, und eine unzutreffende zudem, wie Habermas (1998c) selber einräumen mußte. Wenn nämlich das Abschieben der Verantwortung sich alleine darauf gründen sollte, daß der Klon schlechte Erbanlagen und Charakterzüge seinen »Designern« verdankt, dann könnte in gleicher Weise jedes normal gezeugte Kind die Verantwortung für sein Tun den biologischen Eltern in die Schuhe schieben.

Zweitens hat Habermas (1998b) geltend gemacht, daß »das Klonen von Menschen in die grundlegende Symmetrie der gegenseitigen Beziehungen zwischen freien und gleichen Rechtspersonen eingreifen würde«. Hier scheint der Philosoph jedoch zwei Arten von Beziehungen miteinander zu vermengen. Die Eltern-Kind-Beziehung ist von Natur aus *asymmetrisch*, egal ob das Kind durch Geschlechtsverkehr, durch künstliche Befruchtung oder durch Klonen entstand. Was hingegen die sonstigen, in der Regel symmetrischen Beziehungen zwischen erwachsenen Personen betrifft, so ist überhaupt nicht einzusehen, wieso in Zukunft ein durch Klonen entstandener Mensch nicht denselben Status der »freien und gleichen Rechtsperson« besitzen sollte wie ein normal gezeugter. Schließlich machen wir ja auch heutzutage keinen diesbezüglichen Unterschied zwischen »normalen« Menschen und eineiigen Zwillingen, die biologisch betrachtet nichts anderes sind als auf natürliche Weise entstandene Klone![42]

Ein drittes, stark an Kantischem Gedankengut orientiertes Bedenken formulierten Eser [u. a.] (1997: 8) wie folgt:

»Problematisch an der Klonierung von Menschen ist also nicht die Übereinstimmung seines Genoms mit dem eines anderen Menschen, sondern die Tatsache, [α] daß ein Mensch als Mittel zu einem Zweck hergestellt wird, der nicht er selbst ist, und daß ihm zu diesem Zweck die genetische Gleichheit mit einem anderen Menschen auferlegt wird. [. . . β] Einen Menschen in seiner genetischen Identität zu manipulieren, um ihn den Zwecken Dritter zu unterstellen, stellt ohne Zweifel eine Instrumentalisierung dar, die den Kern der Person berührt und deshalb gegen die mit dem Prädikat der Würde geschützte Selbstzwecklichkeit verstößt, die dem Menschen als Person zukommt. [γ] Das als Zwilling hergestellte Kind stünde unter der Erwartung, den Menschen wiederholen [zu] müssen, dessen Genom es trägt. Es hätte ein vorgelebtes Leben zu leben und wäre nur akzeptiert wegen der Übereinstimmung seiner genetischen Identität mit einer anderen und nicht um seiner eigenen ›fremden‹ Identität wegen. Es ist also die Verbindung mit den Zwecken Dritter, die die Verdoppelung des Genoms zum Verstoß gegen die Würde der individuellen Person und der daraus resultierenden Rechte macht. [δ] Sie beraubt den gezielt geklonten Menschen der elementaren Möglichkeit, wie jeder andere in der ihm eigenen, genetisch unerwarteten Identität respektiert zu werden.«

Gegen dieses Knäuel von Einwänden muß richtiggestellt werden, daß (α) auch bei normaler geschlechtlicher Reproduktion das Kind bzw. der »Mensch als Mittel zu einem Zweck hergestellt wird, der nicht er selbst ist«: Wenn die Eltern den Nachwuchs überhaupt bewußt planten, bestand ihr »Zweck« darin, ein *Kind haben zu wollen*; dieser »Zweck« ist aber niemals mit dem Kind identisch. Ad (β) könnte von einer moralisch verwerflichen »Instrumentalisierung« nur dann die Rede sein, wenn es sich darum handeln würde, in das Genom eines bereits existierenden Wesens gegen dessen Interesse »zum Zwecke Dritter« manipulierend einzugreifen. Beim Klonen wird aber durch das Manipulieren mit genetischer Masse gerade erst ein neues Individuum erzeugt. Ob (γ) Klonieren grundsätzlich durch die Erwartung der »Eltern« motiviert wäre, der Klon möge das »vorgelebte Leben« des Menschen wiederholen, dessen

Genom er trägt, stünde keineswegs fest; doch unabhängig
davon bleibt festzuhalten, daß auch bei normaler geschlechtlicher Vermehrung mögliche Hoffnungen und Erwartungen der Eltern die Frage der *Moralität der Zeugung*
überhaupt nicht tangieren.[43] Ad (δ) bleibt festzuhalten, daß
der Respekt, den wir einer Person P zollen, überhaupt nicht
auf der Tatsache beruht, daß P genetisch einmalig ist. Erstens hat man die Würde des Menschen als normative
Richtschnur schon lange anerkannt, bevor die biochemi-
schen Mechanismen der Fortpflanzung aufgedeckt wurden.
Zweitens wäre es absurd, eineiigen Zwillingen die Menschenwürde mangels genetischer Einmaligkeit abzuerken-
nen. Drittens kann nicht oft genug betont werden, daß eine
Person weit mehr ist als ihr Genom. Angesichts des großen
Einflusses von Gesellschaft, Kultur und Sozialisation impliziert genetische Identität[44] keineswegs identische Persönlichkeit. Deshalb kann man mit Kitcher (1998: 34) kategorisch behaupten: »Jeden gibt's nur einmal. Menschen kann
man nicht kopieren. [...] Da ein geklontes Kind zwangsläufig in einer anderen Umwelt als seine Eltern aufwächst,
wird es sich auch von ihnen unterscheiden, selbst wenn es
dasselbe Erbgut tragen sollte.«

Ein letzter, grundsätzlicher Einwand gegen das Klonen
betrifft den Aspekt der *Eugenik*. Betrachten wir die Ziele
eines (z. B. lesbischen) »Eltern«paares, das wegen Unfruchtbarkeit Zuflucht zum Klonen suchen würde. Intelligenz,
Schönheit, Gesundheit, ein spezielles Geschlecht des Nachwuchses sowie eventuell eine genetische Verbindung zu einem der »Eltern« stünden voraussichtlich an der Spitze der
Wunschliste. Die moralische Legitimität solcher »Zucht«-
versuche wäre in weitgehender Analogie zum Fall heterologer IVF zu beurteilen, wobei lediglich an die Stelle der Interessen des Samenspenders nun die Interessen des Spenders des Chromosomensatzes treten. Über Details kann
sich der Leser (eventuell durch nochmalige Lektüre von
Abschnitt 2.7) selber klarwerden. Ergänzend sei lediglich

angemerkt, daß die oben exemplarisch benannten Wünsche der »Eltern« nicht gegen das Interesse des zu zeugenden Kindes gerichtet wären, so daß sich als Fazit von Lenzen (1998) feststellen läßt:

»(A1) Aus der Perspektive des zu zeugenden Menschen K ergibt sich kein stichhaltiger moralischer Einwand gegen das Klonen. Selbst wenn K später gewisse Nachteile und Diskriminierungen erfahren sollte, dürften diese in aller Regel kaum so schwer wiegen, als daß es für K besser gewesen wäre, gar nicht denn per Klonen gezeugt worden zu sein.

(A2) Auch aus der Perspektive der übrigen Beteiligten – insbesondere der Spenderin der Eizelle und gegebenenfalls der Leihmutter – spricht prima facie nichts gegen das Klonen, sofern sie nämlich über das medizinische Verfahren aufgeklärt wurden und sie sich damit einverstanden erklärt haben.

(A3) Die wirklichen moralischen Probleme, die mit dem Klonen verbunden sind, betreffen einzig den Umgang mit – bzw. die Verwendung von – derart gezeugten Lebewesen. Jeglicher Mißbrauch von geklonten Embryonen (z. B. für wissenschaftliche/medizinische Forschung; als ›Reservebank‹ für Organ- bzw. Gewebespenden, usw.) ist moralisch verwerflich.«

Mit dem letzten Punkt kehren wir zurück zu der entscheidenden Frage, die leider von vielen Experten nicht gründlich genug bedacht wird: Wem könnte Klonen schaden? Es ist ein wenig schockierend zu sehen, daß in jüngster Zeit Wissenschaftler, Ärzte und Philosophen ernsthaft in Erwägung gezogen haben, im Sinne von Jonas (1987: 185) Klone als »Organreserve für Transplantationen in [einen] erbgleichen Zwilling« zu produzieren. So hatte J. Hall, der 1993 als erster ein Embryonen-Splitting beim Menschen durchführte, folgende Anwendungen seiner Methode im Auge:

»Ein identischer Embryo könnte – als Sicherheitskopie
– im Gefrierfach aufbewahrt werden, für den Fall, daß
der Zwilling stirbt. Eine Kopie könnte – als Testmodell
– auf genetische Defekte untersucht werden. Außerdem ließe sich die Kopie als Ersatzteillager für einen
späteren Organersatz nutzen« (Bräutigam 1995: 69).

Da ein früher Embryo aus anatomischen Gründen als
Spender von transplantierbaren Organen kaum in Frage
kommt, ließe sich dies primär wohl nur so realisieren, daß
die geklonten Embryonen mindestens bis zur Geburt ausgetragen und danach als »Materialbank« benutzt, also insbesondere getötet würden. Ein bißchen weniger drastisch
fällt das folgende »Szenario« aus, das Kitcher (1998: 34) für
»durchaus nicht verwerflich [hält . . .]. Etwa wenn der einzige Sohn einer Familie eine Nierentransplantation benötigt
und weder Eltern noch Verwandte in der Lage sind, diese
zu spenden. Ein geklonter Bruder könnte in so einem Fall
zum Lebensretter werden.« Hier würde also ein Kind gezeugt, das nach der Geburt als unfreiwilliger Organspender
dienen muß, um anschließend ein eingeschränktes Leben
mit nur einer Restniere leben zu dürfen. Das moralisch Ver-
werfliche dieses Vorgehens bestünde nicht im Vorgang des
Erzeugens bzw. Klonens selber, sondern im »Organklau«,
der – wie bereits in Abschnitt 2.6 moniert wurde – auch
dann eine gravierende Verletzung des Prinzips *Neminem
laedere* darstellen würde, wenn er im Interesse des Zwil-
lingsbruders erfolgte.

Läßt man die Unklarheiten im medizinischen Detail, die
mit den anderen von Hall ins Auge gefaßten Verwendungen
geklonter Embryonen verbunden sind,[45] außer acht, so muß
man die moralische Seite jedenfalls folgendermaßen beurteilen: Eine wie auch immer praktizierte Zeugung eines
menschlichen Embryos ist ethisch nur dann erlaubt, wenn
dieser Embryo selber eine Chance auf ein eigenes Leben bekommt. Ihn als »Sicherheitskopie«, als »Testmodell«, als

»Ersatzteillager« oder als Mittel zu irgendeinem anderen
Zwecke herzustellen, würde hingegen eine moralisch unzulässige Instrumentalisierung, Verstümmelung oder gar Tötung eines (frühen) menschlichen Lebewesens bedeuten.
Deshalb hatte z. B. H. J. Schwanitz völlig recht, als er in
einem Interview mit der *Neuen Osnabrücker Zeitung* am
27. 10. 93 den ›Mißbrauch eines menschlichen Individuums
als Materialbank‹ als ›verwerflich und unglaublich‹ angeprangert hat. Und ebenso ist z. B. Eccles/Robinson zuzu-
stimmen, wenn sie (1991: 76) dafür plädieren, daß jedem geklonten Wesen der gleiche moralische Status zuzubilligen
sei, wie ihn »konventionell gezeugte Menschen normalerweise genießen. Eltern haben kein Recht auf die Nieren
oder Herzen ihrer Kinder, nur weil sie diese Kinder ›gemacht haben‹.«

In diesem Zusammenhang ist noch kurz auf das in Linke
(1996: 24 ff.) geschilderte Verfahren einzugehen, bei dem an
Morbus Parkinson leidende Patienten Injektionen mit einem Extrakt menschlicher Gehirnzellen erhalten, die aus
dem Gewebe von abgetriebenen Föten bzw. von überzähligen IVF-Embryonen stammen. Dies kann als gerechtfertigt
gelten, wenn die Föten oder Embryonen ansonsten keinerlei Überlebenschance hatten. Eine eventuell ins Auge
gefaßte *absichtliche Zeugung* von Embryonen mit dem
Zweck, sie lediglich als Produzenten von Hirnzellen für andere Menschen zu benutzen, muß hingegen moralisch strikt
abgelehnt werden. Dies gilt mutatis mutandis auch für das
folgende, von Solter (1998: 38) beschriebene »humanmedi-
zinische Interesse am Klonen«:

»Wenn ein Mensch beispielsweise Blutkrebs hat und
neues Knochenmark mit blutbildenden Zellen braucht,
sogenannte hämatopoetische Stammzellen, dann könnte Klonen helfen. Dazu muß man nicht einen neuen
Menschen heranwachsen lassen, denn bereits aus einem frühen Embryo, der nie einen Uterus gesehen hat,

lassen sich embryonale Stammzellen gewinnen. [...]
Prinzipiell könnte man aus dem winzigen kultivierten
Embryo [...] einen ganzen Menschen, eben den Klon
des Kranken, heranwachsen lassen. Statt dessen lenkt
man die Entwicklung so, daß sich nur die gewünschten
Stammzellen bilden, lange bevor Organe entstehen.«

Anschließend gestand Solter zwar zu, daß diese Erzeugung von Stammzellen »philosophisch und ethisch [...] ein
verzwicktes Problem [darstelle]: Man unterbindet das Heranwachsen eines ganzen Wesens und gewinnt nur einen Teil
davon.« Er hielt dies jedoch für moralisch vertretbar, weil
nach seiner Auffassung »frühe Embryonen [sich] nicht
grundsätzlich von irgendwelchen Organen, Gewebekultu-
ren oder gar Blutkonserven« unterscheiden. »Denn wenn es
tatsächlich gelingt, aus jedem lebenden erwachsenen Gewebe via Klonen wieder ein vollständiges Lebewesen zu gewinnen, dann unterscheiden sich Embryo oder Gewebekul-
tur prinzipiell nicht mehr.«
Tatsächlich verführt die Perspektive des Klonens dazu,
die Grenzen zwischen einem (potentiellen) Lebewesen und
einem bloßen Zellhaufen zu verwischen. Als Philosoph
sollte man es aber ruhig wagen, gravierende Unterschiede in
dieser heiklen Grauzone notfalls mittels einer groben
Schwarz-Weiß-Zeichnung hervorzuheben. In diesem Sinne
bleibt festzuhalten: Ein Embryo ist ein Lebewesen, dem
»normalerweise« ein Leben bevorsteht und dem deshalb
sinnvollerweise Präferenzen zugeschrieben werden können.
Eine einzelne Körper- oder Eizelle hingegen hat qua ihrer
Natur kein solches Leben vor sich und kann deshalb auch
nicht Objekt moralischer Rücksichtnahme sein. Eine weitere Diskussion des moralischen Unterschieds zwischen
bloßem Gewebe und Embryo erfolgt im nächsten Kapitel
anläßlich der Diskussion der Abtreibung.

Anmerkungen

1 Verschiedenste Antworten sind in der umfangreichen Anthologie Fehige / Meggle (1998) gesammelt. Der kurze Essay Kanitscheider (1995) präsentiert ein kluges Plädoyer für eine negative Antwort auf die »große« Sinnfrage.

2 Ähnlich bemerkte schon Hartmann (1926: 87): »Das wirkliche Glück kommt immer von anderer Seite, als man es meint. Es liegt immer da, wo man es nicht sucht. Es kommt immer als Geschenk und läßt sich dem Leben nicht abringen oder abtrotzen.«

3 Vgl. auch die Beobachtung von Meggle (1997: 192), daß das Gefühl der Sinnlosigkeit primär ein Indiz dafür ist, daß der Betroffene sich nicht darüber im klaren ist, was er *wirklich will.*

4 Vgl. Pascal (1936), Seconde Partie (L'Homme avec Dieu), II, 2.

5 Vgl. z. B. Cargile (1966) und Mackie (1985).

6 Vgl. Singers Ansicht (1984: 128), »daß das Leben eines Wesens, das keine bewußten Erlebnisse hat, über keinen Wert an sich verfügt«. Singer übersieht allerdings, daß man bei ethischen Erörterungen unterscheiden muß zwischen Wesen, die qua ihrer Natur *niemals* bewußte Erlebnisse haben können, und solchen Wesen (z. B. neugeborenen Tieren oder Menschen), die *noch* kein Bewußtsein haben, dieses aber im Verlaufe ihrer normalen Entwicklung bekommen werden. Diese Unterscheidung ist für die später zu diskutierende Problematik der Abtreibung ganz entscheidend.

7 Vgl. die in Perrett (1992), Anm. 13 und 14 erwähnten Arbeiten, speziell den Übersichtsartikel Acton (1976). Vgl. auch die kritischen Überlegungen zum »objektiven« Wert des Lebens in Abschnitt 2 von Nida-Rümelin (1996).

8 Dies gilt unter einer umfassenden, hier nicht explizit ausbuchstabierten ceteris paribus Bedingung im Prinzip auch für den Vergleich des Wertes des Lebens zweier verschiedener Personen. Wenn alles andere sich gleich verhält, dann hat der Jüngere eben ein längeres und deshalb wertvolleres Leben zu erwarten als der Ältere. Derartige Überlegungen werden vermutlich im Alltag von Krankenhausärzten angestellt, die Entscheidungen über die bestmögliche Ausnutzung knapper Ressourcen – etwa der Verwendung von Spenderorganen oder des Einsatzes von Herz-Lungen-Maschinen – fällen müssen.

9 Singer (1998: 13 f.). Die Zitate beziehen sich auf die vorläufige

Fassung, die während der Tagung »Preferences«, Saarlouis 1992, vorgetragen wurde.

10 Vgl. McMahan (1998: 13). Auch diese Arbeit wird nach der Pre-print Version zitiert, die während der Tagung »Preferences« vor-getragen wurde.

11 Vgl. die Monographie Tooley (1983) sowie für die folgenden Zi-tate Tooley (1990: 166 f.).

12 Für diese Strategie haben sich z. B. auch Finnis (1973), Hare (1990: Abschnitt 2) und Warnock (1990: 219 ff.) ausgesprochen.

13 Epikur (*Brief*: 176 ff.). Man beachte hier übrigens die hübsche Inkonsistenz, mit der Epikur »das schauerlichste Übel« als über-haupt kein Übel darzustellen versucht.

14 Entsprechend hatte auch Devine (1978: 21) den Verlust des Le-bens als den zentralen Schaden erkannt, den man einem Men-schen oder einem Tier durch Töten zufügen würde. Devine meinte darüber hinaus, daß der Verlust des Lebens sogar für *Pflanzen* einen Schaden darstellen würde. Dies ließe sich jedoch nur dann aufrechterhalten, wenn das Leben von Pflanzen einen intrinsischen Wert hätte, d. h., wenn Pflanzen biologisch in der Lage wären, irgendwelche für sie positiven oder angenehmen Empfindungen zu haben.

15 In ähnlichem Sinne sagt Piegsa (1993: 13): »Das ›Recht auf Le-ben‹ ist somit [nichts anderes als] die Forderung, daß einem Menschen das Leben nicht ohne hinreichende Rechtfertigung genommen werden darf.«

16 Dieses und die folgenden Zitate stammen aus der Titelgeschichte des *Spiegel* »Der Papst und die Lust« (H. 52, 1990: 122–134).

17 Für eine ausführliche philosophische Kritik der katholischen Sexuallehre, speziell der Ablehnung von sog. künstlicher Emp-fängnisverhütung in der Enzyklika *Humanae Vitae*, vgl. Cohen (1975).

18 So bezeichnet Hare (1989: 12) Abtreibung als eine lediglich »me-dizinisch kompliziertere Prozedur als Empfängnisverhütung«, und in (1988: 219) erklärt er: »Von dem hier vertretenen Stand-punkt aus sind Empfängnisverhütung und Abtreibung wirklich gleichwertig.«

19 Hunter (1980: 117) charakterisiert die gegenteilige, von Hare eingenommene Sichtweise treffend wie folgt: »Wenn es Seelen geben würde, die noch nicht mit einem Körper ausgestattet auf den Eintritt in die Welt warten, und wenn diese Wartenden un-

ter unerträglichen Bedingungen dahinexistieren würden, dann könnten wir von einer ernsthaften Zeugungspflicht reden.« Ohne eine solche Fiktion von leidenden, körperlosen Seelen habe die These der Zeugungspflicht hingegen keinerlei Sinn.

20 Diese paradoxe Situation ist ein Grund dafür, daß sich im folgenden die einschlägigen Anführungszeichen häufen. Jonas (1994: 23) macht zu Recht auf den »semantischen Willkürakt« aufmerksam, von einer »toten« Schwangeren zu reden; doch dies allein stellt natürlich noch keinen Grund für die Ablehnung der medizinischen Maßnahme dar. Auch seine weiter reichenden Bedenken gegen den Hirntod als allgemeines Kriterium für die Zulässigkeit von Organexplantationen entbehren einer rationalen Grundlage. Vgl. speziell die Beiträge Birnbacher (1994) und Angstwurm (1994) zu dem von Hoff und in der Schmitten herausgegebenen Sammelband: »Wann ist der Mensch tot?«

21 Vgl. auch Merkel (1992: 20): »Selbstverständlich gibt es [. . .] postmortale Interessen, die den Tod ihres Inhabers überdauern. Das können aber nur solche sein, die diesem zu Lebzeiten bewußt waren und deren postmortale Verwirklichung er gewollt oder als selbstverständlich vorausgesetzt hat.«

22 Nach Meinung von A. Schwarzer sei auch zu bedenken, ob es dem »zukünftigen Menschen zumutbar [ist], in einer Leiche herangewachsen zu sein«. Dies scheint jedoch nicht sonderlich gravierend zu sein, denn es spricht wenig für die Annahme, daß ein postum zur Welt gebrachtes Kind später einmal sagen würde: Ich wäre lieber nicht, als unter solchen Umständen, geboren worden.

23 Vgl. das Dossier in der Ärzte-Zeitung vom 30. 10. 92. Für weitere Stellungnahmen vgl. Bockenheimer-Lucius / Seidler (1993).

24 Oder man könnte drittens versuchen, die problematischen Fälle aus der Grauzone überhaupt zu verhindern, indem man die Menschen dazu bringt, ihre diesbezügliche Meinung zu Lebzeiten zu artikulieren. Wie Elsässer (1992: 26) betont, erscheint »angesichts der Not und dem Leid so vieler auf ein Spenderorgan Wartenden eine gesetzliche Regelung akzeptabel, die [. . .] dem einzelnen zumutet, sich der Entscheidung zu stellen und sein freies Ja oder Nein zur postmortalen Organentnahme zu erklären«.

25 Am 25. 6. 1997 wurde endlich das Transplantationsgesetz vom Bundestag verabschiedet, demzufolge – laut einem Bericht der Neuen Osnabrücker Zeitung – »die Angehörigen über eine Or-

ganentnahme bei Verstorbenen entscheiden [können], wenn der mögliche Spender zu Lebzeiten selbst keine Erklärung zur Organspende abgegeben hat. Dabei muß der ›mutmaßliche Wille‹ des Verstorbenen beachtet werden«. In einem Kommentar dieser Zeitung vom 26. 6. 97 schreibt Jürgen Wermser zu Recht, daß das stellvertretende Votum der Angehörigen nur eine Notlösung sein kann: »Das beste wäre, jeder Bürger würde sich unmißverständlich klar für oder gegen eine mögliche Entnahme seiner Organe aussprechen.«

26 Dieses und die folgenden Zitate stammen aus Elsässer (1992: 22 f.). Übrigens hat auch Kant (*Vorlesungen*: 1516) die Auffassung vertreten, daß der Mensch nicht über seinen Körper verfügen bzw. »nicht über sich selbst disponieren« darf: »der Mensch [. . .] ist nicht befugt einen Zahn, oder ein ander Glied von sich zu verkaufen«. Kant begründet dies jedoch nicht damit, daß der Mensch »Eigentum« seines Schöpfers sei, sondern durch die sophistische Überlegung: »Der Mensch ist nicht ein Eigenthum von sich selbst, das ist eine Contradictio, denn so fern er eine Person ist, so ist er ein Subiect, das ein Eigenthum in andern Dingen haben kann; denn es ist ja unmöglich Sache und Person zugleich zu seyn, ein Eigenthümer und ein Eigenthum zu seyn.«

27 So betont auch Schöne-Seifert (1996: 622), daß »der eigentliche Skandal [beim derzeit praktizierten Organhandel] die Perpetuierung der Weltarmut sei«.

28 Für eine ausführlichere Darstellung vgl. z. B. Hepp (1987).

29 Dieses Argument wird zitiert nach Ducharme (1991). Ein ähnlicher Einwand wurde außerhalb der katholischen Kirche z. B. von Ramsey (1970; 1972) vorgebracht.

30 Man könnte IVF auch mit der Situation vergleichen, wo ein ansonsten mit Sicherheit dem Tode geweihter Mensch nur durch ein spezielles Medikament gerettet werden könnte, allerdings bloß mit einer Wahrscheinlichkeit von ca. 10 %. Niemand käme auf die Idee, dem Arzt, der dieses Medikament trotz der geringen Heilungschancen einsetzt, deswegen Tötungsabsichten zu unterstellen.

31 Unter der Voraussetzung, daß es a priori gleich wahrscheinlich ist, welcher der Embryonen E_1 und E_2 als erster implantiert wird, ist die Wahrscheinlichkeit dafür, daß E_i ($i=1$ oder $i=2$) überlebt, $1/2$ mal die Wahrscheinlichkeit, daß E_i überlebt, wenn E_i als erster implantiert wird, plus $1/2$ mal die Wahrscheinlich-

keit, daß E$_i$ überlebt, wenn E$_i$ nicht als erster implantiert wird. Die erste Wahrscheinlichkeit kann man mit dem »Basisüberlebenswert« bei B1, d. h. mit 9 %, gleichsetzen, während die letztere gleich ist dem Produkt des »Basisüberlebenswert« mit der Wahrscheinlichkeit, daß die erste befruchtete Eizelle *nicht* überlebt, also 0,09 mal 91 % bzw. ca. 8 %. Somit ergibt sich insgesamt ein Wert von ca. 0,5 x 9 % + 0,5 x 8 % = ca. 8,5 %. Diese Berechnung setzt übrigens die vereinfachende Annahme voraus, daß das Verfahren der Kryokonservierung so gut entwickelt ist, daß Embryonen so lange wie jeweils nötig aufbewahrt werden können und nach dem Wiederauftauen eine ebenso hohe Überlebenswahrscheinlichkeit haben wie ohne Kryokonservierung.

32 Allerdings hatte es im Vorfeld der Rechtsbeschlüsse an abweichenden Meinungen nicht gefehlt. Wuermeling (1987: 106) berichtet: »Der Entwurf eines Strafgesetzbuches 1962 sah vor, eine heterologe Insemination unter Strafandrohung zu verbieten. Der Deutsche Ärztetag hat sich gegen ein solches Verbot ausgesprochen, das Verfahren aber als unärztlich abgelehnt. Später hat er das Verfahren ›nicht empfohlen‹, aber dennoch gewisse Richtlinien dafür erlassen. Der Europarat hat empfohlen, eine rechtliche Institution für die heterologe Insemination zu schaffen und insbesondere die Anonymität des Samenspenders zu garantieren.«

33 Harris (1995: 216 ff.) übersieht bei der Diskussion um »Homosexuelle und alleinstehende Eltern« diese Problematik und spricht zudem in unsachlicher Polemik von einem Versuch, »lesbische oder alleinstehende Frauen daran zu hindern, Kinder zu gebären und großzuziehen«. Dies ist wohl kaum der richtige Ausdruck für die eventuelle Weigerung eines Mannes, seinen Samen nicht für die IVF einer Lesbierin freizugeben!

34 Vgl. § 8.17 des »Warnock-Berichts«, hier zitiert nach Lockwood (1990: 256).

35 Zur komplexen juristischen Beurteilung der Embryonenforschung vgl. Heuermann / Kröger (1989).

36 Das zweite Beispiel von Birnbacher – Leichenschändung – gestattet eine ähnliche Analyse, wobei allerdings die Parallele zum Schlachten entfällt. *Eine* Form von »Leichenschändung«, z. B. Entnahme transplantierbarer Organe, kann den Interessen kranker Mitmenschen dienen und deshalb zumindest nach utilitaristischen Grundsätzen moralisch gerechtfertigt werden. Echte Leichenschändung hingegen würde durch die Prinzipien ratio-

naler Moral als unmoralisch ausgewiesen, weil sie gegen die Gefühle bzw. Interessen des Verstorbenen, seiner Angehörigen und anderer Mitbürger verstößt.

37 Ähnlich behauptet Harris (1989), daß Embryonenforschung zumindest in dem Maße erlaubt ist, »um die Gesundheit heutiger oder zukünftiger Individuen sicherzustellen«, wie Abtreibung erlaubt ist, »um die Gesundheit der Mutter sicherzustellen«. Zum (Miß-)Verhältnis der moralischen Skrupel, die manche Leute bei Embryonenforschung einerseits und bei Abtreibung andererseits entwickeln, vgl. Austin (1989: 112) oder auch Hoerster (1995: 98).

38 Zu den bio-technologischen Schwierigkeiten und Perspektiven vgl. Albrecht (1998 a,b) und Solter (1998). Wenn im übrigen unter dem Stichwort der »Replizierung der Vortrefflichkeit« davon geschwärmt wird, »es möchten mehr Mozarts, mehr Einsteins und Schweitzers die menschliche Rasse zieren« (Jonas 1987: 186), so übersieht man zumeist, daß das Klonen dieser Persönlichkeiten alleine deshalb unmöglich ist, weil ihre Körperzellen längst zu Staub zerfallen sind.

39 Vgl. z. B. Bayertz (1987) und Irrgang (1996).

40 Im Extremfall könnte freilich X=Y=Z sein, wenn nämlich eine fruchtbare Frau sich Klon-Nachwuchs mit ausschließlich ihrem eigenen genetischen Material wünscht und diesen Embryo selber austrägt.

41 So die Worte des Präsidenten der Bundesärztekammer Vilmar, zitiert nach Klinkhammer (1998).

42 Dies betont auch der Biologe Zimmer in seiner Replik (1998) auf Habermas zu Recht. Anschließend bringt er jedoch den folgenden, unhaltbaren Einwand gegen das Embryonen-Splitting vor: »Die Natur klont nur aus Versehen. [. . .] Dann entstehen eineiige, genetisch identische Zwillinge, mithin Klone. Aber daß deren Rate [. . .] niedrig ist (0,35 Prozent) zeigt, daß es ihr ernst ist mit dem Klonverbot; mehr scheint sie nicht zu ertragen. Und folglich: Wenn die Menschen begönnen, sich zu klonen, verstießen sie gegen eins der Prinzipien, denen sie ihre Existenz verdanken. Darum dürfen sie es nicht erlauben.« Dies ist ein weiteres Beispiel des »naturalistischen Fehlschlusses«, dem wir in diesem Buch mehrfach begegnet sind: Aus ›Es ist wider die Natur bzw. *unnatürlich*, dieses und jenes zu tun‹ folgt keineswegs, daß es auch *unmoralisch* wäre, dieses und jenes zu tun!

43 Bekanntlich hoffen Eltern – insbesondere Väter – in gewissen Kulturkreisen sehr oft, daß ihr Nachwuchs männlichen Geschlechts sein wird. Das führte gelegentlich dazu, daß Mädchen als »zweitklassig« angesehen und entsprechend schlecht behandelt (oder gar abgetrieben oder nach der Geburt getötet) wurden. Die Verwerflichkeit einer solchen Einstellung impliziert aber keineswegs, daß die Zeugung selber unmoralisch gewesen wäre. Im übrigen wäre zuzugestehen, daß Klonen *manchmal* durch moralisch bedenkliche Erwartungen motiviert sein könnte; eventuell könnte man sogar mit Habermas (1998c) von »der moralischen Obszönität einer selbstherrlichen und selbstverliebten Verdoppelung der eigenen genetischen Ausstattung auf seiten des Erzeugers« sprechen. Doch eine solche Einstellung ließe sich auch bei so manchem Pascha kritisieren, der sein eigenes Ebenbild auf geschlechtlichem Weg zu (re)produzieren sich bemüht.

44 Im strengen Sinne würde selbst die (utopische) Methode der Zellkerntransplantation nicht zu genetisch identischen Personen führen. Wie Eser [u. a.] (1997: 5) ausführen, haben solche Klone durchaus verschiedene »genetische Vorfahren [...], einen, von dem der Donor-Zellkern, und einen zweiten, von dem der Cytoplast stammt. Dem Cytoplast wurde zwar sein eigener Zellkern entfernt; er enthält aber in seinem Zellinnern immer noch mehrere Exemplare eines Zellorganells, des Mitochondrions, das [...] selbst ein kleines Genom enthält.«

45 Für Einzelheiten der medizinischen Möglichkeiten einer Verwendung embryonalen Gewebes inklusive der Perspektive des Klonens vgl. McCullagh (1987) sowie Harris (1995: 170 ff.)

3 Tod

3.1 Selbstmord

Ein ganz allgemeiner Einwand gegen den Suizid besteht darin, die Tat allein aufgrund ihres *Namens* zu verurteilen: Selbstmord ist *Mord* oder, in den Worten des Kirchenvaters Augustinus: »Wer einen Menschen tötet, sei es sich selbst, sei es einen anderen, der ist in ein Verbrechen des Mordes verstrickt.«[1] Nun ist es zwar *formal* korrekt, zu schließen: (i) Wer sich selbst tötet, tötet einen Menschen; (ii) Es ist unmoralisch, einen Menschen zu töten. Also (iii) Es ist unmoralisch, sich selbst zu töten. Aber die zweite Prämisse gilt inhaltlich betrachtet nur in der Einschränkung, daß es unmoralisch ist, einen Menschen zu töten, *der nicht getötet werden will*. Um logisch korrekt die Konklusion (iii) zu erhalten, müßte deshalb auch Prämisse (i) so eingeschränkt werden, daß, wer sich selbst tötet, einen Menschen tötet, der nicht getötet werden will. Doch dies ist beim Suizid – im Gegensatz zum wirklichen Mord – in aller Regel *nicht* der Fall. Ein Selbstmörder ist ja gerade jemand, der nicht länger leben, sondern *sterben will*. Ethisch betrachtet ist Selbstmord also keineswegs gleich Mord und sollte deshalb bestenfalls als Selbst»mord« bezeichnet werden. Im folgenden behalte ich jedoch neben den Ausdrücken ›Suizid‹ und ›Selbsttötung‹ auch das gute deutsche Wort ›Selbstmord‹ ohne entsprechende Anführungszeichen bei.

Bevor weitere Argumente gegen den Suizid diskutiert werden, zunächst ein paar ethisch relevante Unterscheidungen. Wenn jemand sich selbst das Leben nimmt, kann er dafür gute Gründe haben, oder auch nicht. Daß jemand gute Gründe für einen Selbstmord hat, ist dabei so zu verstehen, daß die Tat in seinem eigenen wahren (wohlverstandenen) Interesse liegt. Das bedeutet, daß der Tod nicht nur nach subjektiver Einschätzung des Suizidanten, sondern auch objektiv betrachtet die bessere Option als die Fortsetzung des Lebens darstellt oder daß – mit den Worten von Schopenhauer (*Selbstmord*: 270) – »die Schrecknisse des Lebens die Schrecknisse des Todes überwiegen«. Ein solcher *begründeter* Selbstmord mag rar, vielleicht extrem selten sein, aber als zumindest theoretisch möglich muß er trotzdem mit diskutiert werden. Die viel häufigeren Fälle der Selbsttötung *ohne* gute Gründe nenne ich *Dummheiten*. Typische Beispiele sind der jugendliche Suizid aus Liebeskummer oder wegen Schulversagens.

Wenn jemand sich selbst das Leben nimmt, kann dies die Interessen von anderen negativ tangieren, oder auch nicht. Der Einfachheit halber werden dabei die anderen jeweils zu *einer* Partei zusammengefaßt, für die der Suizid insgesamt einen positiven oder negativen (Fremd-)Nutzen besitzt. Ein Selbstmord mit nicht-negativem Fremdnutzen heißt im folgenden *harmlos*. Darunter fällt der altruistisch motivierte, heroische Selbstmord, bei dem jemand sein Leben im Interesse anderer opfert, ebenso wie der Suizid z. B. eines Misanthropen, über dessen Tod sich viele freuen, aber niemand trauert. Harmlos wäre auch der Selbstmord eines Eremiten, dessen Sterben buchstäblich niemand anderen interessiert. All solche Fälle dürften in der Realität des 20. Jahrhunderts freilich selten sein, vielleicht nur in Romanen vorkommen. Weit häufiger jedenfalls verstößt ein Selbstmord *gegen* die Interessen von anderen, denn die Auswirkungen des Suizids beschränken sich ja nicht auf materielle Schädigungen, sondern betreffen vor allem psychische Faktoren wie Trauer, Schmerz und Selbstvorwürfe der Angehörigen und Freunde. Ein nicht harmloser Selbstmord heißt kurz *schädigend*.

Per Kombination sind vier verschiedene Suizidtypen zu untersuchen: (1) der begründete harmlose Selbstmord; (2) der dumme und harmlose[2] Selbstmord; (3) der begründete, aber schädigende Selbstmord; (4) der dumme und schädigende Selbstmord. Beginnen wir mit (1). Jemand, für den

»die Schrecknisse des Lebens die Schrecknisse des Todes
überwiegen«, tötet sich selbst und schadet dabei niemand
anderem. Was könnte daran unmoralisch sein? Kant
(*Grundlegung*: BA 53 f.) hat etwas weitschweifig das folgende Bedenken geäußert:

> »Einer, der durch eine Reihe von Übeln, die bis zur
> Hoffnungslosigkeit angewachsen ist, einen Überdruß
> am Leben empfindet, ist noch so weit im Besitze seiner
> Vernunft, daß er sich selbst fragen kann, ob es auch
> nicht etwa der Pflicht gegen sich selbst zuwider sei,
> sich das Leben zu nehmen. Nun versucht er: ob die
> Maxime seiner Handlung wohl ein allgemeines Natur-
> gesetz werden könne. Seine Maxime aber ist: ich mache
> es mir aus Selbstliebe zum Prinzip, wenn das Leben
> bei seiner längern Frist mehr Übel droht, als es An-
> nehmlichkeit verspricht, es mir abzukürzen. Es frägt
> sich nur noch, ob dieses Prinzip der Selbstliebe ein all-
> gemeines Naturgesetz werden könne. Da sieht man
> aber bald, daß eine Natur, deren Gesetz es wäre, durch
> dieselbe Empfindung, deren Bestimmung es ist, zur
> Beförderung des Lebens anzutreiben, das Leben selbst
> zu zerstören, ihr selbst widersprechen und also nicht
> als Natur bestehen würde, mithin jene Maxime un-
> möglich als allgemeines Naturgesetz stattfinden könne,
> und folglich dem obersten Prinzip aller Pflicht gänz-
> lich widerstreite.«

Nehmen wir an, daß sich im Verlauf der Evolution eine
Gattung von chronisch unglücklichen Humanoiden mit
zwei Arten entwickelt hätte. Die »Kantianer« halten es ungeachtet der miserablen Lebensqualität für verboten, ihr je-
weiliges Leben aus Selbstliebe abzukürzen; die »Egoisten«
hingegen folgen einem natürlichen Trieb und bringen sich
um, sobald sie stark zu leiden beginnen. Das führt mit großer Wahrscheinlichkeit dazu, daß die »Egoisten« binnen
kürzester Zeit von unserem Planeten verschwunden sind. In

diesem Sinne kann man Kants Behauptung zustimmen, daß eine Spezies, deren Prinzip es wäre, »das Leben selbst zu zerstören, ihr selbst widersprechen und also nicht als Natur [bzw. als Spezies] bestehen würde«. Aber zum einen sind Menschen keine *chronisch* unglücklichen, sondern im Normalfall durchaus lebenswillige Geschöpfe. Deshalb ist der Fortbestand der Gattung Homo sapiens mit dem *eingeschränkten* Prinzip verträglich, daß ein Mensch sich dann und nur dann umbringt, wenn – in Kants Worten – »das Leben bei seiner längern Frist mehr Übel droht, als es Annehmlichkeit verspricht«. Zum anderen fällt es schwer einzusehen, was solche Spekulationen bezüglich der Möglichkeit oder Unmöglichkeit von Naturgesetzen überhaupt mit *Moral* zu tun haben. Warum sollte das Aussterben der »Egoisten« ethisch anders bewertet werden als z. B. das Aussterben der Dinosaurier? Schließlich und endlich folgt jeder einzelne nur seiner eigenen Natur, die ihn mit solchen, zum Überleben untauglichen Eigenschaften ausgestattet hat. Wenn es bei den fiktiven Wesen *moralisch* überhaupt etwas zu bemäkeln gibt, dann doch eher das Paarungs- bzw. Fortpflanzungsverhalten der »Kantianer«, die in pflichtbewußtem Gehorsam vor dem Gesetz der Erhaltung ihrer Art ihrem Nachwuchs jeweils zumuten, ein lebensunwertes Dasein zu fristen.

Typ (2) des Suizid(versuch)s ist die harmlose Dummheit. Jemand, durch dessen Ableben niemand anderem ein – materieller oder psychischer – Schaden entstehen würde, will sich umbringen. Er glaubt, sein Leben sei nicht mehr lebenswert und sinnlos. In Wirklichkeit, d. h. aus der Perspektive von Außenstehenden, die über genügend Lebenserfahrung verfügen und die mit den Details des Einzelfalls vertraut sind, steht ihm jedoch eigentlich eine positive, erfüllte und glückbringende Zukunft offen. In diesem Sinne schadet der Selbstmörder sich selbst, und seine Tat ist eine fatale, nicht wieder rückgängig zu machende *Dummheit*. Aber solange es eben eine *harmlose* Dummheit bleibt, d. h., sofern die entscheidende Prämisse erfüllt ist, daß durch die Tat niemand *anderem* ein Schaden entsteht, ist und bleibt sie moralisch genauso unbedenklich wie der begründete, harmlose Suizid. Kants gegenteilige Auffassung beruht auf der Annahme einer notwendigen Pflicht gegen sich selbst, die nicht nur den Selbstmord verbietet, sondern der zufolge es auch unmoralisch sein soll, sich »selbst zu verstümmeln [oder] zu verderben« bzw. sogar, seine »Anlagen zu größerer Vollkommenheit [...] zu vernachlässigen«.[3] Die Existenz derartiger Pflichten ist jedoch, wie die folgende Analogiebetrachtung klarmachen soll, alles andere als evident. Fall (A): In der Wildnis hackt jemand sich nach einem Schlangenbiß als Ultima ratio den Fuß ab. Fall (B): Vincent van Gogh schneidet sich in einem Anfall geistiger Umnachtung das linke Ohr ab. Fall (C), gefunden in der *Neuen Osnabrücker Zeitung* vom 20. 8. 1992:

> »Weil er für seinen angeblich bei einem Arbeitsunfall verlorenen Daumen 200000 DM Versicherungsgelder kassieren wollte, steht jetzt ein 46jähriger Mann wegen Betrugs erneut vor Gericht. Schon das Amtsgericht Osterode hatte es als erwiesen angesehen, daß der Arbeiter in einer Spanplattenfabrik sich den Daumen selbst abgehackt hatte, und ihn zu einem Jahr Freiheitsstrafe auf Bewährung verurteilt.«

Ohne daß man hier irgendwelche Pflichten gegen sich selbst bemühen müßte, kommt die am *Neminem laedere* orientierte *ethische* Beurteilung von (C) zu dem gleichen Schluß wie das Amtsgericht: Wer sich materieller Vorteile halber selbst verstümmelt, der schädigt andere und handelt also unmoralisch. Hätte sich hingegen ein pensionierter Holzarbeiter »nur so zum Spaß« den Daumen abgehackt, dann wäre er natürlich nicht wegen Betruges belangt worden.

Der wesentliche Unterschied zwischen (A) und (B) liegt darin, daß die erste Tat *begründet* ist, d. h. im wahren Inter-

esse der Person liegt, während die zweite eine *Dummheit*, ja
einen Akt des Wahnsinns darstellt. Moralisch in Ordnung
sind jedoch *beide*. So hat auch Kant (*Grundlegung*: BA 67)
eine »Amputation der Glieder, um mich zu erhalten«.expli-
zit für zulässig erklärt, und ich glaube nicht, daß er bei
Kenntnis der Umstände von (B) dem geistig verwirrten van
Gogh den Vorwurf gemacht hätte, eine Pflicht gegen sich
selbst zu verletzen bzw. unmoralisch zu handeln. Natürlich
hat Kant in *einem* Sinne recht, wenn er dafür plädiert, daß
man sich nicht umbringen oder verstümmeln sollte. Aber er
übersieht offenbar, daß nicht jedes Sollen ein moralisches
Sollen ist.[4] Die Gründe, sich nicht das Ohr abzuschneiden
bzw. irgendeine andere Dummheit zu unterlassen, sind in
der Regel keine *moralischen*, sondern *außermoralische*
Gründe, Gründe des wohlverstandenen Eigeninteresses.
Um nun zum Selbstmord zurückzukehren, so kann man
mit Schopenhauer (*Selbstmord*: 267) dafürhalten, daß Kant
und andere Philosophen:

> »[…] was den Argumenten an Stärke abgeht, durch
> die Stärke der Ausdrücke ihres Abscheues, also durch
> Schimpfen, zu ersetzen suchen. Da müssen wir denn
> hören, Selbstmord sei die größte Feigheit, sei nur im
> Wahnsinn möglich, und dergleichen Abgeschmackthei-
> ten mehr, oder auch die ganz sinnlose Phrase, der
> Selbstmord sei ›unrecht‹, während doch offenbar Jeder
> auf Nichts in der Welt ein so unbestreitbares Recht hat,
> wie auf seine eigene Person und Leben.«

So richtig die letzte Bemerkung über das angebliche Unrecht des Selbstmordes auch ist, so überflüssig bleibt allerdings der Seitenhieb auf die Bewertung des Selbstmords als
Feigheit oder als Wahnsinn. Im Kontext ethischer Erörterungen genügt die Klarstellung, daß *selbst dann, wenn* ein
Suizid feige ist, er *darum allein* noch lange nicht unmoralisch sein muß. Feiges Verhalten gibt erst dann Anlaß zu
moralischem Tadel, wenn andere gefährdet oder geschädigt

werden. Noch weniger ist eine Wahnsinnstat per se moralisch bedenklich, was am einfachsten daraus erhellt, daß
z. B. ein Schizophrener sein gesamtes Hab und Gut ver-
schenken oder verbrennen könnte. Vor allem ist ein dum-
mer, gegen die wahren Interessen des Suizidanten gerichte-
ter Selbstmord nicht bereits eo ipso verwerflich, auch wenn
es genügend außermoralische Gründe gibt, ihn zu unterlassen.

Moralische Gründe kommen erst bei den Selbstmord-
typen (3) und (4) ins Spiel, bei denen die Interessen anderer
verletzt werden. Im Extremfall werden dabei andere Menschen mit in den Tod gerissen, wie z. B. bei der in der
Neuen Osnabrücker Zeitung am 18. August 1992 gemel-
deten:

»*Tragödie*. Auf der Autobahnraststätte Schauinsland
bei Freiburg hat sich am Montagmorgen ein tragisches
Unglück ereignet: Vermutlich in Selbstmordabsicht ra-
ste ein Autofahrer aus Nordrhein-Westfalen mit zwei
Kindern im Wagen völlig ungebremst auf einen abge-
stellten LKW. Der Mann und die Kinder im Alter von
schätzungsweise zehn bis 14 Jahren waren sofort tot.«

Überflüssig zu sagen, daß diese Tat moralisch verwerflich
ist. Der Mann hat (offenbar absichtlich) mit seinem eigenen
zugleich den Tod der Kinder herbeigeführt, also außer dem
Suizid *Mord* bzw. Totschlag begangen. Und auch wenn er
die Kinder nicht vorsätzlich, sondern *fahrlässig* getötet
hätte, bliebe genügend Grund für eine moralische Verurteilung. Schließlich handeln ja auch solche Autofahrer unmoralisch, die nicht in selbstmörderischer Absicht z. B. aufgrund starken Alkoholgenusses oder wegen überhöhter Ge-
schwindigkeit andere Menschen töten.

Dieses moralische Urteil geht selbstverständlich davon
aus, daß die Kinder nicht ebenfalls Selbstmord begehen
wollten; daß sie nach dem Tode des Vaters ein positives Leben hätten führen können; daß ihnen also wirklich gescha-

det wurde. Der Schaden, den ein Suizid(versuch) anderen
bereitet, muß nun nicht immer im Verlust von Leben, Gesundheit oder Eigentum bestehen. Weit häufiger sind Schädigungen immaterieller Natur, speziell Trauer, Schmerz
oder Schuldvorwürfe bei Angehörigen und Freunden. All
solche nicht-harmlosen Selbstmorde sind im Sinne des *Neminem laedere* moralisch bedenklich. Gemäß utilitaristi-
schem Grundsatz können sie jedoch unter Umständen moralisch gerechtfertigt werden, wenn nämlich der Nutzen,
den der Suizidant für sich selbst erhofft, den Schaden über-
steigt, den er anderen durch seinen Freitod zufügt. Ob und
wann dies der Fall ist, läßt sich natürlich nicht pauschal sagen und dürfte auch bei näherer Kenntnis des Einzelfalls
nur schwer zu ermitteln sein.[5] Leicht fällt lediglich die fast
triviale Feststellung, daß ein nicht-harmloser Selbstmord –
unabhängig von der Größe des Fremdschadens – jedenfalls
dann unmoralisch ist, wenn er zugleich eine Dummheit darstellt. Das folgende Diagramm faßt die bisherigen, etwas
mageren Ergebnisse zusammen:

Typ des Selbstmordes	Moralische Beurteilung
(1) begründet und harm- los	unbedenklich
(2) dumm aber harmlos	unbedenklich
(3) begründet aber schädigend	bedenklich, u. U. jedoch utilitaristisch zu recht- fertigen
(4) dumm und schädigend	verwerflich, auch utili- taristisch nicht zu recht- fertigen

Zur Abrundung des Themas sei kurz auf Handlungen
eingegangen, durch die das eigene Leben zwar nicht vorsätzlich beendet, aber doch *riskiert*, mit einer gewissen
Wahrscheinlichkeit aufs Spiel gesetzt wird. Die Liste ein-
schlägiger Aktivitäten umfaßt neben dem Motorsport auf

der Straße, im Wasser oder in der Luft auch Bergsteigen, Drachenfliegen oder Tiefseetauchen sowie in jüngster Zeit in Mode gekommene Großstadt-Abenteuer wie U-Bahn- »Surfen« und ähnliche Nervenkitzel. Einiges hiervon fällt, wenn nicht per se, so zumindest bei entsprechend leichtsinniger, »selbstmörderischer« Ausführung in die Kategorie von Dummheiten: Das objektiv vorhersehbare Risiko überwiegt den subjektiv zu erwartenden Nutzen bei weitem. Die psychologischen Gründe dafür, daß derartige Dummheiten dennoch begangen werden, sind wohl einerseits die (durch gruppendynamische Prozesse verstärkte) Unterschätzung des Unfallrisikos sowie andererseits eine falsche, unreflektierte Einstellung zum eigenen Tod. Wer nach der Devise handelt »Was macht's schon, wenn ich dabei draufgehe – Hauptsache, ich hab meinen Spaß«, der handelt erstens dumm, d. h. gegen seine wahren, längerfristigen Interessen, und zweitens unmoralisch, weil er in der Regel anderen (den Eltern oder Freunden) Kummer, Sorge und Angst bereitet.

Andererseits dürfen sicher nicht alle genannten Abenteuer als Dummheiten abqualifiziert werden. Egal ob es sich um Motorradfahren, Free-Climbing, oder Paragliding handelt, bei sorgfältiger Planung und behutsamer, verantwortungsbewußter Durchführung kann das Risiko derartiger Unternehmungen niedrig genug gehalten werden, so daß es durch den erwarteten Nutzen, die Freude des Erlebens, wahrscheinlich aufgewogen wird. Genaue oder gar objektiv meßbare Quantifizierungen sind freilich unmöglich, und nur derjenige, der z. B. schon selbst eine Alpentour vorbereitet und erfolgreich abgeschlossen hat, wird ungefähr ermessen können, wie groß die Freude, das Glück und die Befriedigung beim Bergsteigen sind. Für die Frage der *Moralität* solcher Handlungen sind jedoch außer den Interessen des Abenteurers die seiner Angehörigen mit in Betracht zu ziehen. Am 4. 10. 1990 berichtete die *Neue Osnabrücker Zeitung* von einem:

>*Schicksalsschlag für Fürstenhaus in Monaco.* [...]
Der Unfall hatte sich kurz nach dem Start ereignet.
Auf der Höhe von Saint Jean Cap Ferrat wurde das
Boot Casiraghis [...] von einer Welle hochgeschleu-
dert. [...] für Casiraghi kam jede Hilfe zu spät. [...]
Stefano Casiraghi, gebürtiger Italiener und seit sieben
Jahren mit Prinzessin Caroline (33) verheiratet, mit
der er drei Kinder hatte, war seit langem ein passio-
nierter Offshore-Rennfahrer. [...] Das riskante Spiel
mit den schnellen Booten hatte nach Berichten der
französischen Presse bereits seit einiger Zeit dunkle
Schatten auf die siebenjährige Ehe mit der Grimaldi-
Tochter geworfen. Angeblich hatte Caroline von ihrem Ehemann schon wiederholt gefordert, das Hobby
endlich an den Nagel zu hängen. Wer drei Kinder
habe, dürfe sich nicht absichtlich in Gefahr begeben.«

Stimmt das? Man darf wohl davon ausgehen, daß das
gefährliche Hobby aus Casiraghis eigener Perspektive
keine Dummheit darstellte, sondern daß er mit einer solchen Begeisterung Rennboot fuhr, die für ihn das Unfall-
risiko kompensierte. Weiterhin kann man voraussetzen,
daß Caroline vor der Hochzeit um das gefährliche Hobby
wußte und es akzeptierte. Dann fällt *ihr* Interesse an der
Gesundheit des Ehemanns wohl auch nicht entscheidend
ins Gewicht. Die *Kinder* hingegen wurden nicht gefragt,
ob sie einen Rennfahrer als Papa haben wollten, und es
erscheint denkbar, daß bei zusätzlicher Berücksichtigung
ihrer Präferenzen und Bedürfnisse das utilitaristische
Schwergewicht *gegen* die Rennfahrerei ausfällt. Es ist jedoch keineswegs *offenkundig*, ob Carolines Urteil ›Wer
drei Kinder hat, der darf sich nicht absichtlich in Gefahr
begeben‹ in Casiraghis Fall oder in anderen vergleichbaren Situationen wirklich zutrifft. Allerdings dürfte es vernünftig sein, extremen Abenteurern vom Schlage eines
Michael Schumacher, eines Reinhold Messner oder eines

Gérard D'Aboville[6] den Rat zu geben, so lange nicht zu heiraten und vor allem keine Kinder zu zeugen, wie sie auf der Rennstrecke, in den Bergen oder auf den Ozeanen ihr Leben aufs Spiel setzen.

3.2 Beihilfe zum Selbstmord; Sterbehilfe; Euthanasie

Wenn jemand sich selbst das Leben nehmen will, darf oder muß ich ihn dabei unterstützen? Die Antwort hängt natürlich sehr vom Typ der Selbsttötung ab. Bei einem *harmlosen* Suizid werden die Interessen anderer nicht negativ tangiert. Deswegen liegt die Vermutung nahe, daß jede Beihilfe hierzu ebenfalls moralisch unbedenklich wäre. So meint z. B. Lamb (1988: 49), aus dem Recht auf das eigene Leben bzw. Sterben ein Recht auf Unterstützung beim Selbstmord ableiten zu dürfen: »(denn was für einen Sinn hätte es, ein Recht zuzugestehen, wenn man keine Hilfe gestattet, das Recht auszuüben). [...] Das Recht auf Selbstmord – sofern ein solches anerkannt wird – muß auch das Recht auf jegliche Beihilfe zur Ausübung dieses Rechtes nach sich ziehen.«
Aber erstens ziehen Rechte in weniger dramatischen Bereichen des menschlichen Lebens keineswegs generell oder automatisch Rechte auf Beihilfe nach sich. Ein Raucher hat z. B. das Recht, im Raucherabteil der Eisenbahn zu rauchen; aber er hat sicher nicht das Recht, von seinen Mitreisenden Zigaretten oder Feuer zur Verfügung gestellt zu bekommen. Meine Tochter hat das Recht, sich eine Glatze schneiden oder die Brust tätowieren zu lassen, aber sie hat nicht das Recht (bzw. ich habe nicht die Pflicht), sie hierbei zu unterstützen; usw.

Zweitens, obwohl für den Suizidanten selber eine harmlose Dummheit moralisch genauso unbedenklich ist wie eine harmlose Nicht-Dummheit, ist die *Beihilfe* zur ersteren Tat moralisch ganz anders zu bewerten als zur letzteren. Wenn *ich* nämlich davon überzeugt bin, daß der Suizidant eine Dummheit begeht, wenn ich sicher bin, daß er nach Überwindung der momentanen Krise ein glückliches, lebenswertes Leben führen wird, dann darf ich ihn bei seinen Selbstmordplänen keineswegs unterstützen. Im Widerspruch zur Maxime des *Neminem laedere* würde ich ja ansonsten etwas tun, durch das jemand *anderem* (als mir, nämlich dem Suizidanten) ein großer Schaden entsteht. Dieses *moralische Verbot* der Beihilfe zum Selbstmord gilt natürlich für die nicht harmlose Dummheit in noch stärkerem Maße, denn ganz allgemein kann man feststellen: Wenn eine Handlung selber unmoralisch ist, so auch jede Beihilfe hierzu.[7] Weiterhin ergibt sich für den begründeten, aber schädigenden Selbstmord: Wenn der Suizid utilitaristisch nicht gerechtfertigt ist, weil die negativen Auswirkungen für Angehörige und Freunde (weit) größer sind als der Nutzen für den Suizidanten selber, dann ist auch die Beihilfe utilitaristisch nicht gerechtfertigt. Ist hingegen das Interesse des Suizidanten am Sterben stärker als die Interessen der Angehörigen an seinem Weiterleben, so ist auch eine Beihilfe hierzu utilitaristisch vertretbar. Insgesamt ergibt sich also das folgende Schema:

Typ des Selbstmordes	Moralische Beurteilung der Beihilfe
(1) begründet und harmlos	unbedenklich
(2) dumm aber harmlos	verwerflich
(3) begründet aber schädigend	bedenklich, u. U. jedoch utilitaristisch zu rechtfertigen
(4) dumm und schädigend	verwerflich, auch utilitaristisch nicht zu rechtfertigen

Solche mit dem logischen Lineal gezeichneten Diagramme haben freilich keinen besonders großen *praktischen* Wert. In der Realität des Alltags wird es oft schwierig, wenn nicht unmöglich sein, mit genügender Sicherheit in Erfahrung zu bringen, ob der Suizid(versuch) tatsächlich eine Dummheit darstellt oder nicht. Angesichts der Asymmetrie von Leben und Sterben – Wer tot ist, kann es sich nicht mehr anders überlegen; aber wer überlebt hat, kann sich immer noch umbringen – ist es wohl klug, nach dem Grundsatz zu entscheiden *In dubio pro vita*.[8]

Als Spezialfall bzw. Variante einer Beihilfe zum Selbstmord ist nun die sog. Sterbehilfe und allgemeiner die Euthanasie zu betrachten. Im Dritten Reich wurde der Begriff der Euthanasie bekanntlich dazu mißbraucht, um den Mord an Geisteskranken, an Behinderten und an anderen mißliebigen Bürgern zu kaschieren, deren Leben angeblich nicht lebenswert war. Deshalb ist es angebracht, ausdrücklich und unübersehbar darauf hinzuweisen, *daß Euthanasie hier wie in allen einschlägigen philosophisch/ ethischen Diskussionen nicht im Sinne der nationalsozialistischen Propaganda verstanden wird,* d. h. niemals für eine Tötung *gegen den Willen* bzw. gegen die Interessen des Menschen steht, sondern immer nur Tötungen auf Verlangen bzw. *im Interesse* der Person selber umfaßt. Daß die Tötung im (wahren) Interesse der Person erfolgt, bedeutet, daß subjektiv wie objektiv »die Schrecknisse des Lebens die Schrecknisse des Todes überwiegen«, d. h., daß das Leben sowohl aus der Perspektive des Patienten als auch nach Einschätzung des behandelnden Arztes *nicht mehr lebenswert* ist. Dabei werden zwei Gruppen unterschieden. Die erste, gelegentlich als freiwillig bezeichnete Euthanasie ist die Sterbehilfe oder Tötung auf Verlangen, d. h. die Tötung *nach expliziter Willensbekundung* des Patienten. Die zweite umfaßt Tötungen, bei denen der Patient nicht (nicht mehr, oder noch nicht) in der Lage ist, seinen Sterbenswunsch explizit zu äußern. Über ein charakteristisches Beispiel der ersten Art berichtete die *Neue Osnabrücker Zeitung* am 8. 1. 1992:

»Ein kanadisches Gericht hat einer jungen Frau, die aufgrund einer Nervenkrankheit vom Hals abwärts gelähmt ist, die Erlaubnis zum Sterben gegeben. [...] Die 25jährige Nancy B. wird nur noch mit Hilfe einer Lungenmaschine am Leben gehalten. Sie kann nun mit Erlaubnis des Gerichts entscheiden, wann das Gerät abgeschaltet werden soll. Die junge Frau leidet [...] am Guillan-Barre-Syndrom, das ihre Muskeln einschließlich der Lunge gelähmt hat. Die Ärzte hatten der 25jährigen mitgeteilt, ihr Leben könne noch lange dauern, da das Herz gesund sei. Geheilt werden könne sie aber niemals. Nancy B. hatte daraufhin entschieden, sie wolle unter diesen Umständen nicht weiterleben, und war vor Gericht gegangen, um ihre Entscheidung durchsetzen zu können. [...] ›Ich bin es müde, immer an dieser Maschine zu hängen – das ist kein Leben‹, sagte sie dem Richter.«

Es dürfte außer Frage stehen, daß der Todes- oder Sterbewunsch von Nancy B. begründet war. Angesichts der beschriebenen Krankheit lag der Tod im wahren Interesse der Patientin. Außerdem wird man annehmen dürfen, daß die Interessen von anderen nicht oder nur in geringem Maße negativ tangiert wurden.[9] Deshalb folgt gemäß dem obigen Diagramm, daß die von Nancy B. juristisch eingeklagte Beihilfe zum Selbstmord oder Beihilfe zum Sterben auch *moralisch* in Ordnung war. Gegen diese Auffassung wurden eine Reihe von Bedenken erhoben, die sich insbesondere gegen sog. *aktive*, im Unterschied zur passiven, Sterbehilfe richteten. Allein diese Unterscheidung ist jedoch begrifflich recht unklar. So legt z. B. Reiter (1987: 44) fest:

»Unter aktiver Sterbehilfe versteht man die direkte Herbeiführung des Todes, etwa durch ein tödliches Mittel (auch durch eine tödliche Medikamentenüberdosis) oder eine andere, den Tod unmittelbar bewirkende Maßnahme wie z. B. Nahrungsmittelentzug.

Unter passiver Sterbehilfe versteht man das Geschehenlassen des Sterbens ohne ein medizinisches Einschreiten [...]. Das bedeutet faktisch den Abbruch oder das Unterlassen einer therapeutischen Maßnahme.«

Dieser Definition zufolge würde die Sterbehilfe im Fall Nancy B. sowohl als aktiv als auch als passiv einzustufen sein. Denn das Abstellen der Lungenmaschine bewirkt einerseits unmittelbar den Tod; andererseits stellt sie den Abbruch einer therapeutischen Maßnahme dar. Außerdem scheint die fragliche Unterscheidung, auch wenn sie durch eine bessere Definition[10] präzisiert würde, bei Sterbehilfe im oben erläuterten Sinne, d. h. bei Euthanasie *auf ausdrücklichen Wunsch* der Patientin, wenig sinnvoll zu sein. Die typische Sterbehilfesituation ist ja dadurch charakterisiert, daß der Patient sich – in welcher Form auch immer – selber das Leben nehmen würde, wenn er dazu körperlich nur in der Lage wäre. Wenn es aber moralisch zulässig ist, *daß* er von anderen Beihilfe hierzu erhält, dann sollte auch das *Wie* des Sterbens in seine Entscheidung fallen dürfen. Es ist jedenfalls schwer einzusehen, worin der *moralische* Unterschied zwischen der Sterbehilfe im Falle von Nancy B. und der noch »aktiveren« Sterbehilfe im Fall jener Patientin – nennen wir sie Tracy B. – bestehen sollte, über die am 22. 9. 1992 in der *Neuen Osnabrücker Zeitung* berichtet wurde:

»Nigel Cox, britischer Arzt, der einer schwerkranken Patientin den letzten Wunsch erfüllte und ihr nach 13 Jahren aussichtsloser Behandlung die Todesspritze gab, ist zu zwölf Monaten Haft auf Bewährung verurteilt worden. Das Schwurgericht in Winchester räumte zwar ein, sein Verhalten sei nachvollziehbar. Allerdings ist aktive Sterbehilfe in Großbritannien strafbar. Nur passive Euthanasie, etwa durch Verzicht auf lebenserhaltende Geräte, ist erlaubt.«

Vielleicht gibt es gute Gründe dafür, aktive Sterbehilfe *ju-ristisch* anders zu behandeln als passive. Es ist zumindest denkbar, daß die rechtliche Freigabe beispielsweise einer Todesspritze durch den behandelnden Arzt eher miß-braucht werden könnte als die rechtliche Erlaubnis zum Abstellen einer Herz-Lungen-Maschine. Darauf wird wei-ter unten noch eingegangen. Doch wenn wie im Falle Tracy B. keine andere Möglichkeit bestand, das Leiden der Patien-tin zu beenden, als durch das Verabreichen einer tödlichen Injektion, und wenn Tracy B. dies selbst ausdrücklich ge-wünscht hat, dann war das Verhalten von Nigel Cox nicht nur »nachvollziehbar«, sondern moralisch genauso unbe-denklich wie das Abstellen der Lungenmaschine durch den Arzt von Nancy B.

Betrachten wir nun einige grundsätzliche Argumente ge-gen Sterbehilfe im allgemeinen, egal ob in aktiver oder pas-siver Form. Koch (1987: 108 f.) behauptet z. B.:

»Die Tötung eines anderen kann in keinem Falle eine Tat der Liebe sein. [. . .] Sollte ein Arzt solchem Ver-langen zu töten nachkommen? Täte er das, so müßte er, wenn er gewissenhaft handelt, in einen zerreißen-den Konflikt zwischen seinen ärztlichen Berufspflich-ten und seiner weiteren Rolle als Töter [. . .] kommen. Das wäre das Ende jedes Vertrauensverhältnisses zwi-schen Arzt und Patient. Denn der Patient muß dem Arzt gegenüber darauf vertrauen können, daß dieser das ihm entgegengebrachte Vertrauen nicht täuscht: daß er das für mein Ergehen Beste, aber nie meinen Tod absichtlich will.«

Die Eingangsthese, daß Töten kein Akt der Freundschaft oder Nächstenliebe sein könne, ebenso wie die abschlie-ßende Behauptung, daß der Tod niemals das Beste für einen Menschen ist, wäre jedoch nur dann korrekt, wenn Sterben niemals im wahren Interesse der Leidenden liegen würde, wenn es also die Kategorie des *begründeten* Selbstmords (bzw. der Beihilfe zum begründeten Selbstmord) gar nicht gäbe. Dies ist aber – denkt man an Nancy B. – höchst unplausibel.[11] Die andere These, daß Sterbehilfe mit den Berufspflichten des Arztes unverträglich ist bzw. gegen die Standesethik verstößt, ist zwar oberflächlich betrachtet richtig, aber kein entscheidender Einwand. Dem Wortlaut des Hippokratischen Eids zufolge besteht die Aufgabe des Arztes darin, Krankheiten zu heilen, Schmerzen zu lindern und eventuell das Leben zu verlängern. In einer typischen Sterbehilfesituation wie der von Nancy B. widersprechen sich diese Ziele aber gerade. Die Krankheit kann nicht geheilt werden, und eine Lebensverlängerung bedeutet nur vermehrte Schmerzen, Leiden und Qual. In diesem Dilemma liefert die traditionelle ärztliche Ethik keine eindeutige Handlungsempfehlung, weder für noch gegen Sterbehilfe. So gesteht z. B. Rössler (1984) zu:

»Die Probleme, mit denen wir heute konfrontiert sind, lassen sich einfach nicht aus den überlieferten Grundsätzen klären. [...] Soll der Arzt aktive Sterbehilfe leisten? Charakteristisch für diese Diskussion ist es ja, daß alle Seiten mit dem Anspruch auftreten, wesentliche Grundsätze der traditionellen ärztlichen Ethik geltend zu machen. Ganz offensichtlich haben gerade die Fortschritte in der Medizin dazu geführt, daß die ethische Überlieferung für die komplexe und widerspruchsvolle ärztliche Entscheidungssituation keine eindeutigen Handlungsanweisungen mehr zu geben vermag. [...] Wir brauchen also eine neue medizinische Ethik.«

Demgegenüber plädierte Spaemann in *Die Zeit* vom 12. Juni 1992 (abgedruckt in: Spaemann, 1992: 159):

»Die Tötung auf Verlangen ist [...] die ›Einstiegsdroge in die Euthanasiegesellschaft‹. [...] die Legalisierung einer solchen Praxis [...] würde bedeuten, daß alle persönlichen und materiellen Aufwendungen für einen chronisch kranken oder siechen Menschen plötzlich in dessen eigene Verantwortung fallen. Er ist nun schuld an allen Opfern, die für ihn gebracht werden müssen, da er ja von der Möglichkeit keinen Gebrauch macht, seine Mitwelt von dieser Last zu befreien, nämlich durch jenen Federstrich, mit dem er um Tötung ersucht. Wer zwischen zwei legalen Möglichkeiten die eine wählt, ist für die Folgen verantwortlich. Wo das Weiterleben nur eine von zwei legalen Optionen ist, da hat jeder künftig alle Lasten zu verantworten, die sein Weiterleben für andere bedeutet.«

Wenn dieses Argument stichhaltig wäre, könnte man aber z. B. auch jedem Patienten mit Blinddarmentzündung analog den Vorwurf machen, daß er alle Kosten und Lasten zu verantworten habe, die sein Weiterleben für andere bedeutet. Auch für ihn bestehen die beiden »legalen Optionen«, sich im Krankenhaus operieren zu lassen oder darauf zu *verzichten* und möglicherweise zu sterben. Außerdem übersieht Spaemann, daß Selbstmord ebenfalls eine legale Möglichkeit darstellt, seine Mitwelt von der angeblichen Last zu befreien. Ganz unabhängig von der Frage der Legalisierung der Sterbehilfe wäre also nach Spaemannscher Logik jeder Schwerkranke ohnehin »schuld an allen Opfern, die für ihn gebracht werden müssen, da er ja von [*dieser*] Möglichkeit keinen Gebrauch macht«.[12]

Der vielleicht am häufigsten geäußerte Einwand gegen Sterbehilfe bzw. Euthanasie ist das *Argument von der schiefen Bahn*[13], das z. B. von katholischen Bischöfen so formuliert wurde, »daß eine einzige weiche Stelle in der Grundhaltung der Achtung vor dem menschlichen Leben genügt, um einer Lawine von Unmenschlichkeit den Weg zu öffnen«[14]. Im Klartext: Auch wenn in besonderen Fällen die Tötung von leidenden, schwerstkranken Patienten an und für sich moralisch unbedenklich ist, so darf Sterbehilfe niemals erlaubt werden, weil die einmal legitimierte Praxis über kurz oder lang dazu führen würde, daß auch solche Menschen getötet werden, die gar nicht sterben wollen bzw. für die die Schrecknisse des Lebens die Schrecknisse des Todes keineswegs überwiegen. Auch wenn dieser Einwand primär nicht die *Moralität*, sondern die Frage der *Legalität* von Sterbehilfe betrifft, sollte er nicht auf die leichte Schulter genommen werden. Vor allem darf man die verbrecherische Praxis des »Euthanasie«-Programms der Nazis nie aus dem Auge verlieren. Die drohende Gefahr einer mißbräuchlichen Ausweitung der Sterbehilfepraxis läßt sich jedoch durch entsprechende Vorsichtsmaßnahmen und strikte gesetzliche Regelungen bannen. Zum einen muß sichergestellt werden, daß nur Mediziner bzw. ärztliches Personal Sterbehilfe durchführen dürfen. Zum anderen sind bei jedem einzelnen Fall mehrere unverzichtbare Vorbedingungen zu erfüllen, die z. B. bei der richterlichen Entscheidung im Fall Nancy B. zur Sprache kamen. Am 15. 2. 1992 konnte man in der *Neuen Osnabrücker Zeitung* über den Ausgang der Leidensgeschichte erfahren:

»Die gelähmte Kanadierin Nancy B., die in einem Krankenhaus von Maschinen am Leben gehalten wurde, ist auf eigenen Wunsch gestorben. [...] Seit zweieinhalb Jahren war sie – am ganzen Körper gelähmt – auf künstliche Beatmung angewiesen gewesen. Ärzte hatten die junge Frau, die geistig voll aufnahmefähig war, für unheilbar erklärt. [...] Daraufhin bat Nancy B. um ein Abschalten der lebensunterstützenden Geräte, was das Krankenhaus aus Furcht vor rechtlichen Folgen ablehnte. Schließlich erlaubte das Gericht am 6. Januar einen Abbruch der Behandlung, wenn die Patientin erneut ihr Einverständnis deutlich mache.«

Bei Euthanasie auf Verlangen eines Patienten muß also garantiert sein, daß er einerseits geistig voll zurechnungsfähig aber andererseits unheilbar krank ist und so sehr leidet, daß das Leben sowohl nach seiner eigenen Einschätzung als auch nach bestem ärztlichen Wissen nicht lebenswert erscheint. Außerdem sollte er seinen Wunsch, zu sterben, vor der endgültigen Entscheidung noch einmal ausdrücklich wiederholen. Ergänzend und teilweise präzisierend fordert die Deutsche Gesellschaft für Humanes Sterben (DGHS):

»Der um den Erlösungstod Bittende darf physisch zu einer Selbsterlösung (Freitod) nicht in der Lage sein. [. . .] Der Bittende muß sich in einem Zustand unheilbarer Krankheit befinden, was [. . .] durch zwei Ärzte festzustellen ist. Das Leiden muß zum Dahinsiechen seiner Person führen [. . .]. Der Erlösungstod darf nur unter ärztlicher Aufsicht gewährt werden.«[15]

Insgesamt darf man sich also dem Plädoyer von Jens/Küng (1995) für ein menschenwürdiges Sterben anschließen, die eine Euthanasie *auf ausdrücklichen Wunsch des Patienten* – egal ob in passiver oder in aktiver Form – als an und für sich moralisch unbedenklich bezeichnen. Und man wird weiterhin annehmen dürfen, daß sich ein Mißbrauch der Praxis des Sterbenlassens oder Tötens durch entsprechende Restriktionen bei der gesetzlichen Regelung des §216 mit großer Sicherheit verhindern läßt.[16]

Wie steht es aber mit der zweiten Klasse von Akten der Euthanasie, bei denen die betreffende Person keinen expliziten Sterbenswunsch geäußert hat? Solche Fälle hat P. Singer in nicht sehr glücklicher Terminologie als »nichtfreiwillige« Euthanasie bezeichnet. Dieser Begriff suggeriert, daß die Tötung *gegen* den Willen des Betroffenen erfolgt, was aber eine Contradictio in adiecto darstellen würde. Von Euthanasie darf man ja korrekterweise nur dann reden, wenn das Sterben im Interesse des Betroffenen liegt, und Handlungen gegen den *Willen* einer Person sind in der Regel auch gegen ihr *Interesse* gerichtet. Ausnahmen bilden nur paternalistische Handlungen, die zwar im Konflikt mit den *momentanen* Wünschen z. B. von Kindern stehen, die aber dennoch im wahren, insbesondere im längerfristigen Interesse der Kinder selber ausgeführt werden. Die Verhinderung eines juvenilen Selbstmordes wäre ein typisches Beispiel hierfür, das sich insbesondere durch die Faustregel In dubio pro vita rechtfertigen ließe. Hingegen ist die umgekehrte Entscheidung *gegen* das Leben eines Menschen, der weiterleben will, wohl in keinem einzigen Fall durch die Begründung moralisch zu rechtfertigen, daß das Töten im (angeblich) wahren Interesse des Betroffenen geschieht.[17] Statt von »unfreiwilliger« oder »nichtfreiwilliger« Euthanasie sprechen wir deshalb im folgenden lieber von Euthanasie *ohne explizites Einverständnis*. Darunter wird im allgemeinen die Abtreibung von stark mißgebildeten Föten bzw. das Töten oder Sterbenlassen von entsprechend schwer geschädigten Neugeborenen verstanden, sowie das Töten oder Sterbenlassen von unheilbar kranken und schwer leidenden Menschen, die dauerhaft bewußtlos oder sonstwie unfähig sind, einen Sterbenswunsch zu fassen bzw. zu artikulieren.

Die abstrakte philosophische Bewertung all dieser Fälle ist eigentlich einfach: *Wenn* das Sterben im wahren Interesse der Betroffenen liegt, dann ist es moralisch erlaubt, sie zu töten. Das große praktische Problem besteht freilich darin, mit genügender Sicherheit herauszufinden, ob die entscheidende Bedingung erfüllt ist, daß der Tod für die Betroffenen wirklich eine Erlösung darstellt, um die sie bitten würden, wenn sie zum Bitten überhaupt in der Lage wären. Die spezielle Problematik der *Abtreibung* von schwer mißgebildeten Föten wird erst im folgenden Abschnitt behandelt. Hier beschränke ich mich auf einige Spezialfälle der beiden anderen Gruppen von Euthanasie. Ein scheinbar unproblematischer Fall liegt vor, wenn der Patient zu einem früheren Zeitpunkt erklärt hatte, daß er sterben bzw. getötet werden möchte, falls sich sein Leidenszustand in dieser und jener präzise definierten Weise verschlechtert und wenn er dann nicht mehr in der Lage ist, diesen Wunsch zu wiederholen. Für diese Situation sehen die Empfehlungen der DGHS folgende Regelung vor: »Ist der Patient nahezu oder gänzlich unfähig, sich vorher [d. h. vor dem Akt der Euthanasie] zu äußern, kann der Wunsch nach dem Erlösungstod in einer eigens hierfür vorgesehenen Patientenverfügung niedergelegt sein. Diese darf allerdings nicht von Personen bezeugt sein, die als Erben in Frage kommen.«

Die letztere Klausel stellt nun zwar einen gewissen Schutz vor Mißbrauch dar; dennoch bleibt eine solche Euthanasie problematisch. Erstens ist, wie Gründel (1987: 99) ausführt, nie auszuschließen, daß hinter der Willenserklärung oder hinter dem Testament eines Schwerkranken »ein gewisser Druck von Angehörigen steht, die sich seiner als Last entledigen wollen oder die eine Erbschaft erwarten«. Zweitens »könnte sich eine Einstellung entwickeln, daß eben behinderte, schwergeschädigte, alte und kranke Menschen in einer Gesellschaft nur als Last erscheinen und daß sie doch am besten eine solche Erklärung unterschreiben sollten«. Drittens ist es auch immer möglich, daß sich die Präferenzen des Patienten bezüglich der Frage des Weiterleben- oder Nichtmehr-weiterleben-Wollens geändert haben: »[. . .] ein gesunder Mensch – das besagt die Erfahrung – ist theoretisch leichter bereit, eine solche Verfügung über sein Lebensende zu treffen; ganz anders sieht die Situation aus, wenn eine existentielle Bedrohung vorliegt. Die Tatsache, daß viele Schwerkranke dankbar waren für die mögliche und ihnen zuteil gewordene Hilfeleistung [. . .], läßt erhebliche Zweifel an der ›Weitergeltung‹ eines solchen Entschlusses aufkommen.« Insgesamt sollte der Arzt auf jeden Fall sämtliche Möglichkeiten ausschöpfen, um in Erfahrung zu bringen, ob der Patient nach wie vor zu seinem früher bekundeten Sterbenswunsch steht. Solange dieser zumindest phasenweise noch bei Bewußtsein ist, kann er wohl auch die Frage ›Wollen Sie wirklich sterben?‹ durch Sprechen, Kopfschütteln oder irgendeine andere Geste beantworten. Dann reduziert sich die Situation jedoch auf den zuvor diskutierten Fall einer Euthanasie auf expliziten Wunsch des Patienten.

Bei permanent bewußtlosen, nur noch dahinvegetierenden Individuen ist es hingegen nicht mehr möglich, eine letzte Willensbekundung einzuholen. Hier entfällt allerdings auch das primäre Motiv zur Euthanasie, denn wer bewußtlos ist, fühlt keine Schmerzen, leidet nicht und braucht somit nicht von seinem »Leiden« erlöst zu werden. Ein Töten oder Sterbenlassen wäre deshalb *nicht im Interesse des Betroffenen,* sondern durch andere Faktoren motiviert, entweder aus schlichten Kostengründen oder z. B., weil die Herz-Lungen-Maschine für andere Patienten mit einer positiveren (Über-)Lebenschance benötigt wird. Andererseits bleibt umgekehrt festzuhalten, daß eine Tötung in diesem Fall auch *nicht gegen das Interesse des Betroffenen* gerichtet wäre, denn wer permanent bewußtlos ist, dessen Leben hat keinerlei positive Inhalte mehr, dem wird also nicht geschadet, wenn man ihn tötet. In dieser Pattsituation der Pro- und Contra-Argumente erscheint es wieder ratsam, sich auf die Seite des Leben(-lassen)s zu schlagen, allein schon deshalb, weil wohl kein Arzt mit letzter Gewißheit beschwören könnte, daß der Komatöse nie wieder aus dem vegetativen Zustand erwacht.

In diesem Zusammenhang ist es interessant, auf das gewissermaßen konträre Pendant zum permanent komatösen Patienten einzugehen, nämlich auf ein Unfallopfer, das sozusagen »nur noch aus Bewußtsein« besteht. Beim kompletten Locked-in-Syndrom nach Hirnstammblutung sind – wie Linke (1990: 5–15) schildert:

»[. . .] die Verbindungssysteme und Zentren des Großhirns und des höheren Hirnstamms nicht geschädigt. Sie können aber keine Informationen von außen erhalten. [. . .] Im Grunde genommen kann hier [. . .] von der Situation eines [. . .] ›Gehirns im Tank‹ ausgegangen werden. [. . .] Der Kopf [. . .] ist nur Metapher für den Raum des Bewußtseins, der, wenn die physikalische Außenwelt abgeschnitten wird, nicht zum reine-

ren Innen wird, sondern den Verlust aller Bezüge erfahren muß. [...] Das isolierte Gehirn ist nicht Träger
der Personalität, sondern des Wahnsinns.«

Hier bleibt die Frage nach dem Wert des (Weiter-)Lebens
prinzipiell unbeantwortbar. Niemand – außer dem Unfallopfer selber – weiß, wie es ist, ein Gehirn im Tank zu sein;
weiß, ob der Verlust jeglicher Sinneseindrücke als angenehme Befreiung oder als entsetzlicher Alptraum empfunden wird. Ein Gehirn im Tank kann weder schreien noch
sich sonstwie artikulieren, und der Arzt hätte nur dann einen verläßlichen Anhaltspunkt für die Entscheidung, ob er
solche Patienten weiter am Leben erhalten soll oder nicht,
wenn ihm zumindest ein einziges Unfallopfer bekannt
wäre, dessen Locked-in-Syndrom so weit geheilt werden
konnte, daß das aus dem »Tank« befreite Gehirn anschließend über seine Erfahrungen berichten konnte.[18]
Abschließend bleibt die Frage der Euthanasie von schwer
mißgebildeten Neugeborenen bzw. von geistig stark behinderten Kleinkindern zu erörtern, die nicht in der Lage sind,
den Eltern oder dem Arzt mitzuteilen, ob sie von ihrem
Leiden erlöst werden wollen. Bei manchen Krankheitsbil-
dern wie z. B. der häufig zitierten Spina bifida läßt sich das
Ausmaß des Leidens vielleicht am Schreien des Kindes able-
sen, aber letztendlich bleibt jede Bewertung durch Außenstehende fragwürdig. Zwar sind laut Singer (1984: 181) einige »Ärzte, die an schwerer Spina bifida leidende Kinder
behandeln, [...] der Meinung, das Leben mancher dieser
Kinder sei so elend, daß es falsch wäre, eine Operation vor-
zunehmen, um sie am Leben zu erhalten. Das bedeutet
[nach Meinung der Ärzte!], daß ihr Leben nicht lebenswert
ist.« Aber ob die Kinder selbst diese Einschätzung teilen,
steht auf einem ganz anderen Blatt und kann wohl auch
nicht durch die von Singer erwähnten Veröffentlichungen
bewiesen werden, die das Leben dieser Kinder (aus der Perspektive von Außenstehenden!) beschreiben. Als Fazit kann

man festhalten: Die moralische Problematik der Euthanasie besteht nicht darin, daß – wie die römische Glaubenskongregation mit Pathos behauptet –

»[...] nichts und niemand je das Recht verleihen kann, ein menschliches Lebewesen unschuldig zu töten, mag es sich um einen Fötus oder einen Embryo [...], einen unheilbar Kranken oder Sterbenden handeln [...]. Denn es geht dabei um die Verletzung eines göttlichen Gesetzes, um eine Beleidigung der Würde der menschlichen Person, um einen Anschlag gegen das Menschengeschlecht.«

Sondern das Problem liegt einzig darin verankert, daß Eltern und Angehörige, Ärzte und Krankenhauspersonal nie mit absoluter Sicherheit davon ausgehen können, daß das Sterben *im wahren Interesse des Patienten* liegt[19], es sei denn, er hat einen diesbezüglichen wohlüberlegten und unmißverständlichen Wunsch geäußert.

3.3 Abtreibung

Die Frage der moralischen Zulässigkeit der Abtreibung ist das schwierigste und wahrscheinlich auch meistdiskutierte Problem innerhalb der Bioethik. Auf der Grundlage des Fundamentalprinzips *Neminem laedere* sowie der in Abschnitt 2.2 skizzierten Theorie des Wertes des Lebens erweist sich die Abtreibung bzw. Tötung eines Lebewesens, dem aller Voraussicht nach ein positives, lebenswertes Leben bevorstünde, als – zumindest prima facie – moralisch äußerst bedenklich. Denn auch wenn der Embryo oder Fötus noch kein Bewußtsein, noch keinerlei Gefühle und Gedanken, noch keine bewußten Wünsche oder Bedürfnisse hat, so bedeutet der Tod für dieses Lebewesen dennoch den Verlust des gesamten, ihm andernfalls bevorstehenden Lebens. Und da das Leben eines Menschen in der Regel einen

überaus großen Wert besitzt, erfährt der Fötus durch die
Abtreibung einen entsprechend großen Schaden. Im folgenden werden zunächst die wichtigsten Gegenargumente diskutiert, und zwar – geordnet nach der Rationalität bzw.
philosophischen Respektabilität ihrer Begründung – die fe-
ministische Position, die »liberale« Position und die Position, derzufolge Embryonen überhaupt nicht schadensfähig
sind. Darüber hinaus wird auf den Vorwurf eingegangen,
daß die hier vertretene Position konsequenterweise auch
Empfängnisverhütung als unmoralisch ablehnen müßte.

Nach Entkräftung dieser Argumente bleibt abschließend
zu überlegen, inwiefern sich – *secunda facie* – gemäß utilitaristischen Grundsätzen zumindest einzelne Abtreibungen
bei den verschiedenen gesetzlich vorgesehenen Indikationen
rechtfertigen lassen.

3.3.1 Die feministische Position

Das bekannte Motto der feministischen Position lautet
»Mein Bauch gehört mir« bzw. – wie man auf einem Flug-
blatt zur Demonstration »Weg mit § 218«, Bonn 16. Juni
1990, lesen konnte – »*Wir Frauen fordern unser uneinge-
schränktes Selbstbestimmungsrecht statt Zwangsmutter-
schaft*«. Der erste Slogan verkennt aber, daß einer Frau nur
ihr Bauch gehört und nicht das werdende Kind im Bauch.
Der zweite Slogan übersieht bzw. verschweigt das Faktum,
daß eine Frau ihr Selbstbestimmungsrecht über eine Schwangerschaft in moralisch untadeliger Weise dadurch ausüben
kann, daß sie die *Empfängnis* in irgendeiner Form verhütet.

Trotz der offenkundigen Unhaltbarkeit der feministischen Position werden entsprechende Thesen nicht nur auf
politischen Plakaten proklamiert, sondern gelegentlich auch
in renommierten philosophischen Zeitschriften verfochten.
So behauptet z. B. Cudd (1990: 52), daß durch das gesetzliche Verbot der Abtreibung allen Frauen ein Schaden zugefügt würde, weil angeblich ihr

[...] »Recht auf Kontrolle der Fortpflanzung« beschnitten wird. Denn »es gibt Methoden, eine Schwangerschaft zu unterbrechen; so etwas haben Frauen seit Jahrtausenden gemacht. Also gibt es eine Möglichkeit, und man muß aktiv dagegen vorgehen, daß sie den Frauen weggenommen wird. Jede Schwangerschaft, die eine Frau nicht abbrechen darf, ist also eine erzwungene Schwangerschaft.«

Man vergleiche hiermit die Argumentation eines Panzerknackers: Es gibt eine Methode, die eigene Armut zu beheben, indem man nämlich den Tresor reicher Leute aufschweißt; so etwas haben Panzerknacker schon seit langem gemacht. Also gibt es eine Möglichkeit, und man muß aktiv dagegen vorgehen, daß sie gesetzlich verboten wird. Jeder Einbruch, den ein Dieb nicht begehen darf, ist eine erzwungene Armut.

3.3.2 Die »liberale« Position

Die etwas ernster zu nehmende liberale Position in der Abtreibungsdebatte wird einigermaßen repräsentativ durch die Titelgeschichte des *Spiegel* vom Heiligen Abend 1990 zum Thema »Der Papst und die Lust« beschrieben. Angesichts der vielen Ungereimtheiten, ja Absurditäten der katholischen Sexualethik fällt es natürlich leicht, so nebenher Hiebe gegen deren orthodoxe Position in der Abtreibungsfrage auszuteilen. Die katholische Kirche braucht sich über derartige Attacken nicht zu beschweren. Wer die Auffassung vertritt, daß nicht nur Abtreibung, sondern im gleichen Maße auch Empfängnisverhütung – sei es mit natürlichen, sei es mit künstlichen Mitteln – Mord sei, der hat nichts Besseres verdient. *Der Spiegel* zitiert z. B. den Kurienkardinal Alfredo Ottaviani, demzufolge jedwede Empfängnisverhütung »ein verdammenswertes Laster, ein vorweggenommener Mord« ist. Aber

aus der Unhaltbarkeit *dieser* Ansicht folgt natürlich noch
lange nicht, daß jede andere Ansicht der katholischen Kirche – und insbesondere ihre Ansicht zur Abtreibung –
ebenfalls falsch sein müßte. Hierfür müßten unabhängige
Gründe vorgebracht werden. Dabei reicht es nicht aus,
nur negativ gewisse Argumentationen *gegen* die Abtreibung zu *widerlegen.* So vermag Rudolf Augstein zwar die
Schwäche eines speziellen Argumentes wie folgt bloßzu-
stellen:

> »Die Paderborner Literaturprofessorin Gertrud
> Höhler [...] hat sich in der *Welt am Sonntag* dazu
> hinreißen lassen, Abtreibung als ›Folter mit Todes-
> folge‹ zu bezeichnen. Folter für wen? Der Embryo
> hat in den ersten zwölf Wochen seiner Existenz si-
> cherlich kein Schmerzempfinden, kein Bewußtsein.
> Er wäre also außerstande zu spüren, daß er ›gefol-
> tert‹ wird.«[20]

Aber Augstein übersieht, daß auch ein schmerzfreies Töten, ein Töten ohne Folter, nichtsdestoweniger ein Töten
bleibt, durch das der noch empfindungsunfähige Embryo
sein gesamtes zukünftiges Leben verliert. Deshalb sind weitere, konstruktive Argumente verlangt, die eine Abtreibung
als moralisch unbedenklich erweisen würden.

Das erste positive Argument der Liberalen besteht in
dem Hinweis, daß Abtreibung in vielen Ländern der Welt
gesetzlich erlaubt ist. Doch dieses *juristische* Faktum ist *moralisch* irrelevant. Schließlich und endlich waren im Verlaufe
der Menschheitsgeschichte in manchen Staaten ganz andere
Barbareien – Sklaverei, Verfolgung und Folter von Anders-
gläubigen, Diskriminierung von Homosexuellen durch
Zuchthausstrafen etc. – erlaubt. Das zweite positive Argument ist ein verkappt feministisches. Dem *Spiegel* zufolge
können »komplizierte Fragen der Sittlichkeit weder einseitig noch eindeutig noch [...] mit absoluter Verbindlichkeit
entschieden werden [...] im Falle der Empfängnisverhü-

tung und der Abtreibung *am wenigsten von Männern, die weder schwanger werden können noch verheiratet sind noch Geschlechtsverkehr haben dürfen*«. Mit der gleichen Logik ließe sich jedoch auch dafür plädieren, daß z. B. Gesetze über staatliche Sanktionen gegen Mord nicht mehr von unbescholtenen Politikern oder Juristen verabschiedet werden dürfen, sondern nur noch von den Schwerverbrechern selbst.

Das dritte positive Argument ist ein verharmlosendes. Der Papst solle sich – wie *Der Spiegel* meint – doch nicht so sehr um das Leben *vor der Geburt* bekümmern, solange »300 von 1000 bolivianischen Kindern [. . .] vor ihrem sechsten Geburtstag« sterben. Im Klartext: Wenn Kinder ohnehin eine geringe Lebenserwartung haben und wenn ihnen nur ein Leben in Hunger, Armut und Krankheit bevorsteht, dann braucht man sich um die Tötung von ungeborenen Kindern keine Gedanken zu machen. Mit dieser Bagatellisierungsstrategie ließe sich aber genausogut »rechtfertigen«, daß alle Neugeborenen, ja überhaupt alle Kinder (und warum nicht auch die hungernden Erwachsenen?) in Ländern wie Bolivien umgebracht werden. Außerdem ist es zwar richtig, daß der durchschnittliche Erwartungswert des Lebens eines Kindes in Bolivien kleiner ist als der von Kindern, die in sozial abgesicherten Gesellschaften ohne Hunger, Armut und Krankheit aufwachsen. Deshalb würde dem einzelnen heranwachsenden Kind in Bolivien durch eine Abtreibung ein geringerer Schaden zugefügt als dem heranwachsenden Kind z. B. eines gutsituierten Europäers. Trotzdem wird man davon ausgehen dürfen, daß das Leben von Kindern selbst in den ärmsten Entwicklungsländern immer noch einen *positiven* Wert hat; daß diese Kinder auf jeden Fall ihr Leben *leben wollen*. Und solange dies zutrifft, bleibt Abtreibung prima facie moralisch verwerflich.

3.3.3 Die Fristenlösung

Die Pro-Abtreibungs-Position mit den am meisten ernst zu nehmenden Argumenten behauptet, daß einem Embryo bzw. einem Fötus bis zu einem gewissen Entwicklungsstadium noch gar kein moralisch relevanter Schaden zugefügt werden kann. Nach Erkenntnissen der Perinatalmedizin hat ein Fötus in den ersten drei Schwangerschaftsmonaten noch keinerlei Empfindungen. So bezeichnet z. B. Guttmacher (1971: 183) den frühen Fötus als einen bloß »embryonenhaften Zellklumpen, der noch kein menschliches Wesen ist, [. . .] der noch keinerlei menschliche Erfahrungen gemacht hat und der noch nicht in der Lage ist zu denken«. Entsprechend ist für Bassen (1982: 315) zwar der Fötus nach dem sechsten Schwangerschaftsmonat

> »[. . .] im wesentlichen ein Baby [. . .]. Aber ein früher Fötus, ein Embryo, ist überhaupt nicht wie ein Baby. Um ein anschauliches Extrem zu nehmen, betrachte man die Keimblase. Das ist ein Zellklumpen, der sich etwa eine Woche nach der Empfängnis bildet. Später wird sie mehr sein, aber [. . .] im Moment ist sie *nichts anderes als* ein Zellklumpen.«

Nun mag eine solche Charakterisierung der embryonalen Entwicklungsstadien, auf die in Abschnitt 3.3.5 noch näher eingegangen wird, *biologisch* durchaus korrekt sein. Aber es stellt sich die Frage, was hieraus bezüglich des *moralischen* Status des frühen Embryo folgt. *Warum* ist – in Guttmachers Worten – Abtreibung kein Mord, bzw. *warum* kann – in Bassens Formulierung – ein bloßer Zellklumpen kein Opfer sein? Befürworter einer so oder so präzisierten Fristenlösung haben hierfür recht divergierende Erklärungsbzw. Rechtfertigungsversuche vorgeschlagen.

Dem extremsten Vorschlag zufolge besitzt der Fötus selbst unmittelbar vor der Geburt noch kein moralisches Recht auf Leben, weil er noch keine *Person* ist: Ein Fötus

besitzt laut Ketchum (1987: 21) »[. . .] nicht die Merkmale
einer Person; er hat kein Selbstbewußtsein und keine Wünsche, die durch Töten verletzt werden könnten«. Das Töten
eines Lebewesens wäre demzufolge erst dann moralisch bedenklich, wenn das Wesen bereits über »Selbstbewußtsein«
verfügt bzw. wenn es begrifflich in der Lage ist, zu »wünschen, daß es selbst als ein Subjekt von Erfahrungen und
anderen mentalen Zuständen fortdauert«[21]. Das würde aber
bedeuten, daß man nicht nur beliebige *Tiere*, sondern auch
Kleinkinder wahrscheinlich bis zu einem Alter von einem
Jahr ohne Skrupel töten dürfte! Denn Neugeborene und
Babys verfügen ebenfalls noch nicht über den »Begriff des
Selbst als eines fortdauernden Subjekts von Erfahrungen«
und glauben noch nicht, »selbst ein solches Wesen zu
sein«.[22]

Einem weniger radikalen Vorschlag zufolge darf man
Lebewesen nur so lange töten, wie sie noch nicht *denken*
können bzw. noch nicht über ein *geistiges Innenleben* verfügen. Um zu beurteilen, ob einem Lebewesen durch Töten geschadet würde, sollen wir nach Bassen (1982: 317)
fragen: »Hat es Pläne oder Absichten; kann es wahrneh-
men; erlebt es Enttäuschung oder Befriedigung, Erregung,
Wut, Angst, Schmerz? [. . .] hat es ein inneres Leben, eine
irgendwie geartete subjektive Erfahrungswelt?« Wenn
man davon ausgeht, daß ein menschlicher Fötus frühestens im letzten Schwangerschaftsdrittel ein derartig reich-
haltiges Geistesleben entwickelt, wäre also eine Abtreibung zumindest bis zum sechsten Monat moralisch unbedenklich. Erst »ungefähr während des letzten Trimesters
wird die Ähnlichkeit zwischen dem Fötus und einem
Baby definitiv«, so daß für den zitierten Autor lediglich
eine Abtreibung *nach* dieser Frist »mit einem [. . .] moralischen Makel behaftet ist, der dem einer Kindstötung an-
nähernd gleich kommt«.[23]

Für die noch striktere Frist von drei Monaten wurde mit
dem Argument plädiert, daß das Töten eines Lebewesens

nur so lange moralisch unbedenklich ist, wie das Wesen
noch nicht über irgendwelche *Empfindungen* verfügt. So
sollten nach Merkel (1992: 20)

> »[. . .] menschliche Lebensinteressen und damit (mora-
> lische) Lebensrechte anerkannt werden, sobald das
> menschliche Wesen empfindungsfähig ist. Denn von da
> an unterbricht sein Tod den Empfindungsstrom, been-
> det einen sich darin bereits manifestierenden *élan vital*
> und fügt diesem Wesen einen Schaden zu. Das ist übri-
> gens der Grund, warum die Fristenlösung in der Ab-
> treibungsfrage moralisch bedenkenfrei ist: Während
> der ersten drei Schwangerschaftsmonate gibt es eine
> solche Empfindungs- und damit Schadensfähigkeit des
> Embryos noch nicht.«[24]

Die strikteste Frist von ca. sechs Wochen wurde von
Lockwood (1990: 246 ff.) mit der Überlegung verteidigt,
daß sich bis dahin beim Embryo physiologisch noch kein
Gehirngewebe bzw. keine neuronalen Strukturen gebildet
haben. Mit Hilfe eines neuen Begriffs, der dem des Hirnto-
des nachgebildet wurde, läßt sich dann sagen, daß der frühe
Embryo noch nicht über irgendein *Hirnleben* verfügt; deshalb könne er genau wie ein Hirntoter »nicht als ein
menschliches Wesen angesehen werden«.[25]
All diese Plädoyers für eine Anderthalb-, eine Drei-, eine
Sechs- oder gar eine Neunmonatsfrist enthalten zwei Kern-
gedanken: (i) Einem Lebewesen wird dann und nur dann
durch Töten geschadet, wenn sein Leben einen *intrinsischen
Wert* besitzt; (ii) Das Leben eines Lebewesens hat dann und
nur dann einen intrinsischen Wert, wenn das Lebewesen
über diese und jene spezielle Eigenschaft verfügt. Der Streit
zwischen den Befürwortern unterschiedlicher Fristen geht
lediglich darum, *welche* Eigenschaften für ein lebenswertes
Leben notwendig sind: Gehirntätigkeit, Empfindungsfähigkeit, Denkvermögen, Rationalität, Selbstbewußtsein oder
irgendein sonstiges Merkmal. Diese Frage braucht hier aber

nicht entschieden zu werden, denn die eigentliche Problematik liegt ganz woanders.

Der Begriff des Wertes eines Lebens ist mehrdeutig. In Abschnitt 2.2 wurde erläutert, was unter dem Wert des *noch zu lebenden* Lebens eines Individuums zu verstehen ist. Legt man *diesen* Begriff zugrunde, dann ist die entsprechend präzisierte Aussage ›Einem Lebewesen wird dann und nur dann durch Töten geschadet, wenn sein *zukünftiges* Leben einen positiven Wert besitzt‹ fraglos richtig. Denn Töten bedeutet, das Leben des Individuums zu beenden. Wenn das zukünftige Leben aber keinen Wert mehr besitzt, erleidet das Individuum dadurch, daß es getötet wird, auch keinen Schaden. Deshalb darf man einerseits all solche Lebewesen ohne Skrupel töten, deren Leben aufgrund ihrer biologischen Konstitution in jedem Stadium ihrer Entwicklung nur ein wahrnehmungs- und empfindungsloses Dahinvegetieren bzw. eine Existenz ohne irgendwelche positiven »Glücks«-Empfindungen beinhaltet[26]; der intrinsische Wert ihres Lebens ist schlicht gleich Null. Andererseits ist auch das Töten von Menschen bzw. höher entwickelten Tieren, deren biologische Konstitution ein positives, glückliches Leben an und für sich zulassen würde, dann moralisch unbedenklich, wenn – in Schopenhauers Worten – »die Schrecknisse des Lebens die Schrecknisse des Todes überwiegen«, d. h., wenn der Erwartungswert des zukünftigen Lebensabschnitts negativ ist.

Wenn jedoch die Verfechter der Fristenlösung darauf hinweisen, daß das Leben eines Embryos *noch* keinen Wert hat, weil der Embryo *noch* nicht über die relevanten Eigenschaften wie Empfindungsfähigkeit, Denkvermögen, Selbstbewußtsein etc. verfügt, dann haben sie offensichtlich nicht den (Erwartungs-)Wert des *zukünftigen* Lebens vor Augen, sondern den Wert bzw. die Qualität des *momentanen* Lebens des Embryos. Prämisse (ii) ist also genauer im folgenden, temporären Sinn zu verstehen: Das Leben eines Lebewesens hat zum Zeitpunkt t einen positiven (intrinsischen) Wert genau dann, wenn das Lebewesen zu *t* über diese und jene spezielle Eigenschaft verfügt. Das zur Debatte stehende Pro-Abtreibungs-Argument wäre deshalb nur korrekt, wenn auch Prämisse (i) in der folgenden Fassung gelten würde: Einem Lebewesen wird durch Töten genau dann geschadet, wenn sein Leben zum Zeitpunkt *t* einen positiven (intrinsischen) Wert hat. Dies ist jedoch offenkundig nicht der Fall. Wenn z. B. ein erwachsener Mensch *vorübergehend* in einem Zustand von Koma oder tiefer Bewußtlosigkeit liegt, also während dieser Phase über keinerlei Wahrnehmungen und Empfindungen verfügt, dann ist der momentane Wert seines Lebens gleich Null. Wenn jedoch vorhersehbar ist, daß er *nachher* wieder ein normales, glückliches Leben führen wird, würde man ihm durch Töten (bzw. Nicht-am-Leben-erhalten) evidentermaßen einen großen Schaden zufügen. Entsprechend wäre es auch moralisch verwerflich, einen Menschen zu töten, der momentan so starke Schmerzen empfindet, daß sein Leben vorübergehend sogar einen negativen Wert hat, bei dem jedoch das Ende des Leidens und die Rückkehr zu einem normalen, glücklichen Leben absehbar ist.

Das Töten eines Embryos läßt sich also nicht – wie Bassen (1982: 325 f.) meint – moralisch mit dem Töten bzw. Sterbenlassen eines irreversibel komatösen bzw. hirntoten Patienten gleichsetzen, bei dem jede Aussicht auf Empfindungsfähigkeit zerstört ist. Die angebliche Parallele, daß genauso, wie einem Hirntoten *nicht länger* geschadet werden kann, man einem Embryo *noch nicht* schaden könne, erweist sich bei näherer Betrachtung als unzutreffend. Obwohl das *momentane* Leben des Embryos ebenso wie das eines Hirntoten dem intrinsisch wertlosen Dahinvegetieren einer Pflanze gleicht, so ist doch der Erwartungswert des *zukünftigen* Lebens des Embryos in der Regel sehr groß, während der Wert des zukünftigen »Lebens« eines Hirntoten in alle Zukunft hinein gleich Null bleibt.

Ein entsprechender Denkfehler liegt auch den Ausfüh-

Abtreibung 259

rungen von J. Feinberg zugrunde, der zunächst zu Recht bemerkt: »Weil Bäume keine bewußten Wünsche oder eigenen Ziele haben, kennen sie weder Befriedigung noch Enttäuschung, weder Schmerz noch Freude. [...] In dieser moralisch bedeutsamen Hinsicht unterscheiden sie sich von den höheren Tierarten« (1974: 54). Anschließend meint er, den gleichen moralischen Status auch menschlichen Föten zuschreiben zu dürfen, weil diese ebenfalls (noch!) nicht über bewußte Wünsche und Ziele verfügen bzw. (noch!) keine Schmerzen oder Freuden empfinden können. Dabei übersieht Feinberg jedoch, daß Bäume qua ihrer Natur *nie* die biologischen Merkmale aufweisen werden, die erforderlich wären, damit man ihnen durch Töten schaden kann, während sich diese Merkmale beim menschlichen Embryo oder Fötus qua seiner Natur spätestens nach der Geburt entwickkeln. Demgegenüber betont Devine (1978: 21 ff.) zu Recht, daß man unabhängig vom *momentanen* Bewußtseinszustand »jedem Lebewesen, das Aussicht auf ein zukünftiges [bewußtes bzw. lebenswertes] Leben hat, [...] schadet, wenn man ihm das Leben nimmt«.

Bassen (1982: 326) gesteht zu, daß man einem Embryo schaden kann, *wenn* er sich weiter entwickelt. Zum Beispiel »kann eine Verletzung, die man ihm jetzt zufügt, für sein späteres Selbst einen Schaden darstellen. Aber hierfür muß es so etwas wie sein späteres Selbst überhaupt geben. Wenn der Embryo [jedoch] abgetrieben wird, dann wird es so ein Selbst gerade nicht geben.« Hinter dieser Überlegung steckt der Gedanke, daß ein Verlust nur dann einen wirklichen Verlust darstellt, wenn er als solcher *empfunden* wird. Doch dieses im allgemeinen sicher richtige Prinzip gilt nicht in dem Spezialfall, wo es sich um den Verlust des *Lebens* handelt. In Abschnitt 2.2 wurde bereits Epikurs Argument diskutiert, demzufolge der Tod für Menschen überhaupt nicht schlimm sein soll, weil der Verlust des Lebens nicht mehr erlebt und also gar nicht als Verlust empfunden bzw. bedauert werden kann. Wenn diese Sichtweise korrekt wäre, dann würde man

aber selbst einem glücklichen, gesunden Erwachsenen durch
schmerz- und angstfreies Töten nicht wirklich schaden, und
gemeiner Mord wäre deshalb bei entsprechend »sanfter«
oder unbemerkter Durchführung (z. B. im Schlafe) moralisch unbedenklich.[27] Wer eine *solche* Position vertritt, der
braucht sich freilich über die spezielle Problematik der Abtreibung keine ernsthaften Gedanken zu machen.

3.3.4 Abtreibung vs. Empfängnisverhütung

Ein weiterer Einwand besagt: Wenn die Amoralität der Abtreibung darin verankert liegt, daß dem Embryo sein gesamtes späteres Leben genommen wird, dann fügt man auch
einer Eizelle dadurch, daß man ihre Befruchtung verhindert, einen Schaden zu, der analog mit dem Verlust des gesamten Lebens der zukünftigen Person gleichzusetzen ist,
zu der die Eizelle heranwachsen könnte. So hat Hare (1990)
zu zeigen versucht, daß nicht nur »aktive« Empfängnisverhütung jeglicher Form, sondern sogar das schlichte Unterlassen der Zeugung z. B. durch sexuelle Enthaltsamkeit
moralisch äquivalent sei mit Abtreibung. Diese absurde
Konklusion beruht auf zwei gedanklichen Fehlern, die teilweise schon in Abschnitt 2.3 diskutiert wurden. Erstens
wird der unterschiedliche *Handlungscharakter* von Abtreibung einerseits und von unterlassener Zeugung andererseits völlig außer acht gelassen. Im allgemeinen macht es einen gewaltigen Unterschied, ob man jemandem etwas *weg-
nimmt* oder ob man ihm dieses lediglich *nicht gibt*. Einem
Menschen 1000 DM zu *stehlen* ist moralisch verwerflich;
dagegen ist es in der Regel moralisch völlig o. k., wenn ich
ihm meine 1000 DM *nicht schenke*. Dies gilt für das Töten
im Gegensatz zum Nicht-Zeugen völlig analog. Es ist mehr
als bloße Metapher, daß einem Menschen durch Zeugung
und Geburt das Leben *geschenkt* wird.

Zweitens verkennt das Argument den gravierenden Unterschied im biologischen und deshalb auch im moralischen

Status von Embryonen bzw. Föten einerseits und dem entsprechenden »genetischen Material« andererseits. Hare (1990: 143) versuchte, diesen Unterschied zu bagatellisieren, indem er auch die unbefruchtete Eizelle zusammen mit einem willkürlich ausgewählten Spermium als ein »*mögliches* zukünftiges Kind« bezeichnete. Ähnlich hatten bereits Kuhse/Singer (1982: 61) argumentiert, daß in vitro gezeugte Embryonen zumindest in einem sehr frühen Entwicklungsstadium als gleichwertig mit der unbefruchteten Eizelle plus dem separaten Spermium angesehen werden sollten: »Alles, was sich über die potentiellen Möglichkeiten des Embryos sagen läßt, läßt sich auch über die potentiellen Eigenschaften von Eizelle und Spermium aussagen. Auch die Eizelle und das Spermium haben, *wenn sie vereinigt werden* [!], das Potential, sich zu einem normalen menschlichen Wesen mit einem hohen Grad von Rationalität, Selbstbewußtsein, Autonomie etc. zu entwickeln.« Deswegen sei es – wie z. B. in Singer/Kuhse (1984: 80) näher erläutert wird – ethisch gesehen egal, ob eine Laborassistentin, die im Rahmen einer IVF-Behandlung von einem Ehepaar eine Eizelle plus Spermium gewonnen hat, diese separat in den Ausguß schüttet oder ob sie die Befruchtung künstlich einleitet und anschließend den Frühembryo vernichtet.

All diese spitzfindigen Überlegungen können jedoch die behauptete moralische Nivellierung von Empfängnisverhütung und Abtreibung nicht wirklich begründen. Sowohl Hare als auch Kuhse/Singer übersehen, daß das genetische Material in einem ganz anderen Sinn ein »mögliches« Kind darstellt als ein befruchtetes Ei bzw. ein Embryo. Corradini (1994: 34) erläutert diesen Unterschied dadurch, daß sie den Fötus als »*aktuales menschliches Individuum* mit *potentiellen Eigenschaften*« charakterisiert, während es sich bei der unbefruchteten Eizelle plus dem Spermium um »*aktuale nicht-menschliche Individuen*« handelt, »die ein nur *mögliches menschliches Individuum* darstellen«. Ähnlich führt Byrne (1988: 94 f.) aus, daß die »Möglichkeit, daß aus einer

Eizelle eine Person wird, von einer äußeren Einwirkung (der Befruchtung) abhängt, die zugleich zu einer *Veränderung ihrer inneren Natur* und ihrer biologischen Konstitution führt. Um diese Möglichkeit zu realisieren, muß die Eizelle eine *völlig andere Art von Organismus* werden.« Der entscheidende Punkt besteht also darin, daß im Gegensatz zum unbefruchteten Ei das befruchtete (und eingenistete) Ei bzw. der Embryo qua seiner Natur *normalerweise* zu einem Menschen heranwachsen wird. Dabei bedeutet das Wort ›normalerweise‹ erstens, daß der Embryo sich weiterentwickelt, sofern er nicht durch äußere Einwirkung, z. B. durch Abtreibung, gewaltsam daran gehindert wird. Zweitens bedeutet ›normalerweise‹, daß diese Entwicklung von sich aus ohne weiteres Zutun zumindest mit einer recht hohen Wahrscheinlichkeit erfolgt. Über die genaue Größe dieses Wertes wird im nächsten Abschnitt zu reden sein. Hier sei abschließend nur noch einmal betont, daß es gerade das normalerweise bzw. mit Wahrscheinlichkeit bevorstehende zukünftige Leben ist, das den Embryo – im Gegensatz zum unbefruchteten Ei – zum Subjekt späterer Empfindungen, Interessen und Wünsche und damit zugleich zum Objekt moralischer Rücksichtnahme werden läßt.[28]

3.3.5 Grenzfälle

Auch wenn die gerade diskutierten Versuche der ethischen Gleichsetzung von unterlassener Zeugung, Empfängnisverhütung und Abtreibung sich als haltlos erweisen, kann nicht übersehen werden, daß es eine moralische Grauzone zwischen Empfängnisverhütung und Abtreibung gibt: die verschiedenen Techniken zur Verhinderung bzw. Unterbrechung einer Schwangerschaft *nach Befruchtung der Eizelle*. Um hier zu einem einigermaßen begründeten moralischen Urteil kommen zu können, ist es notwendig, sich ein paar biologische Details der embryonalen Entwicklung vor Augen zu führen.[29] Bei einer Schwangerschaft lassen sich insbesondere die folgenden acht Stadien unterscheiden. S1 ist das Stadium, das mit der *Befruchtung der Eizelle*, d. h. dem Eindringen des Spermiums, beginnt und mit der Verschmelzung der männlichen und weiblichen Chromosomen nach ca. 24 Stunden abgeschlossen ist. S2 ist das Stadium, in dem die befruchtete, im Eileiter umherschwimmende Eizelle sich sukzessive zu spalten beginnt und über das 2-, 4-, 8-, 16-Zellstadium etc. allmählich eine *Keimblase* bildet. Hier ist bereits eine erste Differenzierung zwischen äußeren und inneren Zellen zu beobachten; die letzteren werden den späteren Embryo formen, die ersteren die Plazenta. Stadium S3, die *Einnistung* der Keimblase im Uterus, beginnt nach ca. 8 Tagen und ist nach ca. 14 Tagen abgeschlossen. In S4 bildet sich die *embryonale Scheibe*, bei der noch die Möglichkeit einer späteren Zwillingsbildung besteht. In S5, nach ca. 21 Tagen, existiert ein individueller *Embryo*, bei dem bereits erste Lebenszeichen in Form von Herzschlägen zu beobachten sind. S6 enthält den *5-6-Wochen-Embryo*, bei dem erste Nervenreflexe möglich sind; S7, beim *12-Wochen-Fötus*, erste Hirntätigkeiten. In S8, nach 4–5 Monaten, bemerkt die Schwangere die ersten *Bewegungen des Fötus*.

Demgemäß ließen sich acht verschiedene Varianten einer schwangerschaftsverhindernden oder -unterbrechenden Maßnahme unterscheiden, je nachdem sie sich gegen den Vor-Embryo, den Embryo bzw. den Fötus im jeweiligen Entwicklungsstadium S1–S8 richten. Gegen S1 wäre – zumindest theoretisch – die Einnahme der »Pille danach« gerichtet, wenn sie so früh erfolgt, daß die Befruchtung der Eizelle gar nicht bis zur vollständigen Verschmelzung der beiden Chromosomenanteile fortschreitet. Ob dies auch praktisch möglich ist, vermag ich nicht zu beurteilen. Normalerweise wird das Medikament eher bis zum dritten Tag »danach« eingenommen und verhindert dann im Stadium S2 ebenso wie die Spirale, d. h. das Intra-Uterin-Pessar, daß die befruchtete Eizelle sich in der Gebärmutterschleimhaut einnistet. Im Stadium S3 – also bis zu 14 Tagen nach der Befruchtung – kann neuerdings die heftig diskutierte »Abtreibungspille« RU 486 angewendet werden:

> »Die umstrittene Substanz mit dem Handelsnamen Mifegyne wirkt als Anti-Progesteron, als ein Gegenspieler zum Gelbkörperhormon, das an vielen Fortpflanzungsfunktionen im weiblichen Körper beteiligt ist. RU 486 [...] wird von den Progesteron-Rezeptoren, den Vermittlern zwischen Hormon und Gebärmutterwand, als Original erkannt und besetzt dessen Bindungsplätze. Damit wird die normale Hormonfunktion unterbunden, die zur *Aufrechterhaltung der Schwangerschaft* notwendig ist.«[30]

Durch RU 486 wird also im Normalfall eine bereits bestehende Frühschwangerschaft unterbrochen, und zwar bis spätestens zum 49. Schwangerschaftstag, d. h. auch in den Stadien S4, S5 und S6. In S7 – und je nach Indikationslage noch in S8 – bleiben dann nur die bekannten gynäkologischen Abtreibungsmethoden übrig. In welcher Hinsicht sind diese verschiedenen Schwangerschaftsstadien nun moralisch relevant? Byrne (1988) argumentiert, daß Abtreibung bis zu S3 ganz unbedenklich sei, denn angesichts der Möglichkeit,

> »[...] daß der Embryo sich bis zu 14 Tagen nach der Befruchtung teilen und sogar wieder vereinigen kann, ist es plausibel zu folgern, daß es sich noch nicht um [...] eine Person [...] handelt. Der frühe Embryo besitzt noch nicht genügend Stabilität, um als menschliches Wesen zu zählen.«[31]

Daß es sich bei einem Früh- oder Vor-Embryo noch nicht um eine *Person* im philosophischen Sinne des Wortes handelt, ist sicher richtig, rechtfertigt aber noch keine Abtreibung; denn auch dem späten Fötus, ja selbst dem Neugeborenen fehlen noch die für die Personalität zentralen Eigenschaften der Rationalität und des Selbstbewußtseins. Daß es sich bei einem frühen Embryo in den Stadien S1–S3 hingegen um gar kein »menschliches Wesen« handeln soll, ist nur bedingt nachzuvollziehen. Die mangelnde »Stabilität«, d. h. die noch offene Möglichkeit einer Zwillingsbildung, impliziert zwar die noch nicht gesicherte *Individualität* oder *Identität* in dem Sinne, daß es sich eventuell nicht um *ein* menschliches Wesen handelt, sondern vielleicht um *zwei*. Doch hinsichtlich der Moralität der Abtreibung ist das kein Entschuldigungsgrund: Daß man statt einem sogar zwei späteren Kindern das Leben nimmt, macht die Sache kaum besser.

Die mangelnde »Stabilität« kann jedoch auch bedeuten, daß noch gar nicht gewährleistet ist, daß sich aus der Keimblase überhaupt ein menschliches Wesen entwickelt. So weist Dunstan (1988: 13 f.) darauf hin, daß vor dem Stadium S5 die Möglichkeit besteht, daß »der Entwicklungsprozeß gar nicht zu einem menschlichen Wesen führt, sondern zu einer bloßen Ansammlung von Gewebe wie z. B. einer Hydatiden-Mole oder einem Fruchthaut-Carcinom«. Eine solche Möglichkeit ist nun tatsächlich moralisch relevant, denn wenn die fragliche Schwangerschaft ohnehin zu einer Fehlgeburt führt, dann wird durch Abtreibung natürlich niemandem geschadet. Dieser Aspekt muß aber nicht nur bei Frühschwangerschaften in S1–S4 berücksichtigt werden, sondern ebenso in den späteren Stadien S5–S8. Auch dort hat der Fötus noch nicht genügend Stabilität, um sich mit 100 % Sicherheit zu einem Baby zu entwickeln. Nach einer groben Schätzung von Austin[32] erreichen innerhalb einer normalen, nicht künstlich unterbrochenen Schwangerschaft von je 100 befruchteten Eizellen, d. h. Zellen im Stadium S1, noch ca. 80 das Stadium S2; ca. 60 S3; ca. 30 S4; ebenso viele S5; ca. 25 S6; ca. 15 S7; ca. 10 S8; und insgesamt nur 5 überleben bis zur Geburt. Die statistischen Wahrscheinlichkeiten dafür, daß sich aus dem jeweiligen (vor-)embryonalen bzw. fötalen Zustand im Rahmen

einer normalen Schwangerschaft ein Neugeborener entwik-
kelt, lassen sich also wie folgt in einem Diagramm festhalten:

S1	S2	S3	S4	S5	S6	S7	S8
5 %	6 %	8 %	17 %	17 %	20 %	33 %	50 %

Deshalb könnte man z. B. dafürhalten, daß Maßnahmen,
die in einem Frühstadium S1–S3 die Einnistung der befruchteten Eizelle unterbinden, sich nur in 5, 6 bzw. 8 %,
also auf jeden Fall in weniger als einem Zehntel aller Fälle,
gegen das spätere Leben eines Menschen richten und darum
auch höchstens »ein Zehntel so schlimm« sind wie die Tötung eines Neugeborenen. Von einem solchen statistischen
Blickwinkel aus wäre entsprechend ein Frühabort in den
Stadien S4–S6 höchstens »ein Fünftel«, eine späte Abtreibung in S7 nur »ein Drittel« und schließlich sogar die Abtreibung eines Fötus in S8 nur »halb so schlimm« wie eine
Kindstötung. Damit wäre zumindest partiell die Ansicht
von Bassen (1982: 336) bestätigt, derzufolge der Grad der
moralischen Verwerflichkeit einer Abtreibung mit der
Schwangerschaftsdauer anwächst, und zwar »von etwas
knapp oberhalb von Empfängnisverhütung (d. h. knapp
oberhalb von 0) bis zu etwas knapp unterhalb von Kindstötung«. Entsprechend wäre auch die Meinung der Gynäko-
login E. Aubény bestätigt, die in einem Bericht des *Spiegel*
zur »Abtreibungspille« vom 23. 9. 1991 ausführte:

»»Abtreibung ist immer ein moralisches Problem‹
[. . .]. Stets gebe es ›einen Widerspruch zwischen den
Interessen, denen des Embryos, der die Möglichkeit
einer menschlichen Person darstellt, und denen der
Frauen‹. Dieses Dilemma, berichtet die Ärztin, sei al-
len ihren Patientinnen bewußt. Verringern lasse sich
dieser moralische Zwiespalt am ehesten durch den
Eingriff in einem möglichst frühen Stadium der
Schwangerschaft – und gerade dabei sei die Pille hilf-

reich, die im Gegensatz zur Absaugmethode den Abbruch schon wenige Tage nach der Empfängnis ermög-
liche.«

Speziell kann man Aubénys Urteil, »daß RU 486 auch
ethisch einen Schritt vorwärts bedeutet«, insofern zustimmen, als dieses Medikament bei sehr früher Einnahme wie
die »Pille danach« wirkt und dann moralisch z. B. mit der
Anwendung eines Intra-Uterin-Pessars zu vergleichen ist.
Allerdings darf man RU 486 nicht pauschal als »sicheres
Mittel zur postkoitalen Empfängnisverhütung«[33] verharm-
losen, denn im Normalfall ist es erst dann angewandt,
wenn die Frau durch das Ausbleiben der Regel von ihrem
Schwangerschaftszustand erfahren hat, also in den Stadien
S4 und S5. Dann ist die Einnahme von RU 486 für die
Schwangere zwar angenehmer und medizinisch weniger ris-
kant[34], aber moralisch keinen Deut besser als die sonst üblichen Eingriffe. So stellt der vom *Spiegel* zitierte Kirchen-
sprecher der anglikanischen Staatskirche, Steve Jenkins, prägnant fest: »›Die Pille‹ [...] sei ›nur eine unterschiedliche
Art der Abtreibung, sie ändert nichts am moralischen
Aspekt‹.«
Umgekehrt ist natürlich RU 486 auch keinen Deut
schlimmer als andere Abtreibungsformen. Es als ein Präpa-
rat zu verteufeln, »das es leichter macht, ein neugeborenes
Kind [?!] zu töten«, ist absurde Polemik. Mit diesen Worten
hatte laut *Süddeutscher Zeitung* vom 5. 9. 1991 der Erzbischof von Westminster, Kardinal Basil Hume, in einem
Schreiben an die Hoechst-AG gegen die mittlerweile erfolgte Zulassung des Medikamentes in Großbritannien
interveniert. In ähnlich demagogischer Weise hatte nach
einem Bericht der *Neuen Osnabrücker Zeitung* vom 6. 1.
1992 der Fuldaer Erzbischof Johannes Dyba von einer
»sanften Baby[!]tötungspille« gesprochen und zugefügt:
»Es sei zu befürchten, daß dieser Entwicklung dann bald
die ›Einschläferungspille für Oma und Opa‹ folgen werde.«

Bei nüchterner, durch die obigen statistischen Fakten gelei-
teter Betrachtung wird man statt dessen die unterschiedlichen Maßnahmen in der Grauzone zwischen echter Empfängnisverhütung, d. h. Verhinderung der Befruchtung einer
Eizelle, und echter Abtreibung, d. h. der Tötung eines Fötus
in S7, wie folgt bewerten müssen:

Maß- nahme	Zeitpunkt	Zielobjekt	Wirkungs- weise	Ethische Beurteilung
»Pille danach«	S1, d. h. bis 24 h nach Coitus	Eizelle mit noch nicht verschmol- zenen Chromo- somen	Abbruch des Be- fruchtungs- vorgangs	»5 % so schlimm« wie Kinds- tötung
»Pille danach«, »Spirale«, RU 486	S2, d. h. bis 8 Tage nach Befruchtung	Keimblase	Verhindern der Einni- stung	»6 % so schlimm« wie Kinds- tötung
RU 486	S3, d. h. bis 14 Tage nach Befruchtung	Keimblase	hormo- neller Ab- bruch der Einnistung	»8 % so schlimm« wie Kinds- tötung
RU 486, Früh- abort	S4, S5, d. h. bis 40 Tage nach Befruchtung	Früh- embryo	hormonelle oder gynä- kologische Abtreibung	»17 % so schlimm« wie Kinds- tötung

Die quantitativen Bewertungsversuche »nur x % so
schlimm wie Kindstötung« beruhen auf den zuvor erwähnten Wahrscheinlichkeiten dafür, daß der jeweilige Schwangerschaftszustand bis zur Geburt weiterführt. Mit einer solchen bloß statistischen Sichtweise ließe sich analog begründen, daß der Versuch, einen Erwachsenen durch Russisches

Roulette (mit *einer* Patrone in den sechs Kammern des Revolvers) zu töten, nur 1/6 so schlimm wäre wie ein normaler Mord oder Totschlag. Dies mag einseitig und fragwürdig erscheinen, aber andere objektivierbare Kriterien für die Amoralität der verschiedenen prä- und frühabortiven Maßnahmen (oder entsprechend für die in Abschnitt 2.8 diskutierte Zeugung von »überzähligen« Embryonen, denen man ja durch unterlassene Implantation die geringe statistische Überlebenschance von ca. 9 % nimmt), sind anscheinend nicht in Sicht.

3.3.6 Indikationen

Bislang wurde Abtreibung nur prima facie, mit Konzentration auf die Interessen des Fötus bzw. des daraus sich entwickelnden Kindes beurteilt. Aus dieser Perspektive stellte Abtreibung im Gegensatz zu Empfängnisverhütung eine massive Interessenverletzung dar und wurde gemäß dem Minimalprinzip *Neminem laedere* als moralisch bedenklich eingestuft. ›Moralisch bedenklich‹ bedeutet jedoch nicht, daß Abtreibung in allen Einzelfällen moralisch *unzulässig* sein müßte, denn es ist zumindest im Verständnis des Utilitarismus denkbar, daß das Interesse des Fötus durch ein noch massiveres Gegeninteresse der Schwangeren aufgewogen wird. Dafür sind insbesondere die typischen Indikationen zu betrachten, die bei einer strafrechtlichen Beurteilung der Abtreibung zugrunde gelegt werden.

Eine *medizinische* Indikation liegt vor, wenn gemäß § 218 StGB »eine auf andere zumutbare Weise nicht zu beseitigende schwere Gefahr für Leben oder Gesundheit der Schwangeren«[35] besteht, also z. B. auch dann, wenn durch die Geburt zwar die Mutter gesundheitliche Schädigungen erwarten müßte, während das Kind selbst gesund bliebe. Wären *sie* die einzig Betroffenen, könnte man vielleicht argumentieren, daß die mögliche Erkrankung, eventuell sogar der Tod der Mutter weniger wiege als das Leben des Kindes, nicht zuletzt aufgrund der Erwägung, daß der Wert des Lebens im allgemeinen proportional zur erwarteten Lebensdauer ansteigt. Diese Position, die über lange Zeit als Lehrmeinung der katholischen Kirche vertreten wurde, ist jedoch zumindest in dem Extremfall, wo das *Leben* der Mutter auf dem Spiel steht, unbegründet. Erstens muß – ganz unabhängig von utilitaristischen Kalkulationen – jedem Menschen im allgemeinen ein Recht auf Notwehr bzw. Selbsterhaltung zugesprochen werden, und eine Mutter darf dies gegenüber ihrem Nachwuchs ebenso geltend machen wie gegenüber anderen Personen. Zweitens ist die obige Interessenabschätzung einseitig und schief, weil sich der Wert des späteren Lebens des Kindes ja durch den Tod der Mutter drastisch verringern würde. Wenn man außerdem berücksichtigt, daß in der Regel der Vater und vielleicht Geschwister vom Leiden oder gar Sterben der Mutter ebenfalls negativ betroffen wären, wird das utilitaristische Schwergewicht in vielen Fällen medizinischer Indikation eher *für* eine Abtreibung sprechen. Ohne Kenntnis der konkreten gesundheitlichen Risiken für die Mutter ist eine allgemeine Bewertung jedoch unmöglich.[36]

Die sogenannte *eugenische* Indikation liegt vor, wenn »dringende Gründe für die Annahme sprechen, daß das Kind an einer nicht behebbaren Schädigung seines Gesundheitszustandes leiden würde, die so schwer wiegt, daß von der Schwangeren die Fortsetzung der Schwangerschaft nicht verlangt werden kann«. Um welche Gesundheitsschädigungen es sich dabei handeln könnte, wird vom Gesetzgeber nicht näher präzisiert. Vermutlich sollte man nicht nur an Mißbildungen und Krankheiten denken, die zu einem lebensunwerten Leben des Kindes führen würden, sondern es fallen wohl auch Erkrankungen wie Mongolismus unter die eugenische Indikation, bei denen das Kind ein zwar stark gehandikaptes, aber summa summarum durchaus lebenswertes Leben führen könnte. Eine Abtreibung ist in diesem Fall aus utilitaristischer Perspektive erlaubt, wenn der eingeschränkte Wert des noch ungeborenen Lebens kleiner ist als die Summe der Nachteile, die sich für die Mutter und gegebenenfalls weitere Betroffene, vor allem Vater und Geschwister, aus dem Zusammenleben mit dem schwerstbehinderten Kind ergeben würden. Wahrscheinlich können nicht einmal die Angehörigen eines von Geburt an Schwerstbehinderten selbst ermessen, ob ihr eigenes Leid, die Reduzierung ihrer Lebensqualität, die vielen Mühen und Opfer durch die Freude des Behinderten über sein eingeschränkt glückliches Leben kompensiert wird. Ein allgemeines Urteil ohne detaillierte Kenntnisse der individuellen Situation ist jedenfalls unmöglich.

In diesem Zusammenhang ist kurz auf moralische Probleme einzugehen, die man bei der pränatalen Diagnostik von embryonalen Mißbildungen entdeckt zu haben meint. So glaubt z. B. Müller (1988: 56): »Wenn die Untersuchung ergibt, daß mit hoher Wahrscheinlichkeit ein behindertes Kind geboren werden wird, dann ist die Erwartung in unserer Gesellschaft groß, daß dieses Kind zu töten ist. Was geschieht mit Eltern, die die pränatale Diagnostik ablehnen oder trotz ihrer negativen Ergebnisse dann ein behindertes Kind annehmen?« Entsprechend hatte R. Spaemann die Befürchtung geäußert:

>»Die vorgeburtliche Diagnostik, die jeder schwangeren Frau unaufgefordert angedient wird, kann im Falle einer Behinderung des Kindes jederzeit die Grundlage, wenn nicht für eine eugenische, so doch für eine soziale Indikation liefern. So wird natürlich die Mutter verantwortlich für die finanzielle Belastung der Allgemeinheit, wenn sie sich den Luxus [!] leistet, auf eine Abtreibung zu verzichten.«[37]

Derlei Bedenken entbehren jedoch jeder vernünftigen Grundlage. Die Möglichkeit der Abtreibung bei eugenischer Indikation soll ja immer den Interessen der *Eltern* entgegenkommen. Selbst wenn man davon ausgeht, daß die meisten Menschen ihre Entscheidungen fast ausschließlich an ihrem Eigeninteresse orientieren, so würde aus der fraglichen *Möglichkeit* allenfalls eine *Regelmäßigkeit*, nie aber eine *Notwendigkeit* der Entscheidung für Abtreibung. Wenn Eltern in Einzelfällen trotzdem auf pränatale Diagnostik bzw. auf Abtreibung verzichten, wenn sie ungeachtet der vorhersehbaren persönlichen Belastung bereit sind, ein eventuell stark behindertes Kind zur Welt zu bringen und aufzuziehen, so kann und darf eine solche – nicht durch Eigeninteresse, sondern durch das Interesse des heranwachsenden *Kindes* motivierte – Entscheidung nie und nimmer Zielscheibe moralischer Kritik werden. Die von Müller prophezeite Erwartung der »Gesellschaft«, daß behinderte Föten gegen den Willen der Eltern abgetrieben werden sollten, erscheint allzu grotesk. Was die Gesellschaft erwarten wird und erwarten darf ist höchstens, daß Eltern in der Regel den leichten Weg gehen und für Abtreibung votieren. Sie erwartet dies im gleichen Sinn, wie sie z. B. erwartet, daß jemand eine Dienstreise von Hamburg nach München bequem mit der Bahn oder mit dem Auto, nicht aber mit dem Fahrrad zurücklegt. Daraus lassen sich jedoch keinerlei moralische Urteile hinsichtlich solcher Handlungen ableiten, die den Erwartungen des Normalen und Leichten nicht entsprechen. Einer Mutter, die aus Liebe zum heranwachsenden Kind den schwierigen Weg wählt, vorzuwerfen, daß sie sich den »Luxus« leistet, auf eine Abtreibung zu verzichten, wäre infam; und ebenso infam wäre es, sie für eine angebliche finanzielle Belastung der Allgemeinheit verantwortlich zu machen.

Im übrigen sei hier kurz auf die sog. Präimplantationsdiagnose hingewiesen, die amerikanische Wissenschaftler in neuester Zeit speziell für Eltern entwickelt haben, bei denen aufgrund familiärer Belastungen Mißbildungen bei ihrem Nachwuchs mit relativ hoher Wahrscheinlichkeit zu erwarten wären. Wenn sie dennoch Kinder bekommen wollen, raten die Ärzte ihnen, den Umweg über eine künstliche Befruchtung zu wählen: »Bei einer solchen In-vitro-Fertilisation werden Eizelle und Sperma außerhalb des Körpers in einer Glasschale zusammengefügt. Dann schauen sich medizinische Assistenten die Embryonen unter dem Mikroskop an und verpflanzen [nur] diejenigen, die normal aussehen, in die weibliche Gebärmutter.« Die *moralischen* Vorteile dieses Vorgehens erblickt Fackelmann (1995: 73) darin: »Anstatt sich mit dem Entschluß zu quälen, ob sie einen Fötus mit einer schweren Erbkrankheit abtreiben sollen, können Eltern entscheiden, daß nur Embryonen ohne genetische Defekte implantiert werden.« Im strikten Gegensatz zu dieser positiven Einschätzung hält der französische Biologe Testart (1986) die Präimplantationsdiagnose moralisch für *problematischer* als eine Abtreibung nach pränataler Diagnostik. Laut Bericht von Fritz-Vannahme (1995: 76 f.) tun sich nämlich zwischen »der [...] pränatalen Diagnose am Fötus und der präimplantatorischen Diagnose am befruchteten Ei [...] Abgründe auf. Das erste Verfahren verhüte das Schlimmste, das zweite suche durch Selektion nach dem Besten.« Die Wahrheit liegt – wie so oft – in der Mitte. Aus der Perspektive des Embryos dürfte es völlig egal sein, ob er innerhalb einer normalen Frühschwangerschaft aufgrund einer pränatalen Diagnose abgetrieben oder ob er im Rahmen einer IVF wegen einer Präimplantations-Diagnose erst gar nicht in den Uterus eingepflanzt wird. Der Effekt für ihn ist jeweils der gleiche, nämlich der sichere Verlust des (durch die diagnostizierte Erbkrankheit im Wert stark eingeschränkten) Lebens, das ihm ansonsten mit einer geringen Wahrscheinlichkeit von 5–10 % bevorstehen würde.

Die als nächstes zu betrachtende *kriminologische* Abtreibungs-Indikation liegt insbesondere bei einer Schwangerschaft nach Vergewaltigung vor. Wenn man sich auszumalen versucht, wie schlimm allein das Sexualdelikt für die Frau gewesen sein mag, dann möchte man gefühlsmäßig eine Abtreibung auch dann für moralisch unbedenklich erklären, wenn das spätere Kind völlig gesund werden würde. Dem armen Opfer des Verbrechens – so denkt man – soll doch auf keinen Fall zusätzlich zugemutet werden, ein unerwünschtes Kind in die Welt setzen zu müssen, dessen leiblicher Vater wahrscheinlich im Gefängnis sitzt, das vielleicht als uneheliches Kind eingestuft und von dem eventuell existierenden sozialen Vater mit großer Sicherheit abgelehnt würde, usw. Trotzdem bleibt philosophisch-nüchtern festzustellen, daß auch eine Abtreibung nach Vergewaltigung moralisch gesehen keineswegs unproblematisch ist. Zwar wurde der Frau großes Unrecht und Leid zugefügt, und irgendwie plädiert unser Gerechtigkeitssinn dafür, daß dieser Schaden wiedergutgemacht wird. Aber obwohl eine Wiedergutmachung im allgemeinen moralisch durchaus geboten erscheint, rechtfertigt das der Vergewaltigten zugefügte Unrecht keineswegs automatisch, daß der spezielle Schaden einer unerwünschten Schwangerschaft durch *Abtreibung* kompensiert wird. Denn hierdurch würde ja *jemand anderem* als dem Verbrecher, nämlich dem entstehenden Kind, ebenfalls ein Unrecht zugefügt. Nach utilitaristischer Maxime ist eine Abtreibung bei kriminologischer Indikation nur dann erlaubt, wenn die Summe der Nachteile, die die Mutter und andere Betroffene durch Austragen, Geburt und Zusammenleben mit einem derart ungewollten Kind hätten, den Schaden überwiegt, den das ungeborene Kind erleidet, wenn es nicht geboren wird – und das ist immerhin der Wert eines ganzen Lebens. Bei einer Entscheidung im Einzelfall sollte jedoch berücksichtigt werden, daß ein solches, durch Vergewaltigung entstandenes Menschenleben in der Regel wohl nicht sonderlich harmonisch und glücklich verlaufen wird und somit einen deutlich geringeren Erwartungswert besitzt als nach einer normalen, gewollten Schwangerschaft. Darüber hinausgehende allgemeine Urteile erscheinen wiederum unmöglich.

Die letzte Kategorie der *sozialen* Indikation liegt nach den schwammigen Bestimmungen des §218 StGB vor, »wenn der Schwangerschaftsabbruch angezeigt ist, um von der Schwangeren eine auf andere zumutbare Weise nicht zu beseitigende Notlage abzuwenden, die so schwer wiegt, daß eine Fortsetzung der Schwangerschaft nicht verlangt werden kann«. *Wann* dies der Fall ist, entzieht sich jeder objektiven Beurteilung. Sicherlich *kann* die soziale Notlage manch einer Schwangeren ebenso so gravierend sein wie z. B. eine medizinische Notlage mit Gefahr für Gesundheit oder gar Leben der Frau. Aber man darf sicher Zweifel anmelden, ob (selbst bei wohlwollender Interpretation) in *jedem* praktizierten Einzelfall die einschlägige Gesetzesbedingung erfüllt ist. Eine etwas veraltete, aber vermutlich immer noch repräsentative Statistik besagt: »1978 kamen auf 576 468 Lebendgeborene in der Bundesrep. Deutschland 73 548 legale Schwangerschaftsabbrüche [. . .], davon entfielen [. . .] 67,0 % auf die soziale Indikation.«[38] Wie viele davon gemäß utilitaristischer Interessenabwägung moralisch gerechtfertigt waren, sei dahingestellt. Klar ist nur, daß in *jedem* Fall von sozialer Indikation (und ebenso bei vielen Fällen anderer Indikation) gemäß der harten, in manchen Fällen vielleicht brutalen Devise entschieden wurde: Dein Leben ist weniger wert als mein (oder unser) Wohlergehen! So und nicht anders lautet nun einmal der unbeschönigte Grundgedanke einer utilitaristischen Abtreibungsethik!

3.3.7 Ein Märchen

Zum Abschluß dieses schwierigen Themas möchte ich kurz auf ein vieldiskutiertes Argument eingehen, an dem sich par excellence demonstrieren läßt, daß auch der philosophische Scharfsinn eines professionellen Ethikers manchmal gewaltig in die Irre gehen kann. Das Argument von Tooley (1990: 182–3) beruht auf der Science-fiction-Annahme,

»[. . .] daß in der Zukunft eine Chemikalie entdeckt würde, die, wenn in das Gehirn eines Kätzchens injiziert, das Kätzchen dazu brächte, sich zu einer Katze mit einem menschlichen Gehirn zu entwickeln, und folglich zu einer Katze mit allen psychologischen Fähigkeiten, die typisch sind für erwachsene Menschen. Solche Katzen wären fähig zu denken, Sprache zu gebrauchen und so weiter. Es wäre zweifellos in einer solchen Situation moralisch nicht zu rechtfertigen, [...] den Katzen, die einen solchen Entwicklungsprozeß durchlaufen haben, ein ernsthaftes Lebensrecht [abzusprechen. ...] Zweitens wäre es nicht ernsthaft moralisch falsch, sich zu enthalten, ein neugeborenes Kätzchen mit der besonderen Chemikalie zu injizieren, und es statt dessen zu töten. Die Tatsache, daß man einen kausalen Prozeß auslösen kann, der ein Kätzchen in eine Entität verwandelte, die schließlich Eigenschaften besäße, die so beschaffen sind, daß alles, was diese Eigenschaften besäße, ipso facto ein ernsthaftes Lebensrecht hat, bedeutet nicht, daß das Kätzchen schon ein gewichtiges Lebensrecht hat, bevor es dem Prozeß der Injektion und Verwandlung unterzogen wurde. Die Möglichkeit, Kätzchen in Personen zu verwandeln, wird es genau so wenig moralisch falsch machen, neugeborene Kätzchen zu töten, so wenig falsch es jetzt ist. Drittens ist es [...] nicht ernsthaft falsch, in einen solchen Prozeß einzugreifen, wenn es nicht ernsthaft falsch ist, es zu unterlassen, einen solchen kausalen Prozeß auszulösen. Angenommen, einem Kätzchen wurde die Chemikalie aus Versehen injiziert. Solange es diejenigen Eigenschaften nicht entwickelt hat, die ihm [...] zu einem Lebensrecht verhelfen, kann nichts daran falsch sein, den kausalen Prozeß zu unterbrechen und die Entwicklung der betreffenden Eigenschaft zu verhindern. [...] Wenn es aber nicht ernsthaft moralisch falsch ist, ein injiziertes Kätzchen zu vernichten, das natürlicherweise die Eigenschaften entwickeln wird, die ein Lebensrecht verleihen, kann es auch nicht moralisch falsch sein, einen

Angehörigen der Spezies Homo sapiens zu vernichten, dem solche Eigenschaften fehlen, der sie aber natürlicherweise bekommen wird.«

Um die lange Geschichte kurz zu machen: Tooley behauptet erstens, daß neugeborene Kätzchen (oder Katzen überhaupt?) kein Lebensrecht haben, weil sie keine der relevanten menschlichen Eigenschaften besitzen; zweitens meint er, daß Wunderkätzchen erst *ab dem Zeitpunkt* ein Lebensrecht erlangen, wo die Verwandlung komplett ist und das Wesen alle fraglichen Eigenschaften besitzt. Über die erste These, d. h. über die »Lebensrechte« von Katzen und anderen Tieren, wird im nächsten Abschnitt zu reden sein. Hier sei nur erläutert, wieso die zweite These unhaltbar ist. Obwohl es in der Tat moralisch völlig o. k. ist, ein neugeborenes Kätzchen nicht mit der Wunderdroge zu injizieren, sondern es statt dessen *ihr natürliches Katzenleben leben zu lassen*, wäre es ernsthaft moralisch falsch, den bereits ablaufenden Umwandlungsvorgang eines Wunderkätzchens zu unterbrechen und ihm somit *das bevorstehende Menschenleben zu rauben*. Dies erhellt am einfachsten aus der folgenden philosophischen Fiktion.

Auf Anregung des Philosophen Thomas, der unbedingt in Erfahrung bringen wollte, wie es ist, eine Fledermaus zu sein, entwickelten Wissenschaftler der Universität von Princeton in langjähriger Forschungsarbeit eine Chemikalie, die, in das Gehirn eines erwachsenen Menschen injiziert, den Menschen für 24 Stunden in eine Fledermaus verwandeln würde; danach würde das Wesen sich wieder in den Menschen mit all seinen ursprünglichen Eigenschaften zurück verwandeln. Der Kollege Michael besuchte Thomas just an dem Tag, an dem dieser den Mut gefunden hatte, die Wunderdroge am eigenen Leibe auszuprobieren. Thomas bat Michael, im Labor Wache zu halten und dafür zu sorgen, daß nicht etwa ein Fremder aus Versehen die Wunderfledermaus, in die er sich zu verwandeln gedachte, für eine

normale Fledermaus halten und verscheuchen oder gar töten würde. Michael versprach es; Thomas ließ sich die Injektion geben, und wenig später flatterte er munter durch
den Raum. 23 Stunden vergingen und Thomas hatte genügend Erfahrung gesammelt, um die Frage beantworten zu
können, die ihn seit Jahren beschäftigt hatte. Da kam *Michael* plötzlich ein Gedanke. Er hatte schon immer auf einen
Lehrstuhl in Princeton spekuliert und wußte, daß nur das
Ausscheiden von Thomas ihm eine realistische Chance eröffnen würde. In Erinnerung an die überzeugenden Thesen
über »Abtreibung und Kindstötung« machte er sich klar:
Während der nächsten 45 Minuten war Thomas nichts anderes als eine Fledermaus; er verfügte *noch nicht* über jene
menschlichen Eigenschaften, die einem Lebewesen erst ein
ernsthaftes Lebensrecht verleihen. Er mußte sich nur be-
eilen!

Und so nahm das Schicksal seinen Lauf.

3.3.8 Postskriptum zum »Potentialitätsargument«

Ich habe die zentralen Gedanken dieses Kapitels in den frühen 90er Jahren entwickelt und das Manuskript zum Thema
»Abtreibung« im wesentlichen im Sommer 1994 abgeschlossen. In der Zwischenzeit mußte ich jedoch feststellen,
daß viele *philosophische* Kolleg(inn)en – im Gegensatz zur
vorherrschenden Meinung in meinem sonstigen Bekannten-
kreis – eine gänzlich andere Auffassung zur Moralität der
Abtreibung vertreten. Diese Ansicht stützt sich in entscheidender Weise auf eine Kritik am sogenannten Potentialitäts-
prinzip bzw. Potentialitätsargument, demzufolge der moralische Status von Föten – grob gesprochen – durch deren
potentielle Eigenschaften determiniert wird, genauer durch
das »Potential«, in Zukunft das glückliche Leben einer Person zu führen. Erste Kritiken an diesem Prinzip wurden in
den 70er Jahren von P. Singer und von M. Tooley vorgebracht, wobei der genaue Ursprung der Kontroverse jedoch

nur schwer zu rekonstruieren ist.[39] Im folgenden beziehe
ich mich auf die recht ausführliche und repräsentative Darstellung in Hoerster (1989: 176 f.):

»Ohne Zweifel ist gerade der Nasciturus [...] in dem
Sinne ein potentiell personales Wesen, daß er jedenfalls
seiner Anlage nach ein personales Wesen ist, d. h., daß
er sich im natürlichen Verlauf der Entwicklung, sofern
diese nicht unterbrochen wird, zu einem aktuell personalen Wesen entwickeln wird. Gibt es [...] einen überzeugenden Grund dafür, auch potentiell personalen
Wesen ein Lebensrecht einzuräumen?
Auf den ersten Blick könnte man vielleicht meinen, es
sei ganz selbstverständlich, all jene Rechte, die man einer aktuellen Person zugesteht, auch einer potentiellen
Person zuzugestehen. Das wäre aber in Wahrheit nur
dann der Fall, wenn ganz generell der Satz gelten
würde ›Alle Rechte, die ein Individuum aufgrund seines aktuellen Status hat, muß auch ein anderes Individuum aufgrund seines entsprechenden potentiellen
Status haben.‹ Dieser Satz aber ist, wie sich durch Beispiele leicht zeigen läßt, offenbar unzutreffend: Der
Thronfolger eines lebenden Königs hat keineswegs bereits gegenwärtig alle die Rechte, die der König hat.
[...] Daraus, daß einer *aktuellen* Person ein bestimmtes Recht, wie beispielsweise das Lebensrecht, einzuräumen ist, *folgt* also nicht *automatisch*, daß auch einer
potentiellen Person dieses selbe Recht einzuräumen
wäre. [...]
Sind sonstige Gründe für die Einräumung eines Lebensrechtes an potentielle Personen ersichtlich? Man
könnte auf den Gedanken kommen, wie folgt zu argumentieren: Wir, die wir Personen sind, schätzen unser
eigenes Leben und beanspruchen für jeden einzelnen
von uns ein Lebensrecht. Wären wir jedoch als Föten
abgetrieben worden, so hätten wir unser gegenwärtiges

Stadium des Personseins nie erreicht. Also müssen wir
[...] jeder potentiellen Person als solcher ein Lebensrecht zugestehen.

[...] Die Frage ist jedoch: Müssen wir wirklich, weil
wir für uns in unserer *heutigen* Existenz ein Lebensrecht fordern, auch für uns in allen Formen unserer
früheren Existenz ein Lebensrecht fordern? Das wäre
offenbar nur dann der Fall, wenn sich ganz allgemein
aus dem Satz ›A soll ein Recht auf x haben‹ der Satz ›A
soll ein Recht auf alles haben, was notwendige Bedingung dafür ist, daß A ein Recht auf x hat‹ folgern ließe.
[...] Diese Folgerung aber ist [...] völlig unhaltbar.
[Denn sie würde] im Fall des Rechtes auf Leben zu
Konsequenzen führen, die wohl jeder als absurd betrachten würde. Notwendige Bedingung dafür, daß der
erwachsene A ein Recht auf Leben hat, sind nämlich
u. a. alle jene Ursachen, die zur Entstehung dieses Lebensrechtes des A geführt haben, also nicht etwa nur
die Nicht-Abtreibung des betroffenen Nasciturus,
sondern ebenso die Nichtabtötung sowie die Vereinigung der betreffenden Keimzellen. [...] Wir kämen
auf diesem Weg also zur Forderung eines Lebens- und
Befruchtungsrechtes jeder bereits lebenden individuellen Eizelle [...].

Man kann sich die Quintessenz dieser Überlegung
auch auf folgende Weise klarmachen: Aktuelle Personen haben den Wunsch nach Weiterleben, der als solcher ohne Zweifel Schutz verdient. *Vorläufer* aktueller
Personen [...] haben diesen Wunsch jedenfalls nicht.
Will man trotzdem auch ihnen ein Lebensrecht einräumen, so kann das offenbar nicht mit Rücksicht auf ihren *gegenwärtigen* Status, sondern nur mit Rücksicht
auf ihren *zukünftigen* Status geschehen, also mit Rücksicht darauf, daß sie eben Vorläufer von *Personen* sind.
Unter *diesem* Gesichtspunkt aber kann zwischen den
verschiedenen Vorläuferstadien sinnvollerweise kein

Unterschied gemacht werden. Anders ausgedrückt:
Der Nasciturus leidet unter der Freigabe der Tötung
sowenig wie die unbefruchtete Eizelle. Die künftige
Existenz eines personalen Wesens wird jedoch durch
die Tötung der unbefruchteten Eizelle ebenso verhindert wie durch die Tötung des Nasciturus.«

Bevor ich die Schwachstellen dieser Argumentation ana-
lysiere, sei an einem kleinen Beispiel illustriert, wie oberflächlich und unkritisch manche Philosoph(inn)en das
Stichwort ›Potentialitätsargument‹ dazu benutzen, um den
gravierenden Unterschied zwischen Abtreibung und Empfängnisverhütung zu verwischen bzw. um der »konservativen« Gegenpartei zu unterstellen, mit der moralischen Ablehnung von Abtreibung müsse sie konsequenterweise auch
Empfängnisverhütung als unmoralisch ablehnen.[40] Krebs
(1996: 360 f.) paraphrasiert den Grundgedanken des Potentialitätsprinzips (wenngleich in der wenig glücklichen Terminologie vom »Recht auf Leben«) zunächst einigermaßen
korrekt, wenn sie erläutert: »Der zweite Vorschlag entkop-
pelt das Recht auf Leben von einer internen Zukunftsper-
spektive und macht es davon abhängig, ob die betreffenden
Wesen extern, von außen gesehen, eine gute Zukunft vor
sich haben und man ihnen durch Tötung somit zukünftig
gutes Leben vorenthält.« Anschließend glaubt sie, diese
Theorie der Amoralität des Tötens durch den knappen Einwand widerlegen zu können: »Gegen das [...] Vorenthal-
tungsargument spricht, daß es, wie andere Potentialitäts-
argumente auch, einer reductio ad absurdum bis hin zum
Fortpflanzungsgebot ausgesetzt ist. Denn auch wer sich
nicht fortpflanzt, z. B. Verhütungsmittel benutzt, vorenthält zukünftig gutes Leben.« Dabei übersieht Krebs aber erstens, daß im Falle unterlassener Zeugung überhaupt *niemand existiert*, dem ein zukünftig gutes Leben »vorenthal-
ten« wird. Zweitens verharmlost sie die Abtreibung eines
Fötus – bzw. allgemeiner die Tötung eines Lebewesens – in

absolut unzulässiger Weise, indem sie den *Raub* oder die *Wegnahme* des Lebens als bloße *Vorenthaltung* bagatellisiert.

Was nun den zuvor zitierten Einwand von Hoerster betrifft, so ist zunächst auf die methodologische Strategie aufmerksam zu machen, die seiner Argumentation zugrunde liegt. Zur Diskussion steht die These

(T)   Jeder menschliche Fötus hat ein moralisches Recht auf Leben.

Gemäß dem Grundgedanken des Potentialitätsprinzips wird T (zusammen mit weiteren unproblematischen Zusatzannahmen) durch die folgende Prämisse P begründet:

(P)   Jeder menschliche Fötus ist eine potentielle Person in dem Sinne, »daß er sich im natürlichen Verlauf seiner Entwicklung, sofern diese nicht unterbrochen wird, zu einer aktuellen Person entwickeln und ein positives Leben führen wird«.

Hoerster glaubt nun, T allein dadurch widerlegen zu können, daß er eine *wesentlich allgemeinere* Prämisse H als unhaltbar erweist, mittels derer man ebenfalls T begründen könnte. Im ersten Anlauf wählt er hierfür die Annahme

(H₁)   »Alle Rechte, die ein Individuum aufgrund seines aktuellen Status hat, muß auch ein anderes Individuum aufgrund seines entsprechenden potentiellen Status haben.«

Dieses Prinzip ist in der Tat völlig unhaltbar, doch daraus folgt überhaupt nichts bezüglich der Wahrheit oder Falschheit der These T bzw. deren Begründung durch die schwächere Prämisse P! Deshalb ist das – schon von Singer (1984: 165) angeführte – Beispiel der Rechte bzw. Noch-nicht-Rechte eines Thronfolgers für die Frage des Lebensrechts von Föten schlicht und einfach irrelevant. Dies schien auch Hoerster bewußt geworden zu sein, denn im Anschluß an die Feststellung: »Daraus, daß einer aktuellen Person ein bestimmtes Recht, wie beispielsweise das Lebensrecht, einzuräumen ist, *folgt also nicht automatisch*, daß auch einer *potentiellen* Person dieses selbe Recht einzuräumen ist«, gestand er zu: »Das schließt natürlich nicht aus, daß es trotzdem [. . .] gute Gründe geben kann, einer potentiellen Person ein Lebensrecht einzuräumen.« Nun hat aber meines Wissens kein einziger Philosoph jemals das »völlig unhaltbare« Prinzip H_1 vertreten bzw. ernsthaft behauptet, alle potentiellen Personen hätten automatisch die gleichen Rechte wie aktuelle Personen. Deshalb richtet sich Hoersters erstes Argument schlicht und einfach gegen einen Strohmann.

Auch das zweite Argument steht nicht viel besser da. Wiederum wird statt der eigentlich zu diskutierenden These T über das Lebensrecht von »potentiellen Personen« bzw. von Föten die wesentlich allgemeinere Prämisse kritisiert:

(H_2) »Wenn A ein Recht auf x besitzt, dann besitzt A auch ein Recht auf alles, was notwendige Bedingung dafür ist, daß A ein Recht auf x hat.«

Diese Annahme führt zugegebenermaßen zu absurden Konsequenzen, doch – so weit ich die einschlägige Literatur kenne – wurde die Position T nirgendwo ernsthaft durch Rückgriff auf eine so dubiose Annahme wie H_2 untermauert. Der wahre Grund für T besteht gemäß P darin, daß das Töten eines Fötus ebenso wie das Töten eines Kindes oder eines Erwachsenen das jeweilige Lebewesen seines zukünftigen, mutmaßlich glücklichen *Lebens beraubt*. Diese Ansicht kann man im rechtsphilosophischen Potentialitätsjargon so umformulieren, daß ein »Recht auf Leben« nicht nur für aktuelle Personen (insbesondere für Erwachsene und Kinder), sondern eben auch für potentielle Personen (genauer für ungeborene Kinder, Föten und Embryonen) postuliert wird. Dies impliziert aber keineswegs, daß man für Menschen »in allen Formen unserer früheren Existenz ein

Lebensrecht« in dem Sinne fordern müßte, als man die Befruchtung einer Eizelle für moralisch geboten erachten würde. »Normale« Empfängnisverhütung, durch die eine solche Befruchtung verhindert wird, stellt eben keine *Tötung* bzw. keine Maßnahme dar, durch die ein (bereits existentes) Lebewesen seines zukünftigen *Lebens beraubt* würde.

Mit dieser Klarstellung wird auch die Schwäche des dritten und letzten Arguments von Hoerster offenbar. Egal ob man Föten als »potentielle Personen«, als »vorpersonale Wesen«[41] oder als »Vorläufer von Personen bezeichnet«, man kann bzw. *muß* sogar »zwischen den *verschiedenen* Vorläuferstadien sinnvollerweise [einen] Unterschied« machen. Dieser Unterschied hat natürlich nichts mit jenem Kriterium zu tun, das Hoerster als Proponent der Fristenregelung für wichtig hält: Leidensfähigkeit. In gewisser Weise »leidet« ein früher Fötus »unter der Freigabe der Tötung sowenig wie die unbefruchtete Eizelle«. Trotzdem *erleidet* der Fötus in jedem Stadium der Schwangerschaft durch die Tötung einen massiven *Schaden*, der im Verlust des gesamten zukünftigen Lebens besteht, während eine unbefruchtete Eizelle durch Empfängnisverhütung weder getötet noch in anderer Weise ihres ansonsten bevorstehenden Lebens beraubt würde. Unbefruchtete Eizellen sind nun einmal keine Lebewesen, und ihr künftiges »Leben« endet – wie bereits in Abschnitt 2.4 betont wurde – normalerweise mit der Menstruation. Es kann deshalb nur als unhaltbare Polemik bezeichnet werden, wenn Hoerster »die Tötung [!] der unbefruchteten Eizelle« mit der »Tötung des Nasciturus« gleichsetzt, weil durch beide Maßnahmen die »künftige Existenz eines personalen Wesens [...] verhindert« wird. In Wirklichkeit *verhindert* Empfängnisverhütung die *Entstehung* eines neuen Lebewesens, während Abtreibung das Leben eines bereits existierenden Wesens auf gewaltsame Art und Weise *beendet*.

3.4 Vegetarismus

Gegen den Fleischkonsum lassen sich gesundheitliche, religiöse, ästhetische und ethische Argumente vorbringen; hier spielen natürlich nur die letzteren eine Rolle. Ausgangspunkt ist die späte Einsicht, daß Tiere – obwohl sie vermutlich keine moralischen *Subjekte*, d. h. nicht in der Lage sind, selbst moralisch zu handeln – dennoch moralische *Objekte* darstellen, d. h. »Rechte« bzw. Interessen haben, auf die wir bei unseren Handlungen Rücksicht nehmen sollten. Zur Zeit der Französischen Revolution war ein solcher Gedanke noch revolutionär; so proklamierte der englische Philosoph Jeremy Bentham 1789:

> »Der Tag mag kommen, an dem der Rest der belebten Schöpfung jene Rechte erwerben wird, die ihm nur von der Hand der Tyrannei vorenthalten werden konnten. Die Franzosen haben bereits entdeckt, daß die Schwärze der Haut kein Grund ist, ein menschliches Wesen hilflos der Laune eines Peinigers auszuliefern. Vielleicht wird eines Tages erkannt werden, daß die Anzahl der Beine, die Behaarung der Haut oder die Endung des Kreuzbeines ebensowenig Gründe dafür sind, ein empfindendes Wesen diesem Schicksal zu überlassen. Was sonst sollte die unüberschreitbare Linie ausmachen? Ist es die Fähigkeit des Verstandes oder vielleicht die Fähigkeit der Rede? Ein voll ausgewachsenes Pferd aber oder ein Hund ist unvergleichlich verständiger und mitteilsamer als ein einen Tag oder eine Woche alter Säugling oder sogar als ein Säugling von einem Monat. Doch selbst wenn es anders wäre, was würde das ausmachen? Die Frage ist nicht: Können sie *denken*? Können sie *sprechen*? Sondern: Können sie *leiden*?«[42]

Als Rufer in der Wüste betätigte sich noch um die Mitte des 19. Jahrhunderts Arthur Schopenhauer, der in seiner

Preisschrift über die Grundlage der Moral (S. 348–350) zur
Bestätigung »des dargelegten Fundaments der Moral« u. a.
anprangerte:

> »Die vermeinte Rechtslosigkeit der Thiere, der Wahn,
> daß unser Handeln gegen sie ohne moralische Bedeu-
> tung sei, oder, wie es in der Sprache jener Moral heißt,
> daß es gegen Thiere keine Pflichten gebe, ist geradezu
> eine empörende Rohheit und Barbarei des Occidents
> [...]. Man muß wahrlich an allen Sinnen blind [...]
> sein, um nicht zu erkennen, daß das Wesentliche und
> Hauptsächliche im Thiere und im Menschen das Selbe
> ist und daß was Beide unterscheidet, [...] allein im
> [...] Intellekt, im Grad der Erkenntniskraft [liegt],
> welcher beim Menschen, durch das hinzugekommene
> Vermögen *abstrakter* Erkenntnis, genannt *Vernunft*,
> ein ungleich höherer ist [...]. Daß die Moral des Chri-
> stenthums die Thiere nicht berücksichtigt, ist ein Man-
> gel derselben, den es besser ist einzugestehen, als zu
> perpetuieren, und über den man sich um so mehr wun-
> dern muß, als diese Moral im Uebrigen die größte
> Uebereinstimmung zeigt mit der des Brahmanismus
> und Buddhaismus.«

In neuerer Zeit hat vor allem Singer (1984: 79) mit Nach-
druck darauf hingewiesen, daß aus einem allgemeinen, für
die Ethik typischen Gleichheitsgedanken heraus nicht nur
jede Form von Rassismus, sondern auch ein entsprechender
»Speziesismus« zurückgewiesen werden muß. So wie z. B.
Weiße moralisch verpflichtet sind, auf die gleichberechtigten
Interessen von Schwarzen und Menschen anderer Hautfarbe Rücksicht zu nehmen, so sollten die Menschen insgesamt auch die Interessen von nicht-menschlichen Lebewesen respektieren: »Die Tatsache, daß bestimmte Wesen nicht
zu unserer Gattung gehören, berechtigt uns nicht, sie aus-
zubeuten, und ebenso bedeutet die Tatsache, daß andere
Lebewesen weniger intelligent sind als wir, nicht, daß ihre

Interessen mißachtet werden dürfen.« Im folgenden bleibt genauer zu untersuchen, ob die Grundsätze einer solch universalen, alle leidensfähigen Lebewesen umfassenden Moral notwendigerweise den Verzehr von Fleisch verbietet. Mit anderen Worten: In welcher Hinsicht und in welchem Maße verstößt die Aufzucht und das spätere Schlachten von Geflügel, Fischen, Schweinen oder Rindern gegen die Interessen dieser Tiere?

Der vehemente Vegetarier Kaplan macht es sich etwas zu einfach, wenn er Tierhaltung und Tötung in *einen* Topf wirft und (1989: 21) kategorisch behauptet, »daß wir es beim Fleischessen mit einer Handlung zu tun haben, die impliziert, daß Tieren über lange Zeit hindurch, meist lebenslänglich, sehr großes Leiden zugefügt wird«. Nachdem der Mensch nun einmal weder Kannibale noch Aasfresser ist,[43] impliziert der Fleischkonsum zwar, daß Tiere *getötet* werden, und hierdurch wird dem Tier in der Regel ein Leid bzw. ein Schaden zugefügt, über dessen Größe noch näher diskutiert werden muß. Aber das mit dem Schlachten verbundene Leiden dauert natürlich nicht *lebenslänglich*. Lebenslängliches Leid erfährt das Vieh höchstens durch die jeweiligen Umstände seiner *Aufzucht*, wobei es vor allem die neuzeitlichen, »industriellen« Formen der intensiven Tierhaltung in »Fleischfabriken« sind, die begründeten Anlaß geben zum Vorwurf der Tierquälerei. Dort werden:

»[. . .] Tiere zu einem elenden Leben gezwungen [. . .], damit ihr Fleisch zum niedrigsten Preis verfügbar gemacht wird. Moderne Formen intensiver Nutzhaltung bedienen sich wissenschaftlicher und technologischer Methoden so, als ob Tiere für uns Gebrauchsgegenstände wären. Um Fleisch zu erschwinglichen Preisen auf den Tisch zu bekommen, toleriert unsere Gesellschaft Methoden der Fleischproduktion, durch die zur Empfindung fähige Lebewesen für die gesamte Dauer ihres Lebens unter beengten, unzuträglichen Bedingungen gehalten werden. Die Tiere werden wie Maschinen behandelt, die Futter in Fleisch verwandeln [...]. Um Speziesismus zu vermeiden, müssen wir diesen Praktiken Einhalt gebieten.«[44]

Diese Konklusion ist eigentlich unumstritten. Auch wenn es denkbar ist, daß manche Tiere Schmerzen bzw. körperliche Torturen weniger schlimm empfinden als Menschen, und auch wenn deshalb das Sprichwort »Quäle nie ein Tier im Scherz, denn es fühlt wie du den Schmerz« vielleicht nur mit gewissen Einschränkungen gilt, so steht doch die *allgemeine Leidensfähigkeit* der meisten höher entwickelten Tiere außer Frage.[45] Allein hieraus ergibt sich, wie der Anti-Vegetarier Frey (1983: 175) zugestehen mußte, ein starkes moralisches Argument gegen jede Form von *Tierquälerei* und damit gegen die genannten Methoden der *intensiven* Tierhaltung.

Traditionelle Tierhaltung ist hingegen in der Regel nicht mit Tierquälerei verbunden, so daß umgekehrt auch Vegetarier zugestehen müssen, daß sich hieraus allein noch kein schlüssiger Grund ergibt, auf Fleischgenuß völlig zu verzichten.[46] Allerdings ist es Aufgabe des Fleischkonsumenten, dafür zu sorgen bzw. zumindest mitzuhelfen, daß die mit den Methoden der Intensivtierhaltung verbundenen Quälereien aufhören. Das bedeutet nicht nur, daß er bereit sein muß, die finanziellen Mehrkosten zu tragen und bei bestehender Wahlmöglichkeit zwischen »industriell« und artgerecht produziertem Fleisch sich immer für letzteres zu entscheiden.[47] (Dies gilt mutatis mutandis für den Kauf von Hühnereiern, von Lederartikeln oder von Pelzen!) Sondern es bedeutet auch, daß er sich – z. B. politisch – für ein gänzliches Verbot all solcher Formen der Tierhaltung einsetzen sollte, die mit Quälen bzw. Leiden der Tiere verbunden sind. Nach Auffassung radikaler Vegetarier reicht dies jedoch nicht aus. Selbst wenn durch artgerechte Aufzucht den Tieren kein Leid mehr zugefügt wird, gilt immer noch:

»Man soll leidensfähige Lebewesen nicht ohne Notwendigkeit töten« (Kaplan 1989: 19). Die Hauptargumente für und gegen diese Maxime bleiben nun zu diskutieren.

Ein erstes, von prominenten Schriftstellern vorgebrachtes und in Kaplan (1989: 93) zitiertes Argument behauptet, daß jedes Töten von Tieren über kurz oder lang auch zum Töten von Menschen führen wird:

> »Solange es Schlachthäuser gibt, solange wird es Schlachtfelder geben (Leo Tolstoi). Solange die Menschen die wandelnden Gräber der von ihnen ermordeten Tiere sind, wird es Krieg geben auf dieser Erde (George Bernard Shaw). Es ist nur ein kleiner Schritt vom Töten der Tiere bis zur Erfindung der Gaskammern à la Hitler oder der Konzentrationslager à la Stalin. [. . .] Wo es um Tiere geht, wird jeder zum Nazi. [. . .] Für die Tiere ist jeden Tag Treblinka (Isaac Bashevis Singer).«

Solche polemischen Slogans sind aber unbegründet. Was das Töten im Kriege betrifft, so dürfte die Frage, wer wie viele Feinde umgebracht hat, statistisch unabhängig davon sein, wie viele Tiere er in seinem zivilen Beruf getötet hat. Schlachter sind im Umgang mit Gewehr, Panzerfaust oder Rakete nicht besser und nicht schlechter als andere Soldaten, und es wäre infam, einem ganzen Berufsstand wie den Metzgern besondere Mordlust andichten zu wollen. Zur Begründung der These, daß man leidensfähige Lebewesen nicht (ohne Notwendigkeit) töten solle, reicht es zweitens auch nicht aus, auf gewisse angeborene Verhaltensweisen hinzuweisen, die wir normalerweise so interpretieren, daß das fragliche Tier nicht sterben, sondern weiterleben *will*. Die Evolution hat dafür gesorgt, daß *jedes Lebewesen* in der einen oder anderen Form einen Überlebensdrang oder Überlebenswillen entwickelt. Doch dies bedeutet noch nicht, daß es zwangsläufig unmoralisch wäre, gegen den »Willen« dieses Wesens zu handeln und es zu töten. Selbst empfindungs- bzw. leiden*unfähigen* Pflanzen kann man einen Überlebens»willen« zuschreiben, ohne daß hieraus ernsthafte moralische Skrupel dagegen erwachsen würden, daß wir Getreide und Gemüse verzehren, Unkraut rupfen oder Bäume fällen.

Die Leidensfähigkeit der Tiere stellt allerdings ein Argument dafür dar, daß das Töten, wenn überhaupt, dann in einer möglichst schonenden, schmerz- und angstfreien Weise geschehen sollte. So empfahl schon Schopenhauer (*Preisschrift*: 353), daß man den Tieren das Sterben »mittelst Chloroform noch mehr erleichtern sollte«. In der Praxis der modernen Schlachthöfe ist dies leider nicht gewährleistet. Oft wird allein schon der Transport zum Schlachthof für die Tiere zu einer unerträglichen Tortur. Nach Meinung von Frey (1983: 28 f.) ist für derartige Tierquälereien einzig der Viehhändler bzw. Schlächter verantwortlich, und nicht der Konsument. Frey gibt zwar zu, »daß die meisten Schlachthöfe nicht existieren würden, wenn die meisten Leute kein Fleisch essen würden«, denn »die Tiere werden getötet, um verzehrt zu werden«. Trotzdem will er nicht einsehen, »daß die Verwerflichkeit des Tötens durch den Schlachter [...] sich in mysteriöser Weise auf das Essen des Fleisches durch den Konsumenten überträgt«. In diesem Punkt irrt der Philosoph aber! Ansonsten könnte sich der Freyschen Logik zufolge auch der Auftraggeber eines Vatermordes wie folgt rechtfertigen: Es stimme zwar, daß sein Vater umgebracht werde, weil er auf das Erbe spekuliere, aber es sei nicht einzusehen, wie sich die Verwerflichkeit des Tötens durch den gedungenen Killer in mysteriöser Weise auf ihn in seiner Funktion als Erbe übertragen soll.

In Wirklichkeit ist es also doch Aufgabe des Fleischkonsumenten, mit allen zur Verfügung stehenden Mitteln darauf hinzuarbeiten bzw. sich dafür einsetzen, daß Qual und Leid beim Schlachten weitestgehend unterbunden werden. Setzen wir einmal voraus, daß dies z. B. durch entsprechende gesetzliche Regelungen gewährleistet sei. Folgt hieraus bereits, wie Frey (1983: 33) behauptet, daß, »wenn wir Methoden entwickeln, um Tiere ohne Schmerzen zu züchten, aufzuziehen und zu schlachten, wir dann so viel Fleisch essen könnten, wie wir wollen«? So einfach ist die Sache leider doch nicht! Schließlich und endlich büßt ein Tier auch durch *schmerzfreies* Schlachten immer noch das *Leben* ein. Deshalb müßte zusätzlich begründet werden, wieso der Verlust des Lebens für Tiere keinen (nennenswerten) *Schaden* darstellt. In diesem Zusammenhang ist zunächst ein auf L. Stephen (1896) zurückgehendes Argument zu betrachten, das zeigen soll, daß man z. B. durch den Verzehr von Schnitzeln den Schweinen angeblich nicht *schadet*, sondern in Wirklichkeit *nützt*. Diese paradoxe These stützt sich auf die Annahme der »Ersetzbarkeit« von Tieren, welche gemäß der Darstellung von Singer (1984: 138) ihrerseits aus einer sogenannten Totalansicht des Utilitarismus hergeleitet werden kann:

»Die totale Version des Utilitarismus betrachtet empfindende Wesen nur insofern als wertvoll, als sie die Existenz an sich wertvoller Erfahrungen wie Lust ermöglichen. Dies ist so, als wenn empfindende Wesen nur Behälter für etwas Wertvolles wären und es nichts ausmachen würde, wenn ein Behälter entzwei ginge, solange es einen anderen Behälter gibt, in den der Inhalt überführt werden kann, ohne daß etwas verschüttet wird. Obwohl Fleischkonsumenten für den Tod der Tiere, die sie essen, und für deren Einbuße an angenehmem Leben verantwortlich sind, sind sie auch dafür verantwortlich, daß mehr Tiere zur Welt kommen; denn wenn niemand Fleisch äße, würden keine Tiere mehr zur Mast aufgezogen. Der Verlust, den Fleischkonsumenten den Tieren zufügen, wird nach der ›Totalansicht‹ durch den Vorteil aufgewogen, den sie den nächstfolgenden verschaffen. Wir können dies das ›Argument der Ersetzbarkeit‹ nennen.«

Die Tatsache, daß ein so grundfalsches, den ursprünglichen utilitaristischen Gedanken pervertierendes Prinzip wie die »Totalansicht« überhaupt ernsthaft diskutiert und nicht unmittelbar als absurd zurückgewiesen wurde, wirft kein günstiges Licht auf die akademische Philosophie. Wie bereits in Lenzen (1990) gezeigt wurde, ist es fürwahr grotesk, »Lust an und für sich« unabhängig vom Träger der jeweiligen Empfindung maximieren zu wollen. Lust ebenso wie Leid existiert ja immer nur als *empfundene* Lust bzw. *empfundenes* Leid, d. h. als subjektive Erfahrung *eines* Individuums, die sich als solche nie von einem anderen Individuum erleben bzw. empfinden läßt. Genausowenig, wie ich meine Zahnschmerzen an jemand anderen abgeben kann, damit *er* sie erleidet, so wenig kann ich meine Freude oder Lust jemand anderem schenken, damit er sie erlebt. Dies gilt natürlich nicht nur für Menschen, sondern entsprechend für beliebige andere empfindungsfähige Wesen, egal, ob Fisch, Huhn, Rind oder Schwein. Auch wenn aus der Perspektive des Fleischkonsumenten ein Tier durch jedes andere ersetzbar ist, so bleibt es für das Tier selbst alles andere als gleichgültig, ob es ersetzt, d. h. getötet wird, um Platz für die Aufzucht eines anderen zu schaffen.

Etwas seriöser als das Argument der Ersetzbarkeit wäre die folgende Überlegung, die nicht die Interessensumme der Gesamtpopulation vor Augen hat, sondern das individuelle Interesse des einzelnen Tieres:

Es tut mir ja leid für dich, liebe Bertha, daß du nun sterben mußt. Aber bedenke: Wenn die Menschen dein Fleisch nicht so gerne essen würden, dann hätte es dich überhaupt nicht gegeben. Du hast zwei schöne Jahre auf dem Bauernhof gelebt und immer was Gutes zu fressen bekommen. Jetzt mußt du dafür zahlen. Oder wäre es dir etwa lieber, wenn wir dich gar nicht gezüchtet und aufgezogen hätten?

Dieser Trost des Metzgers gewinnt vielleicht noch an Überzeugungskraft, wenn man ihn in die Form eines fiktiven Vertrags zwischen Viehzüchter und Tier bringt, bei dem einem noch nicht gezeugten Schwein die Wahl offeriert wird, entweder für immer ungeboren zu bleiben oder in ein gut versorgtes Leben einzuwilligen, das nach zwei Jahren mit dem Gang zum Metzger endet. Wenn Schweine rational entscheiden könnten und wenn die beiden genannten Alternativen die einzigen Wahlmöglichkeiten wären, dann würde sich das Schwein vermutlich für den Schlachthof entscheiden.

Trotzdem kann der Trost des Metzgers das Töten der Tiere nicht *wirklich* rechtfertigen. Dies ergibt sich erstens aus dem Versuch der Übertragung auf Menschen. Was würde man wohl von einem Kannibalen denken, der seiner Tochter das Messer an die Kehle setzt mit den Worten: »Du hast jetzt 18 Jahre lang bequem und gut gelebt. Nun mußt du dafür sterben. Oder wäre es dir lieber, wenn wir dich überhaupt nicht in die Welt gesetzt hätten?« Zweitens erscheinen ähnliche Vertragsgedanken zwar angemessen, um moralisch zu rechtfertigen, daß der Mensch Milch, Eier und andere Produkte bzw. die Arbeitskraft der Tiere als Gegenleistung für Futter, Pflege und Unterkunft in Anspruch nimmt. Zumindest bei artgerechter Aufzucht und Haltung dürfte dies auch im Interesse der Tiere liegen. Der Trost des Metzgers setzt jedoch fälschlicherweise voraus, daß das Gezeugt-Werden ein Geschenk bzw. eine Leistung des Viehzüchters wäre, die einen Anspruch auf Gegenleistung begründen könnte. Existenz selbst kann aber – logisch betrachtet – nie Verhandlungsgegenstand sein, denn Verträge, egal ob realer oder hypothetischer Natur, setzen stets voraus, daß beide Vertragspartner überhaupt existieren. Das Angebot des Metzgers müßte deshalb korrekter lauten: »Zwei Jahre Unterkunft und Vollpension auf dem Bauernhof mit anschließendem Gang in den Schlachthof, oder sieh zu, wie du dich allein durchs Leben schlägst!« Ob ein auf-

geklärtes Schwein sich auf einen derartigen Kuhhandel einläßt, ist fraglich. Wenn es clever ist, würde es dem Bauern
bzw. Viehzüchter das Gegenangebot machen: »Wenn du
mich bis zu meinem natürlichen Tode fütterst, kannst du
danach meinen Körper verwerten, wie du willst.«

Der letztlich entscheidende Punkt ist und bleibt somit
der des *Wertes* des tierischen Lebens. Unproblematisch ist
dabei sicherlich die zurückhaltende Einschätzung von Frey
(1983: 108 ff.): »Das tierische Leben hat einen Wert [. . .].
Nicht jedes tierische Leben hat den gleichen Wert [. . .]. Tie-
risches Leben ist nicht so viel wert wie menschliches Leben.« Für die Frage der moralischen Akzeptierbarkeit des
Fleischkonsums benötigt man jedoch eine etwas präzisere,
quasi-quantitative Abschätzung, die uns einen Anhaltspunkt gibt, *wie sehr* man einem Tier dadurch schadet, daß
man es tötet, und wie groß dieser Schaden im Vergleich zum
Nutzen ist, den der Fleischkonsument davonträgt. Um
diese Frage auch nur in gröbster Approximation beantworten zu können, muß man die Faktoren untersuchen, die ein
Leben (mutmaßlich) lebenswert machen. Dabei wird man
im Grundansatz Kaplan (1989: 69) zustimmen, für den ein
Vergleich zwischen menschlichen und tierischen Erlebnissen prinzipiell in der gleichen Weise möglich ist wie der Vergleich zwischen verschiedenen menschlichen Erlebnissen:
Voraussetzung dabei ist, »daß wir uns möglichst umfassend
und *unvoreingenommen* über das betreffende Lebewesen
informieren!« Kaplans Versuch (1989: 63 ff.), mittels einer
langen Aufzählung weitreichende Ähnlichkeiten zwischen
tierischem und menschlichem Leben zu begründen, ist jedoch mit Skepsis zu beurteilen. Einerseits sind viele der
dort aufgelisteten Triebe, Gefühle und Motive eher Quellen
für potentielles Leid als für Lust. Andererseits wird, ohne
zwischen den verschiedenen Tierarten zu differenzieren,
nur pauschal behauptet: »*Menschen und Tiere haben positive Erlebnisse* bei artgemäßen Möglichkeiten des Ruhens,
der Bewegung, der Nahrungsaufnahme und des Sexual-

und Sozialkontakts.« Dabei wäre es jedoch wichtig, diese positiven Erlebnismöglichkeiten für einzelne Tierarten, insbesondere für Fische, Geflügel und Säugetiere, näher zu umreißen, anstatt nur zu konstatieren: »Bei diesen positiven Erlebnissen handelt es sich je nach der Art des betreffenden Verhaltens- bzw. Erlebnisbereichs um (körperliches) Wohlbefinden (wie z. B. bei angenehmer Temperatur), um (körperliche) Lust (wie z. B. beim Sexualkontakt) oder um (›seelische‹) Freude (wie z. B. bei artgemäßen Möglichkeiten für mütterliches Pflegeverhalten).«

Natürlich weiß kein Mensch, wie es ist, ein Hering zu sein. Aber man darf wohl annehmen, daß wegen des immergleichen, monotonen Nahrungsangebots das Fressen keine große Glücksquelle für ihn sein kann. Auch von nennenswerten Sozialkontakten unter Heringen ist nichts bekannt. Weiterhin scheint es fraglich, ob der Hering allein durch das freie Schwimmen (und Ausruhen) im Meer glücklich zu werden vermag. Deshalb reduzieren sich seine echt positiven Empfindungen wahrscheinlich auf den Sexualkontakt. Auch wenn sich hier jegliche Spekulation über die Qualität solcher Erlebnisse verbietet, wird aus rein quantitativen Erwägungen heraus der Lebenswert eines Heringsmännchens oder -weibchens durch sexuelle Lust nicht gerade ins Astronomische steigen. Die Glücksbilanz beim Geflügel (artgerechte Aufzucht ohnehin vorausgesetzt) fällt vermutlich ähnlich aus. Fressen: immer die gleichen Körner; artgemäßes Bewegen und Ruhen: o. k., aber nicht gerade Anlaß zu Euphorie; Sozialverhalten: von der Brutpflege abgesehen wenig ausgeprägt; Sexualleben: na ja. Im groben und ganzen wird man deshalb den Wert des Lebens eines Huhns oder eines Herings doch als sehr reduziert ansetzen dürfen, so daß es vielleicht utilitaristisch gerechtfertigt ist, wenn Menschen die Qualität ihres Lebens durch den Verzehr von Fisch oder Geflügel erhöhen.[48] Wie steht es aber mit Schwein, Rind, Kalb oder Schaf? Ich will hier keinerlei Spekulationen über das Ausmaß von Wohlbefinden, Lust oder

Freude anstellen, das solchem Schlachtvieh unter optimalen
Umständen möglich wäre, sondern nur noch einmal auf einige der Faktoren hinweisen, die für den im Vergleich zum
tierischen Leben wohl um Dimensionen größeren Wert des
menschlichen Lebens ausschlaggebend sind:

> »Zum Beispiel, sich zu verlieben, heiraten, mit jemand
> anderem ausprobieren, was das Leben zu bieten hat;
> Kinder bekommen, sie beim Heranwachsen beobachten und fördern; arbeiten und im Beruf Befriedigung
> erfahren; Musik hören, Bilder anschauen, Bücher lesen;
> [. . .] Pläne schmieden und sie in die Tat umsetzen; sich
> bemühen, etwas aus seinem Leben gemäß den eigenen
> Absichten und Zielen zu machen; durch jahrelange
> Übung und Fleiß sportliche, künstlerische oder akademische Erfolge anstreben; dieses sind die Dinge, die –
> bei dem einen Menschen mehr oder weniger als beim
> anderen – dem Leben Struktur und Erfüllung geben.
> [. . .] Im Vergleich zum Tier hat unser Leben unvergleichlich größere Struktur und Reichhaltigkeit.«[49]

Ob diese Feststellung auch heute noch Schopenhauers
Behauptung (*Preisschrift*: 353) stützt, daß »der Mensch
durch Entbehrung der thierischen Nahrung [. . .] mehr leiden würde, als das Thier durch einen schnellen und unvorhergesehenen Tod«, muß jeder Leser für sich selber entscheiden. Als Bürger eines Wohlfahrts- und Industriestaates
kann er sich angesichts des reichhaltigen Angebots an vegetarischen Nahrungsmitteln jedenfalls nicht mehr mit der
These rechtfertigen, die Schopenhauer (*ebd.*) im Jahre 1840
noch guten Gewissens aufgestellt hat: »Ohne thierische
Nahrung hingegen würde das Menschengeschlecht im Norden nicht ein Mal bestehen können«.

Anmerkungen

1 Augustinus, *Der Gottesstaat*, Buch 1, Kap. 21. Den Hinweis auf diese Stelle sowie auf einige weiter unten benutzte Zitate verdanke ich D. Birnbacher, dessen sorgfältige Studie (1990b) eine reiche Quelle für »klassische« philosophische Argumente gegen den Selbstmord enthält. Zur Kritik an der traditionell-christlichen Ablehnung des Selbstmordes (z. B. durch Thomas von Aquin) vgl. auch Charlesworth (1997: 39 ff.).

2 Man beachte, daß ›dumm‹ hier etwas anderes bedeutet als im Alltag. Ein heroischer Selbstmord würde normalerweise nicht als Dummheit eingestuft werden, sondern als edle, tugendhafte Handlung, für die der Suizidant beste, nämlich moralische, Gründe besitzt. Im hier zugrunde gelegten Sinn wäre die Tat jedoch »dumm«, weil der Tod – zumindest prima facie – für den Suizidanten keine »bessere« Option als das Weiterleben darstellt: Eigentlich hätte er ja ein lebenswertes Leben vor sich. Secunda facie könnte man allerdings die Tatsache, daß er sich für andere opfern *will*, bei der Ermittlung des »Nutzens« des Selbstmordes für den Täter mit heranziehen. Und wenn die Erfüllung dieses »Wunsches« ihm wichtiger wäre als die Freuden, die das Leben ansonsten zu bieten hätte, dann mag letztendlich das heroische Opfer sogar *in* seinem eigenen Interesse liegen.

3 Kant (*Grundlegung*: BA 67;69). Eine ähnliche Position wurde auch von der katholischen Kirche bis in die 60er Jahre mit solcher Konsequenz vertreten, daß z. B. die Spende einer Niere zur Rettung des Lebens der eigenen Tochter als unzulässige »Verstümmelung« abgelehnt wurde. Vgl. Abschnitt 2.6 weiter oben.

4 »Du sollst nicht töten« ist eindeutig moralisch; »Du sollst bei diesem Wetter Gummistiefel anziehen« eindeutig außermoralisch. »Du sollst nicht rauchen« ist ambivalent, und erst die jeweilige Begründung macht klar, ob es als moralisches Urteil (»Es stört die Nichtraucher am Tisch«) oder als außermoralische Empfehlung (»Du schadest deiner Gesundheit«) gemeint ist.

5 Vgl. Birnbacher (1990b: 406): »Wie groß die negative Betroffenheit anderer sein muß, um für den Selbstmörder eine Pflicht zu begründen, um der anderen willen seine Selbstmordabsichten unausgeführt zu lassen, wird dabei weitgehend eine Sache der Einzelfallabwägung, also des moralischen Augenmaßes bleiben müs-

sen.« Eine ähnliche Position hat übrigens schon Hume in dem berühmten Essay »Über Selbstmord« vertreten; vgl. z. B. die kurze Zusammenfassung von Humes Gedanken in Beauchamp/ Childress (1979: 90).

6 Der Franzose hat 1991 in einer viermonatigen Gewalttour den Pazifik mit einem Ruderboot überquert. Er ist verheiratet und hat Kinder.

7 Dies ist auch ein juristischer Grundsatz. Zur rechtlichen Problematik der Beihilfe zum Selbstmord vgl. z. B. Achenbach (1991), Merkel (1991) oder Eser (1995).

8 So meint auch Lamb (1988: 50), daß es »im Zweifelsfall besser ist, zugunsten einer paternalistischen Parteinahme für das Leben zu entscheiden. So eine Entscheidung kann von der Verweigerung, dem Suizidanten zu helfen, bis hin zu aktiver Verhinderung eines Selbstmordes reichen.«

9 Auch wenn ihre Angehörigen sich vielleicht »eigentlich« wünschten, Nancy B. möge noch eine Weile bei ihnen bleiben, so wußten sie doch um ihr Leiden und sollten aus Liebe bzw. Mitleid mit dem Sterben(lassen) einverstanden sein.

10 Die folgende Begriffsbestimmung durch Rachels (1979: 148) löst auch nicht das Problem, ob die Sterbehilfe bei Nancy B. nun »aktiv« oder »passiv« war. Rachels zufolge ist »das Ausführen einer positiven Handlung, die gedacht ist, den Patienten zu töten; beispielsweise das Verabreichen einer tödlichen Injektion [aktive Sterbehilfe . . .]. ›Passive Euthanasie‹ hingegen heißt einfach, sich des Tuns von allem zu enthalten, was den Patienten am Leben bleiben läßt. Bei passiver Euthanasie enthält man sich der Versorgung mit Medikamenten oder anderen lebensverlängernden Therapien [. . .] und läßt den Patienten ›natürlich‹ aufgrund eben derjenigen Krankheit sterben, die er gerade hat.« Zu den Schwierigkeiten der Definition der Unterscheidung ›aktiv / passiv‹ vgl. Reichenbach (1990).

11 Und selbst *wenn* Koch hierin recht hätte, wäre dadurch das bloß konditionale Urteil: *Wenn* Selbstmord begründet (und harmlos) ist, dann ist auch Beihilfe hierzu moralisch o. k., keineswegs widerlegt.

12 E. Tugendhat übersieht diesen trivialen Punkt, wenn er in der Replik »Wir müssen das Tabu diskutieren« (in der gleichen Ausgabe von *Die Zeit*) Spaemanns Argument als »bedenkenswert erscheinende[n] Gedanken« charakterisiert und dessen Schluß-

folgerung akzeptiert, daß »wenn ›die Tötung auf Verlangen erst einmal legalisiert‹ wäre, für diejenigen Pflegebedürftigen, die ihren Tod nicht verlangen, ihre Lebenserhaltung nicht mehr eine Selbstverständlichkeit wäre«.

13 Im Englischen *slippery slope*; ansonsten auch als »Dammbruch-Argument« bezeichnet. Vgl. z. B. Lamb (1988).

14 Zitiert aus dem *Ruhrwort – Wochenzeitung im Bistum Essen* vom 29. Juli 1989. Für eine ausführliche, kritische Untersuchung der Dammbruch-Argumentation vgl. Schöne-Seifert (1996: 590 ff.).

15 Broschüre der DGHS e.V., Eigendruck im Selbstverlag, Augsburg [7]1983/84, S.8 f.

16 Für weitergehende Diskussionen vgl. Kap. 10 von Birnbacher (1995) sowie Altner (1998: 124 ff.).

17 Singer (1984: 177) bezeichnet solche Fälle als »unfreiwillige Euthanasie« und charakterisiert sie etwas zurückhaltend wie folgt: »Jemanden ohne seine Zustimmung töten kann nur dann als Euthanasie gelten, wenn das Motiv des Tötens der Wunsch ist, der betreffenden Person Leiden zu ersparen. Es wäre natürlich seltsam [!], wenn jemand, der aus diesem Motiv handelt, die Wünsche der Person mißachtete.« Erst später (insbesondere S. 199 f.) schlägt er kompromißloser vor, »diese nur in der Phantasie existierenden Fälle [von unfreiwilliger Euthanasie] beiseite zu lassen und sie nicht weiter theoretisch zu verteidigen«.

18 Vgl. hierzu Kurthen (1990), insbesondere die in Kap. 5 zitierte weitere Literatur zum totalen Locked-in-Syndrom.

19 Ähnlich besteht für Beauchamp/Childress (1979: 124) der entscheidende Punkt der Euthanasie darin, »ob man die Kriterien für die ›Qualität des Lebens‹ bzw., wie wir lieber sagen, die Kriterien für die Bestimmung des besten Interesses des Patienten, hinreichend präzise formulieren kann«.

20 Augsteins Kommentar »Der Heilige Geist im Strafrecht« erschien im gleichen Heft (52, 1990) des *Spiegel*.

21 Diese geschraubte Formulierung stammt von Tooley (1990: 167). Vgl. auch Singer (1984: 104), der zunächst »Selbstbewußtsein, Selbstkontrolle, Sinn für Zukunft, Sinn für Vergangenheit, die Fähigkeit, mit anderen Beziehungen zu knüpfen, sich um andere zu kümmern, Kommunikation und Neugier« als Indikatoren des Menschseins aufzählt; später aber verkürzt von Rationalität und Selbstbewußtsein als den zentralen Bedingungen

spricht, die über die Moralität bzw. Amoralität des Tötens entscheiden sollen.

22 Tooley (1990: 167); vgl. entsprechend Ketchum (1987: 22) sowie Singer (1984: 168 ff.). Für eine kritische Diskussion der ganzen Suche nach dem »cut-off-point«, ab dem ein Embryo ein »Recht auf Leben« erhalten soll, vgl. Ach (1993).

23 Bassen (1982: 334). Bassens Argumentation ist freilich sehr inkonsequent. Einerseits kritisiert er Tooley mit dem Hinweis, daß man »[. . .] einem Neugeborenen durch Töten schaden kann; der Schaden läßt sich beschreiben. In der voraussichtlichen Zukunft des Neugeborenen gibt es eine Menge Gutes [. . .] Wenn der Neugeborene lebt, bekommt er dieses Gut; wenn er stirbt, nicht« (318). Andererseits übersieht er, daß die gleiche Überlegung auch ein Argument gegen die Abtreibung eines drei oder sechs Monate alten Fötus darstellt, denn in *dessen* Zukunft gibt es ebenfalls »eine Menge Gutes«, die das Lebewesen genau dann bekommt, wenn es am Leben bleibt und nicht getötet wird.

24 Diese wohl populärste 3-Monatsfrist wird in Deutschland u. a. von Hoerster (1989) und Leist (1990a) vertreten. Kurioserweise hat sogar die katholische Kirche früher einmal für eine ähnliche, allerdings nach Geschlechtern differenzierte Fristenlösung plädiert, nämlich – wie *Der Spiegel* in Heft 52 (1990) berichtet – gemäß der dogmatischen Spekulation, »ein weiblicher Fetus werde 80 Tage nach der Empfängnis beseelt, ein männlicher aber schon nach 40 Tagen«.

25 Vgl. entsprechend Sass (1989). Über den striktesten aller bislang gemachten Vorschläge, nämlich die Halbmonatsfrist, wird in Abschnitt 3.3.5 noch zu reden sein.

26 Es kann bis zum nächsten Abschnitt offenbleiben, welche Lebewesen unter diese Klassifizierung fallen: ob nur Einzeller, Bakterien, Viren, Pflanzen und Bäume, oder auch höher entwickelte Tiere wie Ameisen, Mücken und Küchenschaben, oder vielleicht sogar Geflügel und Säugetiere, die dem Menschen als Nahrung dienen.

27 Genauer müßte zusätzlich sichergestellt sein, daß durch den Tod auch die Angehörigen keinen Schaden erleiden. In der philosophischen Literatur, z. B. in Bok (1974), betrachtet man deshalb gerne das Beispiel eines schlafenden Eremiten.

28 *Postskriptum 1998*: In der Zwischenzeit wurde ich auf zwei weitere Arbeiten aufmerksam, die sich mit der hier vertretenen An-

Anmerkungen 301

sicht kritisch auseinandersetzen, nämlich die erweiterte Neuausgabe (1994) von Singers *Praktische Ethik* sowie die aus der »Preferences«-Tagung in Saarlouis 1992 hervorgegangene Studie
Wessels (1998). Beide Arbeiten verdienen einen weit ausführli-
cheren Kommentar, als ich ihn im Rahmen dieser Fußnote geben
kann. Zu Singers Ausführungen (1994: 203 ff.) über den »Status
des Labor-Embryos« nur so viel: Den zentralen, für den moralischen Vergleich von Abtreibung und Empfängnisverhütung relevanten Unterschied zwischen Embryo und »genetischem Material« sollte man nicht einfach dadurch unter den Tisch kehren,
daß man sich auf das gekünstelte Szenario konzentriert, wo eine
Laborantin im Rahmen einer abgebrochenen IVF-Maßnahme
vor der Wahl steht, Ei und Sperma getrennt zu entsorgen oder
zuzulassen, daß das Ei erst befruchtet und danach der Frühembryo vernichtet wird. Wie weiter oben betont wurde, ist der
moralische Status eines Embryos, *der ohnehin keine Lebenschance hat*, mit dem des »genetischen Materials« gleichwertig.
Aber daraus folgt keineswegs Singers allgemeine These (1994:
208), daß »der Unterschied zwischen Ei / Sperma und Embryo
[kein grundsätzlicher sei, sondern nur] ein gradueller, bezogen
auf die Wahrscheinlichkeit, daß eine Entwicklung zur Person erfolgt«. Für eine weitere Diskussion dieses moralisch relevanten
Unterschieds vgl. auch Scarlett (1984).
29 Vgl. Kap. 1 von Austin (1989) oder Seller (1988).
30 Bericht der *Süddeutschen Zeitung* vom 5. 9. 1991; meine Hervorhebung.
31 Vgl. auch die entsprechende Ansicht von J. Mahoney, die in
Teichmann (1985: 178) zitiert wird.
32 Vgl. Austin (1989: 24); für leicht abweichende Schätzungen vgl.
Singer / Dawson (1988: 100).
33 Wie das in einem Leitartikel der *Ärztlichen Praxis* vom 5. 12.
1992 geschieht. Dort wird allerdings auch präzisiert, daß RU
486 in »den ersten 72 Stunden nach ungeschütztem Geschlechtsverkehr eingenommen, [. . .] sehr viel zuverlässiger und neben-
wirkungsärmer als z. B. die Standard-Hormontherapie mit
Östrogenen eine Schwangerschaft« verhindert.
34 Nach Aussage des in der *Süddeutschen Zeitung* zitierten Arztes
M. Breckwoldt ist die Schwangere »mit RU 486 ›gut bedient‹,
wenn es um ›eine Abtreibung mit der geringsten Gefahr für die
Betroffene‹ geht.«

35 Diese und die späteren Bestimmungen werden nach dem *Gro-*
ßen Brockhaus, 18. Auflage, Stichwort ›Schwangerschaftsabbruch‹ zitiert.

36 *Der Spiegel* erhebt in Heft 52 (1990) gegen die Position der katholischen Kirche zu Recht den weiteren Vorwurf: »Inkonsequent ist die Kirche auch, wenn sie im Falle der Abtreibung die
›Unantastbarkeit‹ des menschlichen Lebens beschwört. So verbietet sie zwar, das ungeborene Kind ›direkt‹ zu töten, nicht
aber, es in bestimmten Fällen ›indirekt‹ zu töten. Beispiele für
diese Doppelmoral, von der Kirche ›Handlung mit doppelter
Wirkung‹ genannt: Ist während einer Schwangerschaft das Leben der Mutter durch eine Krebsgeschwulst am Gebärmutter-
hals bedroht, darf das Karzinom operativ entfernt werden; die
damit notwendig verbundene indirekte Tötung der Leibesfrucht
gilt der Kirche als erlaubt. Wird das Leben der Mutter dagegen
durch ein schweres chronisches Nierenleiden oder durch Brust-
krebs bedroht, ist die Abtreibung nach kirchlicher Lehre verboten, weil dann das Kind ›direkt‹ getötet werden müßte.« Vgl.
hierzu auch Foot (1990).

37 »Wir dürfen das Tabu nicht aufgeben« in *Die Zeit* vom 12. Juni
1992. Ähnlich bezeichnete es E. Tugendhat in seiner Replik »Wir
müssen das Tabu diskutieren« für möglich, daß »Mütter, die ihre
Kinder dann gleichwohl nicht abtreiben, [. . .] sich einem entsprechenden Odium ausgesetzt sehen [. . .]. Ich finde das einen
der beirrendsten Punkte in der ganzen Problematik, und ich
möchte darauf verzichten, auf ihn eine leichte Antwort zu geben.«

38 Quelle ist der *Große Brockhaus*, 18. Auflage, Band 10, S. 283.

39 Das liegt vor allem daran, daß Singer (1984: 164 ff.) das Thema
»Der Fötus als potentielles Leben« ohne jeden Hinweis auf Vertreter der Gegenposition diskutiert; ähnlich schweigt sich Tooley (1990: 176 ff.) darüber aus, gegen welchen konkreten Autor
seine »Widerlegung der konservativen Position« gerichtet sein
soll.

40 Im gleichen Sammelband, in dem der nun zu diskutierende Beitrag von A. Krebs über »Ökologische Ethik« erschienen ist, bietet der Beitrag von B. Schöne-Seifert zur »Medizinethik« ein
zweites einschlägiges Beispiel. Die ansonsten sehr sachkundig
und sorgfältig argumentierende Autorin referiert nämlich (1996:
629) – offenbar zustimmend – ohne nähere Begründung: »Aber

die Erwartbarkeit von Merkmalen, die aktualisiert rechtsbegründend wären und sein werden, werde in keinem anderen Kontext selbst als rechtsbegründend gewertet. Überdies müßten bei – kontrafaktischer – Anerkennung des Potentialitätsargumentes auch menschliche Ei- und Samenzellen weitestgehend geschützt werden.«

41 So z. B. in Hoerster (1991: 102). Leider geht der Autor auch in dieser immerhin 166 Seiten langen Monographie zum Thema »Abtreibung im säkularen Staat« mit seiner Kritik am »Potentialitätsargument« (Kap. 7) nicht über den hier untersuchten Ansatz hinaus, sondern begnügt sich mit der Anmerkung: »Für die Realisierung dieses späteren Lebensinteresses der Person P ist es völlig gleichgültig, ob P als Fötus abgetrieben oder ob P gar nicht erst gezeugt worden wäre. So oder so wäre P heute nicht existent. [. . . Also] müßte man der entsprechenden vorpersonalen *Eizelle* ebenso ein Recht auf Befruchtung wie dem entsprechenden vorpersonalen *Fötus* ein Recht auf Nicht-Abtreibung zuerkennen!«

42 Bentham (*Principles*); zitiert nach Singer (1982: 26) bzw. (1984: 72). Entsprechend betont Wolf (1990: 76), daß die Eigenschaft, die Wesen zu Objekten der Moral macht, darin besteht, »daß sie leiden können bzw. daß es ihnen gut / schlecht gehen kann«. Dawkins (1980) bietet eine ausführliche Untersuchung der Leidensfähigkeit von Tieren.

43 Ansonsten müßte man den Fleischkonsum nicht unbedingt auf dem Rücken der Tiere austragen, sondern könnte dem makabren Vorschlag von Clark (1984: 44) folgen, zur »Lösung der Probleme unserer Gier nach Fleisch einerseits und der zunehmenden Knappheit von Grabstätten andererseits die Opfer von Verkehrsunfällen zu verzehren«.

44 Singer (1984: 79 f.). Wolf (1990) schildert noch detaillierter, welche Tierquälereien sowohl bei der modernen Massentierhaltung als auch bei Tierversuchen z. B. in der Pharmakologie üblich geworden sind.

45 Vgl. Dennett (1994: 569): »Viele, aber nicht alle Tiere können leiden, und zwar mit unterschiedlicher Stärke. Diese graduelle Leidensfähigkeit kann eine humane Behandlung verschiedener Tiere viel stärker rechtfertigen als das unhaltbare Dogma von der Universalität und Gleichheit tierischer Schmerzen.«

46 Vgl. Singers Eingeständnis in (1984: 81) und entsprechend Ka-

plan (1989: 77): »*Eine* Möglichkeit, Fleisch zu konsumieren, *ohne* gegen [die universale Moral] zu verstoßen, scheint es aber dennoch zu geben. Nämlich die, Tiere [. . .] mit Methoden aufzuziehen, die von vornherein und explizit darauf ausgerichtet sind, daß ihnen kein Leid zugefügt wird.«

47 Singer (1982: 177 ff.) macht auf die Gefahr aufmerksam, daß im täglichen Trott die Beachtung dieser Regel schwerfallen kann: »Niemand, der die Gewohnheit hat, Tiere zu essen, kann ganz ohne Vorurteil sein bei seinem Urteil darüber, ob die Bedingungen, unter denen dieses Tier aufgezogen wird, ihm Leid verursachen.«

48 Freys weitere Überlegung (1983: 109): »Hühner werden zu Milliarden produziert, sie erlangen in unseren Augen kaum eine Individualität, [. . .] und im allgemeinen halten wir ein Huhn für genausogut wie das andere«, ist dagegen für die Frage, welchen Schaden ein Huhn dadurch erleidet, daß es getötet wird, nicht sonderlich relevant. Mein eigenes Leben wäre jedenfalls *intrinsisch* nicht viel weniger wert, wenn Milliarden von Mitmenschen ein ähnliches Leben führen würden.

49 Frey (1983: 109 f.); vgl. entsprechende Überlegungen gegen Ende von Lenzen (1991).

Literaturhinweise

Ach (1993)   Johann S. Ach: Embryonen, Marsmenschen und Löwen: Zur Ethik der Abtreibung. In: J. S. Ach / A. Gaidt (Hrsg.): Herausforderung der Bioethik. Stuttgart: Frommann-Holzboog. S. 71–136.

Achenbach (1991)   Hans Achenbach: Suizidbeteiligung und Euthanasie. In: Ochsmann (1991). S. 137–159.

Acton (1976)   Jan Paul Acton: Measuring the Monetary Value of Lifesaving Programs. In: Law and Contemporary Problems 40. S. 46–72.

Albrecht (1998a, b)   Jörg Albrecht: Ist Dolly eine Ente? und: Probieren geht über Studieren. In: Die Zeit (15. Januar) S. 35 / (29. Januar) S. 38.

Altner (1998)   Günter Altner: Leben in der Hand des Menschen – Die Brisanz des biotechnischen Fortschritts. Darmstadt: Primus Verlag.

Angstwurm (1994)   Heinz Angstwurm: Der vollständige und endgültige Hirnausfall (Hirntod) als sicheres Todeszeichen des Menschen. In: Hoff / in der Schmitten (1994). S. 41–50.

Ard (1989)   Ben N. Ard Jr.: Rational Sex Ethics. New York: Peter Lang.

Atkinson (1965)   Ronald Atkinson: Sexual Morality. New York: Harcourt, Brace and World.

Austin (1989)   Colin R. Austin: Human Embryos – The Debate on Assisted Reproduction. Oxford: Oxford University Press.

Baker (1987)   Robert Baker: The Clinician as Sexual Philosopher. In: Shelp (1987). S. 87–109.

Baker/Elliston (1975)   Robert Baker / Frederick Elliston (Hrsg.): Philosophy and Sex. Buffalo (N.Y.): Prometheus Books.

Bassen (1982)   Paul Bassen: Present Sakes and Future Prospects: The Status of Early Abortion. In: Philosophy and Public Affairs 11. S. 314–337.

Baumrin (1975)   Bernhard H. Baumrin: Sexual Immorality Delineated. In: Baker/Elliston (1975). S. 116–127.

Bayertz (1987)   Kurt Bayertz: GenEthik. Probleme der Technisierung menschlicher Fortpflanzung. Reinbek: Rowohlt.

Baylis (1990)   Françoise E. Baylis: The Ethics of ex utero Research on Spare ›Non-viable‹ IVF Human Embryos. In: Bioethics 4. S. 311–329.

Beauchamp/Childress (1979)   Tom L. Beauchamp / James F. Childress: Principles of Biomedical Ethics. New York / Oxford: Oxford University Press.

Bentham (Principles)   Jeremy Bentham: Introduction to the Principles of Morals and Legislation. London 1789.

Berenson (1991)   Frances Berenson: What is this Thing Called ›Love‹? In: Philosophy 66. S. 65–79.

Berger (1991)   Fred Berger: Pornography, Sex, and Censorship. In: Bruce Russell (Hrsg.): Freedom, Rights and Pornography. Dordrecht: Kluwer. S. 132–155.

Birnbacher (1990a)   Dieter Birnbacher: Gefährdet die moderne Reproduktionsmedizin die menschliche Würde? In: Leist (1990b). S. 266–281.

Birnbacher (1990b)   Dieter Birnbacher: Selbstmord und Selbstmordverhütung aus ethischer Sicht. In: Leist (1990b). S. 395–422.

Birnbacher (1994)   Dieter Birnbacher: Einige Gründe, das Hirntodkriterium zu akzeptieren. In: Hoff / in der Schmitten (1994). S. 28–40.

Birnbacher (1995)   Dieter Birnbacher: Tun und Unterlassen. Stuttgart: Reclam.

Bockenheimer-Lucius/Seidler (1993)   Gisela Bockenheimer-Lucius / Eduard Seidler (Hrsg.): Hirntod und Schwangerschaft – Dokumentation einer Diskussionsveranstaltung der Akademie für Ethik in der Medizin zum »Erlanger Fall«. Stuttgart: Enke.

Bok (1974)   Sissela Bok: Who Shall Count as a Human Being? A Treacherous Question in the Abortion Debate. In: Robert Perkins (Hrsg.): Abortion Pro and Con. Cambridge (Mass.): Schenkman Publ. Co. S. 91–105.

Bräutigam (1995)   Hans Harald Bräutigam: Nachwuchs nach Maß. In: Zeit-Punkte 2. S. 69–72.

Bremme (1990)   Bettina Bremme: Sexualität im Zerrspiegel – Die Debatte um Pornographie. Münster / New York: Waxmann.

Brown (1987)   Robert Brown: Analyzing Love. Cambridge: Cambridge University Press.

Byrne (1988)   Peter Byrne: The animation tradition in the light of contemporary philosophy. In: Dunstan/Seller (1988). S. 86–110.

Cargile (1966) James Cargile: Pascal's Wager. In: Philosophy 41.
S. 250–257.

Charlesworth (1997) Max Charlesworth: Leben und sterben lassen – Bioethik in der liberalen Gesellschaft. Hamburg: Rotbuch
Verlag.

Clark (1984) Stephen R. L. Clark: The Moral Status of Animals.
Oxford: Oxford University Press.

Cohen (1975) Carl Cohen: Sex, Birth Control, and Human Life.
In: Baker / Elliston (1975). S. 150–165.

Corradini (1994) Antonella Corradini: Goldene Regel, Abtreibung und Pflichten gegenüber möglichen Individuen. In: Zeitschrift für philosophische Forschung 48. S. 21–42.

Cudd (1990) Ann E. Cudd: Enforced Pregnancy, Rape, and the
Image of Woman. In: Philosophical Studies 60. S. 47–59.

Dawkins (1980) Marian Stamp Dawkins: Animal Suffering: The
Science of Animal Welfare. London: Chapman & Hall.

Dennett (1994) Daniel D. Dennett: Philosophie des menschlichen
Bewußtseins. Hamburg: Hoffmann & Campe.

Devine (1978) Philip Devine: The Ethics of Homicide. Ithaca:
Cornell University Press.

Dreher / Tröndle (1993) Eduard Dreher / Herbert Tröndle:
Beck'sche Kurz-Kommentare. Bd. 10: Strafgesetzbuch und Ne-
bengesetze. München: C. H. Beck.

Ducharme (1991) Howard M. Ducharme: The Vatican's Dilemma:
On the Morality of IVF and the Incarnation. In: Bioethics 5.
S. 57–66.

Dunstan (1988) Gordan R. Dunstan: The state of the question. In:
Dunstan / Seller (1988). S. 9–17.

Dunstan / Seller (1988) Gordan R. Dunstan / Mary J. Seller
(Hrsg.): The Status of the Human Embryo – Perspectives from
Moral Tradition. London: King Edward's Hospital Fund.

Eccles / Robinson (1991) John C. Eccles / Daniel N. Robinson:
Das Wunder des Menschseins – Gehirn und Geist. München/Zü-
rich: Pieper.

Ellis (1958) Albert Ellis: Sex without Guilt. New York: Lyle Stu-
art.

Elliston (1975) Frederick Elliston: In Defense of Promiscuity. In:
Baker / Elliston (1975). S. 222–243.

Elsässer (1992)　Antonellus Elsässer: Transplantationsgesetz ist längst überfällig – Moraltheologische Überlegungen zur Diskussion um das Gesetzesvorhaben. In: Niedersächsisches Ärzteblatt 23. S. 22–26.

Engelhardt (1987)　Tristram H. Engelhardt, Jr.: Having Sex and Making Love. In: Shelp (1987). S. 51–66.

Epikur (Brief)　Epikur: Brief an Menoikeus. Zit. nach: Die griechischen Philosophen. Bd. 3: Die Nachsokratiker. Hrsg. und übers. von W. Nestle. Jena 1923. Nachdr. Aalen 1976/77.

Eser (1995)　Albin Eser: Möglichkeiten und Grenzen der Sterbehilfe aus der Sicht eines Juristen. In: Jens / Küng (1995). S. 151–182.

Eser [u. a.] (1997)　Klonierung beim Menschen – Biologische Grundlagen und ethisch-rechtliche Bewertung. Stellungnahme von A. Eser, W. Frühwald, L. Honnefelder, H. Markl, J. Reiter, W. Tanner und E.-L. Winnacker für den Rat für Forschung, Technologie und Innovation. Pressedokumentation des Bundesministerium für Bildung und Forschung (erhältlich über www.bmbf.de/archive/pressedok97/pd042997.htm).

Fackelmann (1975)　Kathy A. Fackelmann: Checkup For Babies. In: Zeit-Punkte 2 (1995) S. 73 f.

Fehige/Meggle (1998)　Christoph Fehige / Georg Meggle (Hrsg.): Der Sinn des Lebens. [In Vorb.]

Fehige/Wessels (1998)　Christoph Fehige / Ulla Wessels (Hrsg.): Preferences. Berlin: de Gruyter.

Feinberg (1974)　Joel Feinberg: Rights of Animals and Unborn Generations. In: W. T. Blackstone (Hrsg.): Philosophy and Environmental Crisis. Athens: University of Georgia Press. S. 43–68.

Feinberg (1984)　Joel Feinberg: Harm to Others. New York / Oxford: Oxford University Press.

Feinberg (1985)　Joel Feinberg: Offense to Others. New York / Oxford: Oxford University Press.

Feinberg (1986)　Joel Feinberg: Harm to Self. New York / Oxford: Oxford University Press.

Finnis (1973)　John Finnis: The Rights and Wrongs of Abortion. In: Philosophy and Public Affairs 2. Wiederabgedr. in: M. Cohen / T. Nagel / T. Scanlon (Hrsg.): The Rights and Wrongs of Abortion. Princeton: Princeton University Press, 1974. S. 85–113.

Foot (1990)　Philippa Foot: Das Abtreibungsproblem und die Doktrin der Doppelwirkung. In: Leist (1990b). S. 196–211.

Frey (1983) Raymond G. Frey: Rights, Killing, and Suffering. Oxford: Blackwell.

Fritz-Vannahme (1995) Joachim Fritz-Vannahme: Fraternité, Egalité pour Bébés. In: Zeit-Punkte 2. S. 75–77.

Fromm (1980) Erich Fromm: Die Kunst des Liebens. Frankfurt a. M. [u. a.]: Ullstein.

Gross (1991) Helmut Gross: Für eine Ontologie der ausgetretenen Pfade. In: Philosophisches Jahrbuch 98. S. 48–61.

Gründel (1984) Johannes Gründel: Sexualität im Lichte christlicher Verkündigung. In: Zeitschrift für Allgemeinmedizin 24. S. 1148–1154.

Gründel (1987) Johannes Gründel: Sittliche Bewertung des ärztlichen Handelns bei Anfang und Ende des menschlichen Lebens. In: Marquard/Staudinger (1987). S. 78–100.

Guttmacher (1971) Alan F. Guttmacher: Who Owns Fertility: the Church, the State, or the Individual? In: Donald L. Grummon / Andrew M. Barclay (Hrsg.): Sexuality: A Search for Perspective. New York: Van Nostrand Reinhold. S. 174–187.

Habermas (1998a) Jürgen Habermas: Artikel in der Süddeutschen Zeitung. Zit. nach: Der Tagesspiegel (28. Januar) S. 32.

Habermas (1998b,c) Jürgen Habermas: Biologie kennt keine Moral [...] – Eine Replik auf Dieter E. Zimmer. / Zwischen Dasein und Design – [...] Eine Antwort auf Reinhard Merkel. In: Die Zeit (19. Februar / 12. März).

Hare (1975) Richard M. Hare: Abortion and the Golden Rule. In: Philosophy and Public Affairs 4. S. 201–222.

Hare (1988) Richard M. Hare: When Does Potentiality Count? A Comment on Lockwood. In: Bioethics 2. S. 214–226.

Hare (1989) Richard M. Hare: A Kantian Approach to Abortion. In: Social Theory and Practice 15. S. 1–14.

Hare (1990) Richard M. Hare: Abtreibung und die Goldene Regel. In: Leist (1990b). S. 132–156.

Harris (1989) John Harris: Should we Experiment on Embryos? In: Robert Lee / Derek Morgan (Hrsg.): Birthrights – Law and Ethics at the Beginnings of Life. London / New York: Routledge. S. 85–95.

Harris (1995) John Harris: Der Wert des Lebens – Eine Einführung in die medizinische Ethik. Berlin: Akademie Verlag.

Hartmann (1923)   Nicolai Hartmann: Ethik. Berlin: de Gruyter.

Hegselmann (1989)   Rainer Hegselmann: Was ist und was soll Moralphilosophie? 10 Thesen. Manuskript der Antrittsvorlesung an der Universität Bremen vom 18. 12. 1989.

Hepp (1987)   Hermann Hepp: Die extrakorporale Befruchtung – Fortschritt oder Bedrohung des Menschen? In: Marquard / Staudinger (1987). S. 9–23.

Heuermann / Kröger (1989)   Paul Heuermann / Detlef Kröger: Die Menschenwürde und die Forschung am Embryo. In: Medizinische Rundschau 4. S. 168–178.

Hinney / Michelmann (1992)   B. Hinney / H. W. Michelmann: Die In-vitro-Fertilisation als Therapiemaßnahme bei Kinderlosigkeit. In: Zeitschrift für Allgemeinmedizin 68. S. 1099–1104.

Hoerster (1971)   Norbert Hoerster: Utilitaristische Ethik und Verallgemeinerung. Freiburg i. Br.: Alber.

Hoerster (1989)   Norbert Hoerster: Forum: Ein Lebensrecht für die menschliche Leibesfrucht? In: Juristische Schulung 89. S. 172–178.

Hoerster (1991)   Norbert Hoerster: Abtreibung im säkularen Staat – Argumente gegen den § 218. Frankfurt a. M.: Suhrkamp.

Hoerster (1995)   Norbert Hoerster: Ratio statt Dogma – Plädoyer für eine aufgeklärte, von Weltanschauungen befreite Ethik. In: Zeit-Punkte 2. S. 97–98.

Hoff / in der Schmitten (1994)   Johannes Hoff / Jürgen in der Schmitten (Hrsg.): Wann ist der Mensch tot? Organverpflanzung und Hirntodkriterium. Hamburg: Rowohlt.

Hoffmeister (1955)   Johannes Hoffmeister (Hrsg.): Wörterbuch der philosophischen Begriffe. Hamburg: Meiner.

Hume (Selbstmord)   David Hume: Über Selbstmord. In: D. H.: Dialoge über natürliche Religion. Leipzig: Meiner, 1905. S. 145–156.

Hume (Moral)   David Hume: Eine Untersuchung über die Prinzipien der Moral. Stuttgart: Reclam, 1984.

Hunter (1980)   John F. M. Hunter: Thinking about Sex and Love. Toronto: Macmillan.

Irrgang (1996)   Bernhard Irrgang: Genthik. In: Nida-Rümelin (1996b). S. 510–551.

Jeffrey (1967)   Richard C. Jeffrey: Die Logik der Entscheidungen. München: Oldenbourg.

Jellonek (1990) Burkhard Jellonek: Homosexuelle unter dem Hakenkreuz – Die Verfolgung von Homosexuellen im Dritten Reich. Braunschweig: Schöningh.

Jens/Küng (1995) Walter Jens / Hans Küng (Hrsg.): Menschenwürdig sterben – Ein Plädoyer für Selbstverantwortung. München: Piper.

Jonas (1987) Hans Jonas: Technik, Medizin und Ethik – Zur Praxis des Prinzips Verantwortung. Frankfurt a. M.: Insel.

Jonas (1994) Hans Jonas: Brief an Hans-Bernhard Wuermeling. In: Hoff/in der Schmitten (1994). S. 21–25.

Kanitscheider (1995) Bernulf Kanitscheider: Auf der Suche nach dem Sinn. Frankfurt a. M.: Insel.

Kant (Grundlegung) Immanuel Kant: Grundlegung zur Metaphysik der Sitten. Zit. nach: Werke in zehn Bänden. Hrsg. von W. Weischedel, Bd. 6. Darmstadt: Wissenschaftliche Buchgesellschaft, 1968.

Kant (Metaphysik) Immanuel Kant: Metaphysik der Sitten. Zit. nach: Ebd. Bd. 7.

Kant (Vorlesungen) Kants Vorlesungen. Bd. 4: Vorlesungen über Moralphilosophie. Zweite Hälfte. Zweiter Teil. Hrsg. von der Akademie der Wissenschaften zu Göttingen. Berlin: de Gruyter, 1979.

Kaplan (1989) Helmut F. Kaplan: Warum Vegetarier – Grundlagen einer universalen Ethik. Frankfurt a. M.: Lang.

Kass (1985) Leon Kass: Toward a More Natural Science: Biology and Human Affairs. New York: The Free Press.

Ketchum (1987) Sara Ann Ketchum: Medicine and the Control of Reproduction. In: Shelp (1987). S. 17–37.

Kitcher (1998) Philip Kitcher: Jeden gibt's nur einmal – Menschen kann man nicht kopieren [. . .]. In: Die Zeit (15. Januar) S. 34.

Klinkhammer (1998) Gisela Klinkhammer: »Pervertierung der Natur«. Der US-amerikanische Physiker Richard Seed, der menschliche Klone herstellen will, stößt auf scharfe Kritik. [Leitartikel] In: Deutsches Ärzteblatt 95. H. 4 (23. Januar 1998). A-127.

Koch (1977) Traugott Koch: »Sterbehilfe« oder »Euthanasie« als Thema der Ethik. In: Zeitschrift für Theologie und Kirche 84. S. 86–117.

Kosnik (1977) Anthony Kosnik [u. a.] (Hrsg.): Human Sexuality:

New Directions in American Catholic Thought. New York: Paulist Press.

Krebs (1996)   Angelika Krebs: Ökologische Ethik I – Grundlagen und Grundbegriffe. In: Nida-Rümelin (1996b). S. 346–385.

Kuhse/Singer (1982)   Helga Kuhse / Peter Singer: The moral status of the embryo. In: W. Walters / P. Singer (Hrsg.): Test-Tube Babies: A Guide to Moral Questions, Present Techniques and Future Possibilities. Melbourne / Oxford: Oxford University Press. S. 57–63.

Kurthen (1990)   Martin Kurthen: Das Problem des Bewußtseins in der Kognitionswissenschaft – Perspektiven einer »Kognitiven Neurowissenschaft«. Stuttgart: Enke.

Kutschera (1973)   Franz von Kutschera: Einführung in die Logik der Normen, Werte und Entscheidungen. Freiburg i. Br.: Alber.

Kutschera (1982)   Franz von Kutschera: Grundlagen der Ethik. Berlin: de Gruyter.

Laabs (1991)   Klaus Laabs (Hrsg.): Lesben. Schwule. Standesamt. Berlin: Links.

Lamb (1988)   David Lamb: Down the Slippery Slope – Arguing in Applied Ethics. London [u. a.]: Croom Helm.

Leist (1990a)   Anton Leist: Eine Frage des Lebens. Ethik der Abtreibung und künstlicher Befruchtung. Frankfurt a. M.: Campus.

Leist (1990b)   Anton Leist (Hrsg.): Um Leben und Tod – Moralische Probleme bei Abtreibung, künstlicher Befruchtung, Euthanasie und Selbstmord. Frankfurt a. M.: Suhrkamp.

Lenzen (1980)   Wolfgang Lenzen: Ist gut. In: Akten des 5. Internationalen Wittgenstein-Symposiums. Kirchberg. S. 165–171.

Lenzen (1990)   Wolfgang Lenzen: Das Töten von Tieren und von Föten. In: Analyse und Kritik 12. S. 190–204.

Lenzen (1991)   Wolfgang Lenzen: Wie schlimm ist es, tot zu sein? Moralphilosophische Reflexionen. In: Ochsmann (1991). S. 161–178.

Lenzen (1998)   Wolfgang Lenzen: Wem könnte Klonen schaden? In: J. Nida-Rümelin (Hrsg.): Proceedings of the International Congress on Rationality, Realism, Revision. Berlin: de Gruyter. [In Vorb.]

LeVay (1994)   Simon LeVay: Keimzellen der Lust – Die Natur der menschlichen Sexualität. Heidelberg: Spektrum Akademischer Verlag.

Linke (1990)   Detlef B. Linke: Personalität ohne Gehirn – Medizinische Ethik im kognitivistischen Zeitalter. In: Information Philosophie (Dezember 1990). S. 5–15.

Linke (1996)   Detlef B. Linke: Hirnverpflanzung – Die erste Unsterblichkeit auf Erden. Hamburg: Rowohlt.

Lockwood (1990)   Michael Lockwood: Der Warnock-Bericht: eine philosophische Kritik. In: Leist (1990b). S. 235–265.

Lübbe (1988)   Hermann Lübbe: Anfang und Ende des Lebens. Normative Aspekte. In: Lübbe [u. a.] (1988). S. 5–26.

Lübbe. [u. a.] (1988)   Anfang und Ende des Lebens als normatives Problem. Akad. der Wiss. und Lit. Mainz. Abh. der Geistes- und Sozialwiss. Kl. 12. Wiesbaden / Stuttgart: Steiner.

Luce / Raiffa (1967)   Duncan Luce / Howard Raiffa: Games and Decisions. New York: Wiley.

Mackie (1985)   John L. Mackie: Das Wunder des Theismus. Stuttgart: Reclam.

Marquard (1987)   Odo Marquard: Drei Phasen der medizinethischen Debatte. In: Marquard / Staudinger (1987). S. 111–115.

Marquard / Staudinger (1987)   Odo Marquard / Hansjürgen Staudinger (Hrsg.): Anfang und Ende des menschlichen Lebens – Medizinethische Probleme. München: Fink/Paderborn: Schöningh.

McCartney (1987)   James J. McCartney: Contemporary Controversies in Sexual Ethics   A Case Study in Post-Vatican II Moral Theology. In: Shelp (1987). S. 219–232.

McCullagh (1987)   Peter McCullagh: The Foetus as Transplant Donor. Chichester: Wiley.

McMahan (1998)   Jeff McMahan: Preferences, Death, and the Ethics of Killing. In: Fehige/Wessels (1998). S. 471–502.

Meggle (1997)   Georg Meggle: Das Leben eine Reise. In: W. Lenzen (Hrsg.): Das weite Spektrum der Analytischen Philosophie. Berlin: de Gruyter. S. 178–192.

Merkel (1991)   Reinhard Merkel: Teilnahme am Suizid – Tötung auf Verlangen – Euthanasie. Fragen an die Strafrechtsdogmatik. In: Rainer Hegselmann / Reinhard Merkel (Hrsg.): Zur Debatte über Euthanasie. Frankfurt a. M.: Suhrkamp. S. 71–127.

Merkel (1992)   Reinhard Merkel: Wozu der Lärm? [Artikel zum Dossier Schneewittchens Kind.] In: Die Zeit (30. 10. 1992).

Moore (1979)   Paul Moore, Jr.: Take A Bishop Like Me. New York: Harper.

Müller (1988)   Gerhard Müller: Zur Frage nach dem Leben in theologischer Sicht. In: Lübbe [u. a.] (1988). S. 51–57.

Nagel (1984)   Thomas Nagel: Über das Leben, die Seele und den Tod. Königstein: Hain.

Nagel (1992)   Thomas Nagel: Der Blick von nirgendwo. Frankfurt a. M.: Suhrkamp.

Nida-Rümelin (1996a)   Julian Nida-Rümelin: Wert des Lebens. In: Nida-Rümelin (1996b). S. 832–861.

Nida-Rümelin (1996b)   Julian Nida-Rümelin (Hrsg.): Angewandte Ethik – Die Bereichsethiken und ihre theoretische Fundierung. Stuttgart: Kröner.

Nuttall (1993)   Jon Nuttall: Moral Questions – An Introduction to Ethics. Cambridge: Polity Press.

Ochsmann (1991)   Randolph Ochsmann (Hrsg.): Lebens-Ende. Heidelberg: Asanger.

Pascal (1936)   Blaise Pascal: Pensées. In J. Chevalier (Hrsg.): L'Œuvre de Pascal. Paris: NRF.

Perrett (1992)   Roy W. Perrett: Valuing Lives. In: Bioethics 6. S. 185–200.

Piegsa (1993)   Eckhard Piegsa: Ist Sterbehilfe vertretbar? In: Niedersächsisches Ärzteblatt 14. S. 12–15.

Purdy (1982)   Laura M. Purdy: Genetic Disease: Can Having Children Be Immoral? In: Samuel Gorovitz [u. a.] (Hrsg.): Moral Problems in Medicine. Englewood Cliffs (N.J.): Prentice Hall. S. 377–384.

Rachels (1979)   James Rachels: Euthanasia, Killing and Letting Die. In: J. Ladd (Hrsg.): Ethical Issues Relating to Life and Death. Oxford: Oxford University Press. S. 146–163.

Ramsey (1970)   Paul Ramsey: Fabricated Man. New Haven: Yale University Press.

Ramsey (1972)   Paul Ramsey: Shall we ›reproduce‹? I. The medical ethics of in vitro fertilization. In: Journal of the American Medical Association 220. S. 1346–50.

Rawls (1975)   John Rawls: Eine Theorie der Gerechtigkeit. Frankfurt a. M.: Suhrkamp.

Reichenbach (1990)   Bruce C. Reichenbach: Euthanasie und die aktiv/passiv Unterscheidung. In: Leist (1990b). S. 318–348.

Reiter (1987) Johannes Reiter: Ethische Probleme um den Lebensbeginn und das Lebensende – Bausteine für eine Bioethik. In: Theologie der Gegenwart 30. S. 38–46.

Rodes (1983) Robert E. Rodes: Sex, Law, and Liberation. In: Thought 58. S. 43–60.

Rössler (1984) Dietrich Rössler: Brauchen wir eine neue medizinische Ethik? [Leitartikel.] In: Deutsches Ärzteblatt (5. Dezember).

Ruddick (1975) Sara Ruddick: Better Sex. In: Baker / Elliston (1975). S. 83–104.

Russell (1951) Bertrand Russell: Ehe und Moral. Stuttgart: Kohlhammer.

Sarganek (Warnung) Georg Sarganek: Ueberzeugende und bewegliche Warnung vor allen Suenden der Unreinlichkeit und heimlichen Unzucht ... Züllichau 1746.

Sass (1989) Hans-Martin Sass: Hirntod und Hirnleben. In: H.-M. S. (Hrsg.): Medizin und Ethik, Stuttgart: Reclam. S. 160–183.

Scarlett (1984) B. F. Scarlett: The moral status of embryos. In: Journal of Medical Ethics 2. S. 79 f.

Schenk (1987) Herrad Schenk: Freie Liebe – wilde Ehe – Über die allmähliche Auflösung der Ehe durch die Liebe. München: Beck.

Schöne-Seifert (1990) Bettina Schöne-Seifert: Philosophische Überlegungen zu »Menschenwürde« und Fortpflanzungsmedizin. In: Zeitschrift für philosophische Forschung 44. S. 442–473.

Schöne-Seifert (1996) Bettina Schöne-Seifert: Medizinethik. In: Nida-Rümelin (1996b). S. 552–648.

Schopenhauer (Metaphysik) Arthur Schopenhauer: Metaphysik der Geschlechtsliebe. In: A. S.: Die Welt als Wille und Vorstellung, Bd. 2 (Ergänzungen zu Buch 4). Kap. 44. Zit. nach: Arthur Schopenhauers sämtliche Werke. Hrsg. von M. Köhler. Bd. 3. Berlin 1902, S. 518–556.

Schopenhauer (Aphorismen) Arthur Schopenhauer: Von Dem, was Einer vorstellt. In: A. S.: Aphorismen zur Lebensweisheit: Parerga und Paralipomena I. Zit. nach: Ebd. Bd. 4. S. 320–367.

Schopenhauer (Selbstmord) Arthur Schopenhauer: Ueber den Selbstmord. In: A. S.: Parerga und Paralipomena II. Kap. 13. Zit. nach: Ebd. Bd. 5. S. 267–271.

Schopenhauer (Preisschrift) Arthur Schopenhauer: Preisschrift über die Grundlage der Moral. Zit. nach: Ebd. Bd. 6. S. 237–377.

Seller (1988)   Mary J. Seller: The chronology of human development. In: Dunstan/Seller (1988). S. 18–21.

Sen (1984)   Amartya K. Sen: Collective Choice and Social Welfare. Amsterdam: North Holland.

Shelp (1987)   Earl E. Shelp (Hrsg.): Sexuality and Medicine. Bd. 2: Ethical Viewpoints in Transition. Dordrecht: Reidel.

Siegele (1998)   Ludwig Siegele: Die Babyindustrie – Richard Seed will Menschen klonen [. . .]. In: Die Zeit (15. Januar). S. 34.

Singer (1982)   Peter Singer: Befreiung der Tiere. München: Hirthammer.

Singer (1984)   Peter Singer: Praktische Ethik. Stuttgart: Reclam.

Singer (1994)   Peter Singer: Praktische Ethik – Neuausgabe. Stuttgart: Reclam.

Singer (1998)   Peter Singer: Possible Preferences. In: Fehige/Wessels (1998). S. 383–398.

Singer/Dawson (1988)   Peter Singer / Karen Dawson: IVF Technology and the Argument from Potential. In: Philosophy and Public Affairs 17. S. 87–104.

Singer/Kuhse (1984)   Peter Singer / Helga Kuhse: Response [to Scarlett 1984]. In: Journal of Medical Ethics 2. S. 80 f.

Solter (1998)   Davor Solter: An Dolly gibt es keinen Zweifel. In: Die Zeit (29. Januar). S. 38.

Spaemann (1992)   Robert Spaemann: Wir dürfen das Tabu nicht aufgeben. In: M. Frensch / M. Schmidt / M. Schmidt (Hrsg.): Euthanasie – Sind alle Menschen Personen? Schaffhausen: Novalis Verlag. S. 156–164.

Staudinger (1985)   Hansjürgen Staudinger: Nichttherapeutische Genexperimente am Menschen sind unethisch – Statement zu den Vorträgen über Gentechnologie. In: Hans Lenk (Hrsg.): Humane Experimente? Genbiologie und Psychologie. München: Fink/Paderborn: Schöningh. S. 66–67.

Staudinger (1987)   Hansjürgen Staudinger: »Schöne neue Welt«. Eine Polemik. In: Marquard/Staudinger (1987). S. 37–39.

Stephen (1896)   Leslie Stephen: Social Rights and Duties. London.

Stümke (1991)   Hans-Georg Stümke: Vom züchtigen Zwang der Kaninchenethik oder: Hat die Fortpflanzungsmoral ausgedient? In: Laabs (1991). S. 140–164.

Taylor (1976)   Gabriele Taylor: Love. In: Proceedings of the Aristotelian Society 76. S. 147–164.

Teichman (1985) Jenny Teichman: The definition of person. In: Philosophy 60. S. 175–185.

Testart (1986) Jacques Testart: Das transparente Ei. Frankfurt a. M.: Campus.

Tooley (1983) Michael Tooley: Abortion and Infanticide. London: Clarendon Press.

Tooley (1990) Michael Tooley: Abtreibung und Kindstötung. In: Leist (1990b). S. 157–195.

Trapp (1988) Rainer Trapp: Nichtklassischer Utilitarismus – Eine Theorie der Gerechtigkeit. Frankfurt a. M.: Klostermann.

Ussel (1970) Jos van Ussel: Sexualunterdrückung. Geschichte der Sexualfeindschaft. Reinbek: Rowohlt.

van de Veer (1986) Donald van de Veer: Paternalistic Intervention: The moral Bounds on Benevolence. Princeton: Princeton University Press.

Verene (1972) Donald P. Verene (Hrsg.): Sexual Love and Western Morality: A Philosophical Anthology. New York [u. a.]: Harper.

Verene (1975) Donald P. Verene: Sexual Love and Moral Experience. In: Baker/Elliston (1975). S. 105–115.

Warnock (1990) Mary Warnock: Haben menschliche Zellen Rechte? In: Leist (1990b). S. 215–234.

Wasserstrom (1975) Richard Wasserstrom: Is Adultery Immoral? In: Baker/Elliston (1975). S. 207–221.

Wessels (1998) Ulla Wessels: Procreation. In: Fehige/Wessels (1998). S. 427–468.

Wiedemann (1991) Hans-Georg Wiedemann: Die Botschaft Gottes: Liebe als Engagement für die Wehrlosen. In: Laabs (1991). S. 165–170.

Wolf (1990) Ursula Wolf: Das Tier in der Moral. Frankfurt a. M.: Klostermann.

Wuermeling (1987) Hans Bernhard Wuermeling: Gesetz und Recht zum ärztlichen Handeln bei Anfang und Ende des menschlichen Lebens. In: Marquard/Staudinger (1987). S. 101–108.

Zimmer (1998) Dieter E. Zimmer: Eineiige Zwillinge sollen Zufall bleiben. [...] Eine Antwort auf Jürgen Habermas. In: Die Zeit (5. Februar).

Personenregister

Sachregister

Zum Autor

Wolfgang Lenzen, geb. 1946, Studium der Mathematik, Philosophie und Kunstgeschichte in Münster, Freiburg und München. 1972 Promotion an der Universität Regensburg bei Franz von Kutschera; 1979 Habilitation für Philosophie an der Universität Regensburg. Seit 1981 ordentlicher Professor für Philosophie an der Universität Osnabrück. Hauptarbeitsgebiete: Wissenschaftstheorie, Logik, Geschichte der Logik, Erkenntnistheorie, Leibniz, (angewandte) Ethik, Philosophie des Geistes. Zahlreiche Aufsätze aus dem Umfeld der Analytischen Philosophie sowie Herausgabe u. a. von *Denken und Handeln* (1983), *Mathesis rationis* (1990), *Tractatus physico-philosophici* (1993), *Das weite Spektrum der Analytischen Philosophie* (1997). Wichtigste Veröffentlichungen: *Theorien der Bestätigung wissenschaftlicher Hypothesen* (1974), *Recent Work in Epistemic Logic* (1978), *Glauben, Wissen und Wahrscheinlichkeit* (1980), *Das System der Leibnizschen Logik* (1990).

Ethik

Bände zur Diskussion

IN RECLAMS UNIVERSAL-BIBLIOTHEK

Philipp Reclam jun. Stuttgart

Deutsche Philosophie der Gegenwart

IN RECLAMS UNIVERSAL-BIBLIOTHEK

Otfried *Höffe*, Den Staat braucht selbst ein Volk von Teufeln. Philosophische Versuche zur Rechts- und Staatsethik. 174 S. UB 8507

Bernulf *Kanitscheider*, Kosmologie. Geschichte und Systematik in philosophischer Perspektive. 512 S. UB 8025

Reinhard *Knodt*, Ästhetische Korrespondenzen. Denken im technischen Raum. 166 S. UB 8986

Hans *Lenk*, Macht und Machbarkeit der Technik. 152 S. UB 8989

Wolf *Lepenies*, Gefährliche Wahlverwandtschaften. Essays zur Wissenschaftsgeschichte. 165 S. UB 8550

Odo *Marquard*, Abschied vom Prinzipiellen. 152 S. UB 7724 – Apologie des Zufälligen. 144 S. UB 8351 – Skepsis und Zustimmung. Philosophische Studien. 137 S. UB 9334

Ekkehard *Martens*, Zwischen Gut und Böse. 222 S. UB 9635 – Die Sache des Sokrates. 160 S. UB 8823

Günther *Patzig*, Tatsachen, Normen, Sätze. 183 S. UB 9986

Norbert *Schneider*, Erkenntnistheorie im 20. Jahrhundert. 334 S. UB 9702 – Geschichte der Ästhetik von der Aufklärung bis zur Postmoderne. 352 S. UB 9457

Joachim *Schulte*, Wittgenstein. Eine Einführung. 248 S. UB 8564

Walter *Schulz*, Vernunft und Freiheit. Aufsätze und Vorträge. 175 S. UB 7704

Roland *Simon-Schaefer*, Kleine Philosophie für Berenike. 263 S. UB 9466

Robert *Spaemann*, Philosophische Essays. Erweiterte Ausgabe 1994. 264 S. UB 7961

Holm *Tetens*, Geist, Gehirn, Maschine. Philosophische Versuche über ihren Zusammenhang. 175 S. UB 8999

Ernst *Tugendhat*, Probleme der Ethik. 181 S. UB 8250

Ernst *Tugendhat / Ursula Wolf*, Logisch-semantische Propädeutik. 268 S. UB 8206

Gerhard *Vollmer*, Biophilosophie. 204 S. UB 9396

Carl Friedrich *von Weizsäcker*, Ein Blick auf Platon. Ideenlehre, Logik und Physik. 144 S. UB 7731

Wolfgang *Welsch*, Ästhetisches Denken. 228 S. 19 Abb. UB 8681 – Grenzgänge der Ästhetik. 350 S. UB 9612

Philipp Reclam jun. Stuttgart